Governing the Commons

Elinor Ostrom

上海译文出版社

公共事物的治理之道

集体行动制度的演进

[美] 埃莉诺·奥斯特罗姆 著
余逊达 陈旭东 译

目　录

导　言

很难说我是从什么时候开始从事本项研究的。但是，如果有人问我何时第一次对使用公共池塘资源的个人所面临的各种集体行动问题展开研究，那么确定一个开端就比较容易了。在20世纪60年代初，我选修了后来成为我最亲密的同事和丈夫的文森特·奥斯特罗姆（Vincent Ostrom）开设的一门研究生讨论课程。这门课程的中心是研讨与南加州地区水资源有关的制度安排的发展问题。我着手开始的博士论文，主题便是探讨为阻止海水流入位于部分洛杉矶地区的地下水流域而发展起来的各种公共企业中所蕴含的企业家精神。我的一位研究生同学，路易斯·魏斯奇勒（Louis Weschler），对邻近的地下水流域进行了并行的研究，那里采用了不同的制度安排来处理相似的问题。当我和魏斯奇勒完成了我们的研究时，这两种制度安排在使水生产者们避免因太平洋海水在这两个流域泛滥而将发生的灾难性的经济损失方面，似乎都是成功的（E. Ostrom 1965；Weschler 1968）。

在20世纪60年代后期，我和文森特参加了贝特利纪念研究所（Batelle Memorial Institute）组织的大湖研究项目（V. Ostrom E. Ostrom 1977b）。作为一名青年学者，我的研究工作主要集中在都市地区城市服务的提供和公共经济问题上。1981年，应我在比勒费尔德大学（University of Bielefeld）跨学科研究中心工作时的同事保罗·萨巴提（Paul Sabatier）之邀，我就“组织的学习”在一次研讨班上作了发言。

我把在南加州地下水流域从事地下水生产的人们所设计的一套规则作为组织学习的一个范例。保罗听后想知道为什么我对15年前研究过的那些系统依然能很好地运行如此抱有信心。当时，除了说那些制度很好地适应了当地的条件，因而猜想它们能长期存续并进展良好外，我给不出其他有说服力的回答。

从比勒费尔德回来后，我建议我的一个博士研究生威廉·布鲁姆奎斯特（William Blomguist）把回答保罗·萨巴提的问题作为他的博士论文。布鲁姆奎斯特（1987b）发现，尽管南加州地下水流域的物质条件已经大大改进，但水生产者们设计的那些制度依然是合适的，并且仍在有效地运作着。这些案例研究的巨大“成功”，致使我们又承担了一项研究。这项研究由美国地质调查协会资助（资助号14－08－0001－G1476），内容是通过对南加州一组较大的地下水流域和北加州一些较小的地下水流域的比较，确定哪些因素与新制度的成功演进相关，哪些因素与这些制度的效率和公正相关；最终用30－50年时间，完成对12个地下水流域的制度、经济和自然变迁的比较研究。

虽然从对12个地下水流域及其治理和管理制度演进的一次集中研究中所能汲取的东西已经使我深受鼓舞，但是仅有这样的研究还不足以发展一种更广泛的、与对公共池塘资源实行有效治理和管理有关的制度安排理论。为获得提高我们对制度如何运作和人们如何改变自己制度的理论认识所必需的经验基础，还需要来自其他许多场景的类似信息。

1985年我在参加了美国科学院举办的“公共财产资源（Common Property Resource）管理专题讨论会”后意识到：有可能通过使用由其他作者撰写的详细的个案研究材料，来获得为理解公用资源问题所需的大量丰富的实证基础。当时我被邀请去参加那个专题研讨会，与会成员已委托各专门领域的研究者撰写了系列论文。论文的作者都被要求按照罗纳德·奥克森（Ronald Oakerson）提出的框架（1986）来组织他们的论文。这意味着所有这些论文不仅要阐述资源系统的自然属性，而且要阐述用何种规则对进入和使用这些系统加以规范、这些规则会导致何种交互行为以及会取得何种结果。这些论文提交给在安那波利斯举行的一次国际会议并由全国研究委员会社出版（National Research Council 1986）。其中的一些论文和一些新章节已被收入到一本新的合订本中（Bromley，in press）。

阅读这些研究论文以及由作者引用的一些研究材料，使我意识到两个重要的事实：第一，已经存在着极为丰富的个案研究文献，这些文献由各领域的研究者撰写，他们在获取公共池塘资源占用者所采用的策略和规则的详细信息方面已经花费了大量的时间和精力。第二，文献由不同领域的作者撰写，常常刊登在不重要的出版物上，几乎没有人对这些文献中的发现加以综合。

印第安纳大学的几位同事开始收集有关案例的引用情况：伦顿·马丁（Renton Martin）很快编写了一本综合的参考书目，分类整理出近1 000个案例。最近，案例已接近5 000个（Martin 1989）。参考书目中涉及到的学科有乡村社会学、人类学、历史学、经济学、政治学、森林学、灌溉社会学和人类生态学；还包括地区研究，如非洲研究、亚洲研究、西欧研究，等等。学者们主要引用的是由他们自己所在学科其他学者的研究成果，以及那些或许在同样的资源部门或地理区域进行研究的学者的成果，很少引用来自非作者所在学科、部门或地区的文献。结果是，积累了大量高度专门化的知识，这些知识或没有得到多少综合，或没有被应用于相关的政策问题。

鉴于对制度是如何帮助使用者处理公共池塘资源问题的理解的重要性，鉴于存在着与这些问题相关的丰富的理论文献，我感到以这些个案研究作为实证基础、对进一步探讨制度在各种场景下对行为和结果的影响具有重要意义。在美国国家科学基金的资助下（资助号 SES 8619498），我和几位同事一起把收集来的案例编排存档。我们对这些案例进行了系统的筛选，从中筛选了一小部分案例供进一步的考察、解释和分析。筛选案例的标准是：必须是长期实地考察的结果并能提供下列信息：（1）资源系统的结构；（2）占用者的特性和行为；（3）占用者正在使用的规则；（4）由占用者行为导致的结果。现在，我们已经开发了一种结构化的编码形式，这种形式使我们能够把完全定性的资料转变为一种合乎定量分析要求的、结构化的数据库。

编码形式开发本身就是一种理论发展。我们使用从我们早期工作中发展起来的制度分析方法（E. Ostrom 1986a，b）作为设计这些编码形式的理论构架。此外，我们还认真思考了由实地研究者所阐述的理论假定，这些研究者或者已经进行了多种研究，或者亲自考察了多种研究中的发现。我们力求能用我们的编码形式去检测他们的观点和所提出的各种关系。因为我们处理的是定性资料，我们的大多数概念必须以一定的顺序或名义价值公式化为各种变量。为了阅读足够的案例、研究前人对各种专门领域的发现加以综合的成果、开发编码形式，我们付出了多年辛勤的劳动。

在这个过程中，我们撰写了数篇论文，目的是阐明一种理论，这种理论将有助于我们理解在阅读这些不同的材料中所开始了解的模式（Gardner and E. Ostrom 1990；Gardner，E. Ostrom. and Walker 1990；E. Ostrom 1985b，1987，1989；Schlager and E. Ostrom 1987；Walker，Gardner，and E. Ostrom 1990）。我坚信，在从实证观察到认真的理论建构这样多次反复的持续进程中，知识会自然增长。本书因此也可被看作是一份在研究进程的中期所撰写的“进展报告”。鉴于正在被研究的实证现象的复杂性和用来解释这些现象的理论的类型，人们在此项研究上的努力或许还要再持续10年。

1986年秋季我在圣·路易斯的华盛顿大学作了一次演讲。之后，詹姆斯·阿尔特（James Alt）和道格拉斯·诺斯（Douglass North）激励我撰写此书。由于公用资源研究项目还处在“进程之中”，若不是他们一直以来的怂恿，我无论如何也不会想到要写这样一本书。在一个学术假期间，肯尼思·谢普斯尔（Kenneth Shepsle）和詹姆斯·阿尔特邀请我到哈佛大学作系列讲座，这促使我决定撰写此书。

书稿的实际写作始于1988年1月，当时我再次幸运地在比勒费尔德大学跨学科研究中心度过了一个学期的学术假。在这期间，我参加了由波恩大学经济系莱因哈特·塞尔顿（Reinhard Selten）博士组织的一个关于博弈论和行为科学的研究小组。我从参与这个研究小组的活动中受益匪浅。虽然在本书中只用到了很少一点博弈论的例子，但是博弈理论家有关社会环境中策略可能性的思考方法对我在本书中分析中心问题的思路产生了极大的影响。与罗伊·加德纳（Roy Gardner）和弗朗兹·韦辛（Franz Weissing）合作所做的公用资源情形的两个博弈论分析，极大地增强了我对博弈论作为有兴趣研究不同制度及其运行结果的学者们的通用理论工具所具有的威力和功效的重视。

本书的写作是与参加由美国国际发展署科技局乡村和制度发展办公室资助的“分权化：财政和管理规划”的研究项目协同进行的。在此期间，创立与实际应用相联系的理论概念所面临的挑战，在尼泊尔、孟加拉和巴基斯坦进行实地考察所得到的支持，与拉里·施罗德（Larry Schroeder），苏珊·温（Susan Wynne），杰米·汤姆森（Jamie Thomson），路易斯·西格尔（Louis Siegel），詹姆斯·冯舒（James Wunsch），埃德·考纳勒（Ed Connerley），杰瑞·玛埃纳（Jerry Miner），肯·考恩赫（Ken Kornher），埃利克·切特文德（Eric · Chetwynd），以及传教士和东道国政府官员就本书观点所作的讨论，对我而言都具有重要价值。希望本书对该研究项目也是有价值的。

在书稿写作期间，我还从以本项研究部分内容为基础所作的各种讲座中获益匪浅。除了1988年4月在哈佛的讲座外，我根据本书的一章或数章内容还在下列地方做过讲座：比勒费尔德大学社会学系，亚利桑那大学尤德尔一世讲坛，美洲红杉学会组织的“民主和发展”演讨会，1989年5月15日到20日在维多利亚和英属哥伦比亚举行的自由基金会夏季系列演讨会，以及在印第安纳大学政治理论与政策分析研讨班的几个不同场合。

许多人对早期的论文或本书的初稿做过评论，我对他们坦率而富有帮助的评论怀有深切的谢意。我希望我已经对他们的建议作了充分的答复。审阅过全部书稿的人有：阿伦·阿格拉沃（Arun Agrawal），詹姆斯·奥尔特，奥立弗·阿兰斯（Oliver Arens），斐克里特·伯克斯（Fikret Berkes），伊丽莎白·凯斯（Elizabeth Case），戴维·费尼（David Feeny），罗伊·施罗德，拉里·基什（Larry Kiser），哈特姆特·克里姆（Hartmut Kliemt），罗伯特·耐丁（Robert Netting），道格拉斯·诺斯，文森特·奥斯特罗姆，克里斯汀·皮奇（Christine Picht），拉赛尔·罗伯特（Russell Robert），埃德尔·舒拉格（Edella Schlager），简·赛尔（Jane Sell），迈克尔·泰勒（Michael Taylor），诺曼·尤普霍夫（Norman Uphoff），詹姆斯·沃克（James Walker），弗朗兹·韦辛，瑞克·威尔森（Rick Wilson）。审阅过部分章节，并为这些章节的撰写提供过他们原有研究的人有：保罗·亚力山大（Paul Alexander），斐克里特·伯克斯，威廉·布鲁姆奎斯特，彼得·伯格森（Peter Bogason），汤姆斯·格里克（Tbomas F. Glick），阿瑟·麦斯（Arthut Maass），罗伯特·耐丁，诺曼·尤普霍夫。审阅过为准备书稿而撰写的论文的人有：沃尔夫·奥伯斯（Wulf Albers），克里斯蒂·巴博（Christi Barbour），威廉·布鲁姆奎斯特，詹姆斯·考尔曼（James Coleman），詹姆斯·考珀（James Cooper），戴维·费尼，玛格丽特·迈克金（Margaret McKean），弗里兹·沙夫（Fritz Scharpf），肯尼思·谢普斯尔，瑞克·威尔森（Rick Wilson），詹姆斯·冯舒。我还要特别感谢从一开始就参加公用资源项目研究，并且在修改概念、建构模型、设计工具和实验、以及探讨如何才能更好地从阅读和整理过的资料中寻找变量等方面花费了大量时间的同事：威廉·布鲁姆奎斯特、罗伊·加德纳、埃德尔·舒拉格、唐水岩和詹姆斯·沃克（James Walker）。对本套丛书副主编伊丽莎白·凯斯，剑桥大学出版社的索菲亚·普瑞比尔斯基（Sophia Prybylski）和剑桥大学出版社主编埃米莉·露丝（Emily Loose）所给予的帮助，我表示诚挚的感谢。帕蒂·戴勒基（Patty Dalecki）始终如一地以其熟练的专业技能提供了编辑和写作上的帮助，她的帮助大大改进了书稿的质量，她那活泼的性格在许多场合释放了人们的压力。

第一章

公地治理之反思

几乎每一周都有关于宝贵的自然资源遭受毁灭性破坏的重大新闻。例如，1989 年 6 月，《纽约时报》的一篇文章报道了在距新英格兰海岸 150 英里的乔治滩出现的过度捕捞问题。现在捕获到的鳕鱼、比目鱼和黑丝鳕的数量只有 20 世纪 60 年代的四分之一。每一个人都知道主要问题出在过度捕捞；但是，所有关心这件事的人却无法就问题的解决达成共识。国会的代表建议制定新的国家法律，尽管已有的法律也只是间或得到执行。渔民的代表则认为，如果联邦政府过去不是经常企图管制渔业，渔场的状况就不会像现在这么糟。这个案例所反映的问题，与其他许多案例所反映的问题一样，都在于如何对自然资源的使用加以最佳限制，以确保它们的长期经济价值。提倡中央政府管制、私有化和由相关人员自主管制的人，在各种不同场合表达了他们的政策方案。

类似情况发生在不同范围内，小至居民小区大至整个星球。怎样才能对由许多个人共用的自然资源实行最佳治理的问题，无论在学术殿堂上还是在政治世界中，都未得到很好解决。有些关于"公地悲剧"的学术文章，建议由"国家"对绝大多数自然资源实行控制，以防止它们的毁灭；另一些人则建议把这些自然资源私有化就可解决问题。但是人们在世界上看到的是：无论国家还是市场，在使个人以长期的、建设性的方式使用自然资源系统方面，都未取得成功；而许多社群的人们借助既不同于国家也不同于市场的制度安排，却在一个较长的时间内，对某些资源系统成功地实行了适度治理。

我们还缺乏必要的认识工具或模型去充分理解与自然资源系统治理和管理相关的一系列问题，以及为什么有些制度在有些场景下能顺利运作而在另一些场景下却不能顺利运作的原因。本书的目标是：（1）对已经运用于许多自然资源治理政策分析的基础进行评判，（2）列举治理和管理这些资源的成功的和不成功的实例，（3）着手开发更好的认识工具，以搞清为管制许多不同类型的资源而设计的自主治理制度安排的潜能和局限性。为此，我将首先描述经常用来为政府或市场解决方案提供根据的三个模型；然后，对这三个模型提出一些理论上的和经验上的替代选择，以具体说明在国家和市场之外存在的各种解决方案；最后，用制度分析的方法解释不同社群中的人们是如何形成公地治理的不同方法的。

三种有影响的模型

公地悲剧

自从加勒特·哈丁（Garrett Hardin）富有挑战性的文章 1968 年在《科学》杂志发表以来，“公地悲剧”这个表述已经成为了一种象征，它意味着，任何时候，只要许多个人共同使用一种稀缺资源，便会发生环境的退化。为了说明模型的逻辑结构，哈丁要求读者拟想一个“对所有人开放”的牧场。然后，他从一个理性的放牧人的角度考察了这种情形的结构：每个放牧人都从自己的牲畜中得到直接收益；但当他或其他人在牧场上过度放牧时，每个放牧人又因公共牧场退化而承受延期成本；因此每个放牧人都有增加更多牲畜的动力，因为他从自己的牲畜身上得到直接收益，承担的只是由过度放牧所造成的损失中的一份。哈丁的结论是：

> 这是一个悲剧。每个人都被锁定到一个系统。这个系统迫使他在一个有限的世界中无节制地增加他自己的牲畜。在一个信奉公地自由使用的社会里，每个人趋之若鹜地追求他自己的最佳利

益；毁灭就是所有人的目的地（Hardin，1968：1，244）。

哈丁不是第一个注意到公地悲剧的人。很久以前，亚里士多德（Aristotle）就注意到："凡是属于最大多数人的公地（commons）常常是最少受人照顾的东西，人们关心着自己的东西，而忽视公共的东西（*Politics*，Book Ⅱ，Ch. 3；1261b. 30）。"霍布斯（Hobbes）关于在自然状态中的人的故事是公地悲剧的一个原型：人们寻求自己的利益，最后彼此相互厮杀。在1833年，威廉·福斯特·里奥德（William Forster Lloyd，1977）提出过一个关于公地的理论，认为公共财产会被不计后果地使用。在哈丁文章发表之前10多年，H·斯考特·戈登（H. Scott Gordon，1954）在另一篇经典性的文章《渔业：公共财产研究的经济理论》中，明确阐述了类似的逻辑。戈登像哈丁一样描述了一个同样的动态格局：

> 属于所有人的财产就是不属于任何人的财产，这句保守主义的格言在一定程度上是真实的。所有人都可以自由得到的财富将得不到任何人珍惜。如果有人愚笨地想等到合适的时间再来享用这些财富，那么到那时他们便会发现，这些财富已经被人取走了……海洋中的鱼对渔民来说是没有价值的，因为如果他们今天放弃捕捞，就不能保证这些鱼明天还在那里等着他（Gordon，1954：124）。

约翰·H·戴尔斯（John H. Dales，1968：62）与戈登同时注意到了与"因为没有替代选择而共同拥有的"资源相关的、令人困窘的问题，现代资源经济学的标准分析所得出的结论是：只要公共池塘资源对一批人开放，资源单位的总提取量就会大于经济上的最优提取水平（Clark 1976，1980；Dasgupta and Heal，1979）。

如果具有重要性的"公地"只是一些牧区或渔场，公地悲剧就不会引起普遍关注。然而情况并非如此。哈丁本人用公共牧地作为一个比喻，目的是要说明带有普遍性的人口过度膨胀问题。“公地悲剧”已经被用来描述各种问题。例如，20 世纪 70 年代的萨赫勒地区国家的饥荒（Picardi and Seifert，1977），遍布第三世界的木柴危机（Norman，1984；Thomson，1977），酸雨问题（R. Wilson，1985），摩门教组织（Bullock and Baden，1977），美国国会在限制自己过度开支上的无能（Shepsle and Weingast，1984），都市犯罪（Neher，1978），现代经济中公共部门与私人部门的关系（Scharpf，1985，1987，1988），国际合作问题（Snidal，1985），及塞浦路斯岛的社群冲突（Lumsden，1973）。这个世界许多地方所依赖的资源都可能产生公地悲剧。

囚犯困境博弈

哈丁的模型常常用囚犯困境博弈来表示（Dawes 1973，1975）。①假如我们设定使用一块公共放牧草地的牧人为博弈对局中的对局人。对这块草地来说，它可以供养的牲畜数量是有上限的。在这个限度内，牲畜经过一个季度的放养都能达到膘肥体壮。我们把这个数量叫做 L。

---

① 这是由梅里尔·弗拉德（Merrill M. Flood）和梅尔文·德里舍（Melvin Dresher）提出、阿尔伯特·图克（Albert W. Tucker）正式建立的博弈模型（R. Campbell，1985：3）。该模型可这样表述（Luce and Raiffa，1957：95）：“两名嫌疑犯被带到拘留所，分别看管。地方检察官确信他们犯有某项罪，但他没有足够的证据在审判中证明他们有罪。他分别告诉这两名囚犯他们面临两个选择：承认有罪或不承认有罪。如果两名囚犯都不认罪，地方检察官将编造一些非常小的罪名如偷窃或非法持有武器控告他们，他们将会受到轻微的处罚；如果两人都承认了。就会被起诉，但检察官会建议不给他们最严厉的惩罚；但是如果一人承认，另一人不承认，承认的会因此受到宽大处理，而不承认的则会加重罪名。以坐牢的年份作为结果，该策略问题可概括如下：

囚犯 1	囚犯 2	
	不承认	承认
不承认	各 1 年	囚犯 1：10 年；囚犯 2：3 个月
承认	囚犯 1：3 个月；囚犯 2：10 年	各 8 年

R. 肯尼思·戈德温和 W. 布鲁斯·谢普德（R. Kenneth Godwin and W. Bruce Shepard，1979），理查德·金博（Richard Kimber，1981），迈克尔·泰勒（Michael Taylor，1987），以及其他人都已证明公地困境并不总是囚犯困境博弈。而道威斯（Dawes，1973，1975）是证明两者结构相似的最早的学者之一。

在一个两人参与的博弈中，“合作”策略可以被认为是每个放牧人放养L/2的牲畜；“背叛”策略则是每个放牧人放养尽可能多的牲畜，只要出售这些牲畜能够获利（牧人的私人成本是既定的），假定这个数量大于L/2。如果两个牧人都把放养牲畜的数量限定在L/2，他们将获得10个单位的利润；然而如果他们都选择背叛策略，他们获得的利润为零；如果他们两人中的一人把他放养的牲畜数量限定在L/2之内，而另一个则放养他想要放养的数量，“背叛者”将获得11个单位的利润，而“受骗者”的所得是-1。如果无力达成有约束力的协约，由每一方独立选择，他们都会选择背叛作为支配策略。当他们两个相互背叛时，他们的获利为零。我们把这称作哈丁的放牧人博弈或博弈一。它具有囚犯困境博弈的结构。①

囚犯困境博弈被概括为一种所有对局人都拥有完全信息的非合作博弈。在非合作博弈中，对局人之间的交流是被禁止的或不可能的；或者干脆与模型不相关，只要它没有明确进入模型、成为博弈的一个部分。如果交流是可能的，对局人之间的口头协议仍被假定为是没有约束力的，除非有约束力的协议明确作为博弈结构的一部分（Harsanyi and Selten，1988：3）。“完全信息”是指所有对局人都知道博弈树的全部结构以及与结局有关的回报。对局人是否知道其他对局人目前的选择，取决于这些选择是否是可观察的。

在囚犯困境博弈中每个对局人都有一个支配策略，即不管其他参与人选择什么策略，对局人自己只要选择背叛策略，总会使他们的境况变得更好。在上述假定下，当两个对局人选择他们的支配策略时，便产生一个对双方而言都是第三个最好结局的均衡。双方都没有试图改

① 哈丁的模型容易转化为囚犯困境结构，与公共池塘资源使用有关的许多问题则不易转化为囚犯困境结构。另一些简单的博弈，如“斗鸡”（chicken）博弈和“保证合作的”（assurance）博弈能更好地描述公共池塘资源使用中的某些情况（M. Taylor，1987）。有关对局人进行多次对局选择并缺乏支配策略的较复杂的博弈，也能较好地反映公共池塘资源管理中的许多问题。

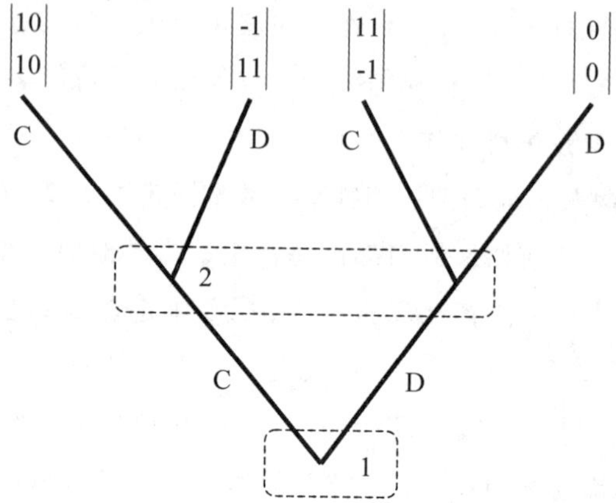

图 1.1 博弈一：哈丁的牧人博弈

变对方独立做出策略选择的动机。然而，来自每个对局人选择他或她"最佳的"个人策略的均衡，并不是一个帕累托意义上的最优结局。因为如果一个结局是帕累托最优的，那么一定不存在其他任何结局，其中一个对局人的情况比其他结局绝对更好，而另一个对局人的境况又至少不比其他结局差。在两人的囚犯困境博弈中，双方都把（合作，合作）的结局视为优于（背叛，背叛）的结局。因此均衡的结局是帕累托较差的（Pareto-inferior）。

囚犯困境博弈深深地吸引着学者。个人理性的策略导致集体非理性的结局这一悖论，对理性的人类能够取得理性的结果这一基本信念似乎构成了挑战。在最近出版的一部名为《理性和合作的悖论》一书的引言中，里奇蒙·坎布尔（Richmond Campbell）解释了囚犯困境博弈所具有的"深深的吸引力"：

> 非常简单，这些悖论毫无疑问地抛弃了我们对理性的解释。并且就如囚犯困境的例子所揭示的那样，它说明理性的生灵之间的合作是不可能的。因此，这些悖论直接影响着伦理学和政治哲学的基本问题，同时威胁着整个社会科学的基础。正是这些结果

> 所涉及的范围，解释了这些悖论为什么引起了如此广泛的关注，以及为什么成为哲学讨论的中心（Campbell，1985：3）。

囚犯困境的强烈吸引力还可以从有关它的论文数量中得到进一步的说明。据15年前的一次统计，已发表的论述囚犯困境博弈的论文就有2 000多篇（Grofman and Pool，1975）。

集体行动的逻辑

曼瑟尔·奥尔森（Mancur Olson）在《集体行动的逻辑》（1965）一书中，以个人追求自己的福利为参照，对促使个人追求他们共同福利的困难性，作了一个与囚犯困境博弈密切相关的考察。群体理论认为：具有共同利益的个人会自愿地为促进他们的共同利益而行动（Bentley，1949；Truman，1958）。对在群体理论中表示出的乐观主义，奥尔森特别提出了挑战。在他著作的第1页，奥尔森概括了这一人们所认可的观点：

> 关于群体易于为维护集团自身利益而行动的观点，在逻辑上应该是从理性的和自利的行为这一已被普遍接受的前提出发所得出的结果。换句话说，如果某一群体的成员有共同的利益或目标，并且如果这一目标的实现会使所有群体成员的境况都比过去更好，那么已有的逻辑推论便是，只要在这个群体中的个人是理性的和自利的。他们就将为这一目标的实现而行动（Olson 1965：1）。

奥尔森对只要存在着一种与群体有关的利益、就足以激发集体行动去获取这一利益的假定提出挑战。在人们引证最多的一段话中，奥尔森指出：

> 除非一个群体中人数相当少，或者除非存在着强制或其他某种特别手段，促使个人为他们的共同利益行动，否则理性的、寻求

> 自身利益的个人将不会为实现他们共同的或群体的利益而采取行动（Olson，1965：2，着重号为原文所有）。

奥尔森的观点在很大程度上是建立在这样一个前提之上，即如果一个人在集体物品被生产出来后，不会被排除在获取这一物品所带来的收益之外，那么这个人就不会有动机为这个集体物品的供给自愿奉献力量。奥尔森的著作比许多引用这段名言的人所断言的要乐观些。奥尔森认为中等规模的群体是否会自愿提供集体利益，仍是一个尚未解决的问题。他关于中等规模群体的定义不是取决于介入行动的人数的多少，而是取决于每个人的行动引人注目的程度。

公地悲剧、囚犯困境和集体行动的逻辑，与一些模型中的概念是紧密相连的，那些模型将观察个人在试图实现集体利益时所面临的许多问题的公认方式做了说明。每一个模型的中心问题都是搭便车问题：任何时候，一个人只要不被排斥在分享由他人努力所带来的利益之外，就没有动力为共同的利益做贡献，而只会选择做一个搭便车者。如果所有的参与人都选择搭便车，就不会产生集体利益。然而，如果搭便车的诱惑支配了决策的进程，最终的结局将是任何人都不希望的。另一种情况是，有些人可能提供集体物品而另一些人搭便车。这会导致集体利益的供给达不到最优水平。因此，这些模型对解释完全理性的个人在某些情况下是怎样生产出从所有相关者的观点来看并不理性的结局，是非常有用的。

使这些模型如此令人感兴趣和如此具有说服力的原因是，它们抓住了在世界各地不同背景下发生的许多不同问题的一些重要方面。而使这些模型如此危险的原因是——当他们以隐喻的意思作为政策的基础时——那些为分析的目的而被假设为固定不变的约束条件，在各种实际场景中也被忠实地认定是固定不变的，除非外部当局对它们作了改变。①

---

① 哈丁建议把“互相强制，互相商定”（mutual coercion，mutual agree upon）作为解决问题的一个方案。但是由于他强调中央规制机构的作用，“互相商定”的含义是模糊的。对此的批评，见 Orr and Hill（1979）。

在著名的困境中的囚犯不能改变由地方检察官强加给他们的约束条件，因为他们被关在监狱中。但不是所有的自然资源使用者在改变他们的约束条件时，都同样的无能为力。但只要把个人看成是囚犯，政策方案就会以这个隐喻的意思为基础。对我来说，则更愿意致力于提高当事人改变博弈中约束规则的能力，进而使博弈的结局不同于囚犯困境中那冷酷的悲剧。

模型的隐喻性用法

这三个模型及其许多变体是一个范围更大并且还处于发展中的集体行动理论的不同体现。把集体行动理论发展成政策分析的可信和有用的基础，还有很多工作要做。在过去的30年中，理论家和经验导向的社会科学家在这方面已经取得了重大进展。从这个理论的最初一些范本中得出来的概括性结论，已经为一种包括了更多变量、基本条件清晰、更合适的知识所代替。

这是一种正在发展的而不是已经完成了的理论，在某些变量是否重要、有无意义及如何更好地确定主要的相关性等问题上，它引发了各种不同的意见。① 从近来的研究成果中，特别是把重点放在探讨相关实际场景动态变化的研究成果中，已经开始提出一些比早期模型更乐观的预见，尤其是爱克赛洛德（Axelord，1981，1984）的研究和克莱帕斯与威尔逊（Kreps and Wilson，1982）的研究。这是社会科学中最令人激动的领域之一，因为虽然已有相当程度的积累，但仍有一些深层次的问题需要回答。其中一些难题，对理解共同使用公共池塘资源的个人为何能够对他们自己的公地实行有效治理和管理，具有关键作

① 例如，关于参与者人数与提供产品的数量是正相关、负相关还是不相关的一场大辩论持续了好些时间（Buchanan，1968；Chamberlin，1974；Frohlich and Oppenheimer，1970；MCGuirle，1974）。拉赛尔·哈丁指出，贡献者人数的影响极大地取决于所提供的集体收益的类型——产品的每一单位是否是可扣除的（Russell Hardin，1982），从而在很大程度上解决了这一争论。因此，直到所涉及产品类型的内在假定明确化，最初辩论的问题才得以搞清楚。

用。这些难题将在第二章加以考察。

但是，大量已经完成的关于公共池塘资源的论著，不加分析地接受了早期的模型和冷酷悲剧的假设（Nebel，1987）。有些学者走得更远，他们建议把“哈丁的‘公地悲剧’作为所有学生的必读书目……并且，如果依我的理解，是作为全人类的必读书目”。① 虽然政策方案在很大程度上也依赖于这三个早期模型中的一个，但是，那些试图使用这些模型作为政策方案基础的人，常常除了对这些模型作一些隐喻性的引用外，提不出什么更多的东西。

当模型被用作隐喻时，作者通常指出在自然场景中的一个或两个变量与模型中的一个或两个变量之间的相似性。如果隐喻性使用的全部意图是引起人们对相似点的注意，它通常的作用就是用生动的形式迅速传送信息。但是这三个模型的隐喻性使用却经常是为了其他目的。在自然场景中共同使用一种资源的许多个人与在模型中共同创造一种次优结局的许多个人之间的相似性，已经被用来传递一种感觉，即进一步的相似之处是存在的。通过把自然场景称为“公地悲剧”，“集体行动问题”，“囚犯困境”，“自由享用的资源”，或者甚至是“公共所有资源”，观察者经常希望激起一种想象：一群无助的个人陷入了毁灭他们自己资源的残酷进程之中。1988 年 12 月 10 日出版的《经济学家》上登载的一篇文章甚至声称，“听任渔民自作主张，渔业资源就将遭到过度开采”，“要避免灾难，管理者必须对他们实施有效的领导”；只有在认识到这些之后，才能成功地对渔场加以管理。

政府官员时常也只是通过简要提及这些通俗的范式并通过自我证明的方式，假定同样的过程发生在所有的实际场景中，以引发人们可怕的想象。例如，加拿大渔业和海洋部长在 1980 年的一次讲话中，也为这些模型的色彩所吸引。他说：

① 摩尔给美国动物学家协会的教育项目报告（J. A. Moore，1985：483）。

> 如果你在渔场中放纵那种经济上自利的行为，让任何人在他想捕鱼时捕鱼，尽情获取不属于任何个人的资源，那么你就将以毁灭你的邻居和你自己而告终。在不受控制的渔场中，好年景创造坏年景，越来越多的船被吸引去捕捉越来越少的鱼，得到的越来越少的钱要在越来越多的人中间瓜分（Romeo LeBlanc，在联合海洋渔民协会成立50周年大会上的讲话，1980年3月19日；转引自 Matthews and Phyne，1988）。

这里所暗示的是：加拿大渔场无一例外地处于该讲话所描绘的境况中。虽然这种描述不是正确的经验推论，① 但许多观察者都认为，绝大多数资源的状况与三个模型所界定的是一致的。他们还据此认为：人们已经坠落进一个冷酷的陷阱。由此导致的政策方案也具有同样冷酷的特征。

当前的政策方案

以利维坦为“唯一”方案

例如，奥普尔斯（Ophuls，1973：228）认为：“由于存在着公地悲剧，环境问题无法通过合作解决……所以具有较大强制性权力的政府的合理性，是得到普遍认可的”。他的结论是：“即使我们避免了公地悲剧，它也只有在悲剧性地把利维坦作为唯一手段时才能做到”（1973：229，着重号为引者所加）。② 加勒特·哈丁在他早期的文章发

---

① 可见 Berkes（1987），Berkes and Kislalioglu（1989），Berkes and Procock（1981），A. Davis（1984），K. Martin（1979）和 Matthews Phyne（1988）。对加拿大政策的强烈批评，见 Pinker（1989a，b）和 Matthews（1988）。

② 迈克尔·泰勒分析了霍布斯理论的结构，证明了霍布斯提出创造极端专制的政府是为了避免囚犯困境式结构的均衡状态（Michael Taylor，1987）。也见 Sugden（1986）。

表10年之后认为，我们被遮蔽在一片对“基本政治制度的真正性质和每个人在环境保护中的作用”还“懵懂无知”的云雾之中（1978：310）。不过，这片“懵懂之云”，并未阻止他认定解决公地困境的唯一方案是实行他一方面称为“私有企业制度”、另一方面又称为“社会主义”的东西（1978：314）。由于确信“公地的替代物太令人生厌以致无法做深入探究”（1968：1247），哈丁指出：“只要任何力量都可能被用来制止变迁”（1978：314），就必须把变迁制度化。换句话说，“在一个杂乱的世界上，如果想要避免毁灭，人民就必须对外在于他们个人心灵的强制力，用霍布斯的术语来说就是‘利维坦’，表示臣服”（Hardin，1978：314）。

从一个外在的利维坦对避免公地悲剧是必不可免的假定出发，导致了对绝大多数自然资源系统实行中央政府控制的政策方案。海尔布罗纳（Heilbroner，1974）认为，“铁的政府”，或许是军事政府，对实现生态控制是绝对必要的。爱伦费尔德（Ehrenfeld 1972：322）提出了一种不那么严厉的看法，即如果“人们不能期待私人对维护公地的兴趣，那么，就需要由公共机构、政府或国际权威实行外部管制”。在对发展中国家水资源管理中存在的问题进行分析后，卡鲁瑟和斯通纳（Carruthers and Stoner，1981：29）提出的看法是：没有公共控制，“过度放牧、公共牧场土壤的侵蚀，或者以较高的成本捕到较少的鱼”，都必然会发生。他们的结论是：“如果经济效率来自于公共财产资源的开发，那就**要求**对公共财产资源实行公共控制”（1981：29，着重号为引者所加）。① 对自然资源，如牧场、森林和渔场，实行集中控制和管理的政策方案，已经得到广泛的赞同，在第三世界国家尤为如此。

具体说明集中控制政策支持者想法的一个方法，是使用作为这一

① 斯蒂尔曼指出，那些把“强有力的中央政府或铁腕统治者”作为一种解决方案的人，实际上是假定“统治者是明智的、有生态学头脑的利他主义者”（Stillman，1975：13）。同样也是这些理论家假定公共池塘资源的使用者是缺乏远见的、自利的、没有生态学头脑的享乐主义者。

政策方案基础的假设来修改哈丁的牧人博弈。集中控制的支持者想由外在的政府机构来决定特定的、在中央政府看来是最优的放牧策略：中央政府决定谁能使用牧地，他们能够在什么时候使用牧地，能够喂养多少牲畜。假定中央政府对任何一个在它看来是使用了背叛策略的人，课以 2 个利润单位的处罚，再假定中央机构知道牧地的持续产草量 (L)，并能无成本地发现并惩罚任何使用背叛策略的牧人，由中央政府强制实行的一个新建构的博弈在图 1.2 博弈二中展示。现在，博弈二的结论是（合作，合作）。两个对局人各收到 10 个单位的利润，而不像在博弈一中那样，每人的收益都为零。如果一个外在的政府能够准确地确定一个公共池塘资源的总量、明确无误地安排资源的使用、监督各种行动并对违规者实行成功地制裁，那么一个中央机构便能够改变哈丁牧人博弈的结局，形成一个对牧人来说是效率最优的均衡。在这里，创立和维持这样一个机构的成本几乎未作考虑，这种成本对这一问题来说是外生的东西，没有作为一个参数，纳入博弈二。①

但是，遵循集中控制的建议所实现的最优均衡，是建立在信息准确、监督能力强、制裁可靠有效以及行政费用为零这些假定的基础上的。没有准确可靠的信息，中央机构可能犯各种各样的错误，其中包括主观确定资源负载能力，罚金太高或太低，制裁了合作的牧人或放过了背叛者等。不完全信息的所有形式都有令人关注的含义。但是，我只集中探讨一个例子，即从中央机构对牧人策略的不完全信息中引申出来的含义。博弈二的内在假定是中央机构无代价地监督所有牧人的活

① 在博弈二中使用的规则形式就是在资源经济学文献中的“纯定额方案”（pure quota scheme）。经常提到的另一种规制工具是“纯粹的特许证方案”和“纯粹的税收方案”。然而，如达斯古塔和希尔所指出的那样，在每一个方案中，都是由政府控制资源，制定规制方案（Dasgupta and Heal，1979）。“每一个方案的思想就是由政府来负担公共池塘资源和引进规制方案，以实现分配的有效性”（Dasgupta and Heal，1979：66）。这些方案的所有模型都假定维持体制的成本是零（如同博弈二）。达斯古塔和希尔再三强调在具体场景中这些成本不是零，因而可能会对任何一个方案能否实际地解决一个公共池塘资源问题产生影响，或对一种方案与另一种方案比较的相对效率产生影响。但是政策文献很少注意达斯古塔和希尔对各种宪法安排相对成本的重要性的严肃告诫。

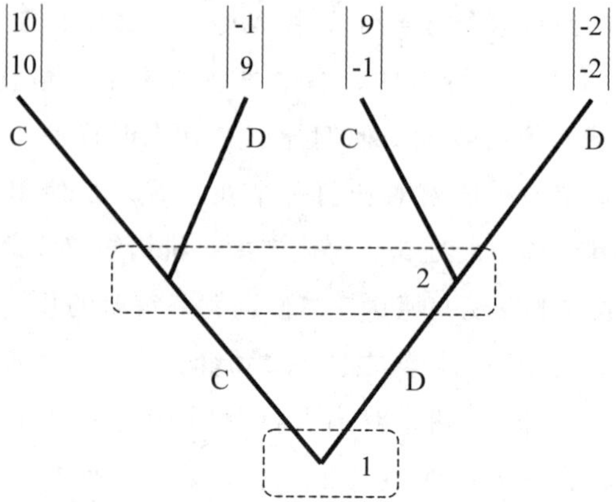

图 1.2 博弈二：完全信息的中央当局的博弈

动并正确地实施制裁。

在博弈三，我们假定中央机构对草地的负载能力具有完全信息，但对牧人的特定行动则没有完全信息。中央机构随之在实施惩罚方面犯了错误。让我们假定中央机构惩罚背叛者（正确回应）的概率是 Y，未能惩罚背叛者的概率是 1 - Y（错误回应）。让我们再假定中央机构惩罚合作行为（错误回应）的概率是 X，未对合作行为加以惩罚（正确回应）的概率是 1 - X，图 1.3 给出了收益参数。

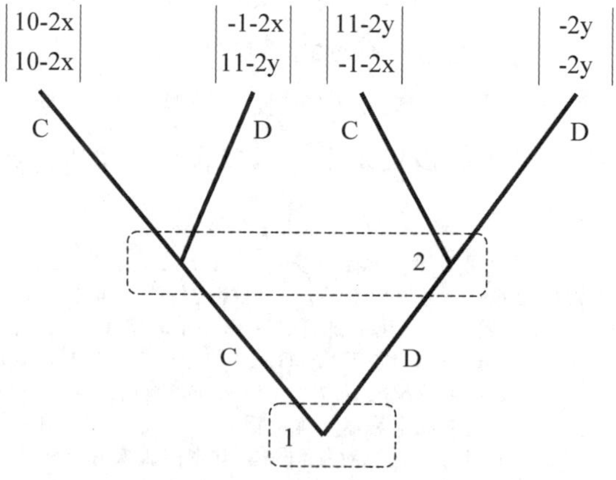

图 1.3 博弈三：不完全信息的中央当局的博弈

一个具有完全信息的中央机构在它的惩罚标准方面不会发生错误。在这种情形中，X=0，Y=1。当X=0和Y=1时，博弈二是博弈三的一种特例。但是，如果中央机构对牧人的行为缺乏完全信息，它正确实施两种制裁的概率是0.7（X=0.3，Y=0.7）。图1.4展示的博弈四，给出了这种博弈的特定收益的一个例子。在这种收益结构下，牧人再次面临一个囚犯困境博弈，他们将选择背叛（过度放牧）而不是合作（在负载能力允许的范围内放牧）。在博弈四，就像在最初的博弈一，牧人的均衡结局是（0，0）。在中央机构实施正确制裁的概率为0.7的博弈中，均衡结局是（-1.4，-1.4）。有管制的博弈在均衡时的收益低于没有管制的博弈在均衡时的收益。在负载能力和博弈一中获利概率既定的条件下，中央机构必须具有足够的信息，才能以大于0.75的概率来正确地实施制裁，避免把牧人推向（背叛，背叛）的均衡。①

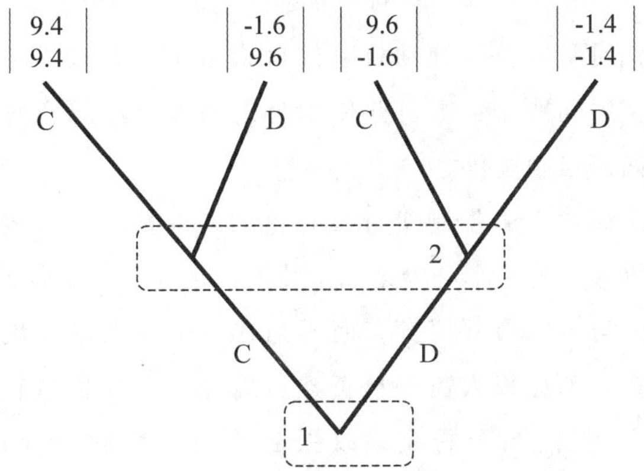

图1.4　博弈四：不完全信息的中央当局的博弈的一个例子

① 更准确些，在博弈中固定参数给定的条件下，重构的博弈要取得（C，C）均衡，两种类型错误概率的总和必须小于0.50。我很感谢弗朗斯·韦辛（Franz Weissing），他建议用这个特定的分析来说明中央机构的不完全信息问题。

近20年来社会选择理论的研究也揭示了在任何必须用集体选择机制来解决集体选择政策的体系中所涉及的其他问题。即使有关资源的信息是完全的，与周期和（或）日程控制相关联的问题也可能发生（Mckelvey，1976，1979；Riker 1980；Shepsle，1979a）。

以私有化为“唯一”方案

受同样模型的影响，另一些政策分析人员以同样强硬的措词，要求在凡是资源属于公共所有的地方强制实行私有财产权制度（Demsetz，1976；O. Jolanson，1972）。罗伯特·J·史密斯（Robert J. Smith，1981：467）认为：“无论是对公共财产资源所做的经济分析还是哈丁关于公地悲剧的论述”，都说明“在自然资源和野生动植物问题上避免公共池塘资源悲剧的唯一方法，是通过创立一种私有财产权制度来终止公共财产制度”（着重号为引者所加）。同样的主张也见之于锡恩（Sinn，1984）的著作。史密斯强调指出：“把资源当作公共财产来对待，我们就会被锁定在无法改变的毁灭之中”（1981：465）。韦尔奇（Welch）拥护对公地建立全面的私有产权，他声称：“为避免过度放牧造成的低效率，完全私有产权的建立是必要的”（1983：171）。他认为公地的私有化对所有公共池塘资源问题来说都是最优的解决办法。因此他关注的主要问题是：当目前使用公地的人们不愿意在公地实行私有产权时，如何强制实行之。

那些建议在牧人中强制实行私有化的人要把牧场分为两半，一半分给第一个牧人，另一半分给第二个牧人。现在，每个牧人将在一个比较小的地块上与自然展开博弈，而不是在一个较大的地块上与另一个牧人展开博弈。现在牧人需要投资建造篱笆并对它们进行维护，还需要在监督和制裁活动上投资，以强制执行对放牧地块的分割（B. Field，1984，1985b）。据认为，这时每个牧人出于他追求自身利益的动机，将选择只放养 X/2 的牲畜。① 这里的假定是，作为供给牲畜饲料的草地，总是完全同质的。但是，如果降水量分布不均匀，一部分牧场也

① 这里忽视了一个事实，即在一个动态环境中，是以可持续的方式管理草地还是迅速毁掉草地的决策将取决于私人所有者所使用的贴现率。如果贴现率高，私人所有者会像一系列未经组织的共同所有者那样尽可能地“过度使用”公共池塘资源。对在私人财产权下如何发生过度使用问题的清晰的阐述，见 Clark（1977）。

许在某一年草料茂盛，而另一部分也许生长不出足以供给 X/2 牲畜的草料。下一年度的降水也许倾注到另一块牧区。在任何一个给定的年份，一位牧人可能未获任何收益，而另一位则获得相当可观的回报。如果，草料茂盛的地块一年年剧烈地变化着，分割公共牧场也许会使两位牧人的状况都恶化，并导致那些草料暂时短缺的牧地上的过度放牧。当然，在一年中有多余草料的牧人可能把多余的草料卖给另一位牧人。作为一种替代选择，牧人们也可能确定一个保险方案，以分担由环境的不确定性所带来的风险。然而，建立一个新市场或一个新保险方案的费用将很大。并且，只要牧人共同拥有一块更大的牧地，共享草料，共担风险，这些费用就是不必要的。

很难确切地知道，当一些分析人员强调对某些公共池塘资源实行私有产权的必要性时，他们指的到底是什么。当讨论对土地实行私有产权时，很清楚是指把土地分成分散的小块，个人可以占有、使用，并且只要所有者愿意就可以对这些小块土地实行转让（关于使用和转让土地，需服从辖区的一般规定）。对于流动性资源，例如水和渔场，就不清楚建立私有产权指的是什么了。正如考林·克拉克（Colin Clark）已经指出的那样，“消解海洋渔场资源中的‘公地悲剧’，已被证明是特别困难的，因为在那里确立个人的财产权利事实上是不可能的”（1980：117）。对于一种转瞬即逝的资源，也许可以确立一组多样化的权利，使个人有权使用特定类型的设备，有权在特定时间和地点去利用这种资源，或有权提取特定数量的资源单位（如果它们能被发现）。但是，即使在特定的权利已被分列出来、定量化并且广为流行时，资源系统依然可能为公共所有而非个人所有。① 同样如克拉克在谈到渔场时已经指出的那样：“公共所有制是一个影响几乎遍及每一个渔场管理体制的基本事实”（1980：117）。

---

① 应该指出的是，私人权利体制本身是一个公共制度，它的存在取决于公共的组织（Binger and Hoffman，1989）。

是“唯一”方案吗?

那些在一个实际场景中找到具有公地困境结构的分析人员，常常要求由一个局外人来强加一种解决方案：实行 X 是解决某种公地困境的“唯一方法”。这种主张是基于这样一种信念：X 对解决各种特定的公地困境都是必要且充分的。但是，X 的内容却极少变化。一种主张假定，中央政府应该持续地为一种特定资源的统一决策承担责任。另一种主张则认为中央政府应该放弃对资源的所有权，允许个人在一组界定明确的财产权范围内，去追求他们自己的利益。无论是中央集权的倡导者还是私有化的倡导者，都把制度变迁必须来自外部并强加给受它影响的个人作为中心的信条。但是，尽管他们对“国家”在为提高效率而变更制度方面所具有的必要性和有效性上的看法是一致的，他们建议的制度变迁方法仍有很大差别。

如果一种主张是正确的，另一种就不可能也是正确的。矛盾的立场不可能两者同时都正确。我对这两种主张中的任何一种都不赞同。我认为他们提出的意见都过于表浅。与只存在一个单一问题和一种单一解决方案的看法不同，我认为存在着许多不同的问题和许多不同的解决方案。与能够容易地设计出最优制度安排、并能由一个外部权威以很低的成本去强行实施的看法不同，我认为“把制度搞正确”是一个困难的、耗时的和引发矛盾的过程。这个过程既需要有一整套能在文化上被认同的规则，又需要有关于时间变量和空间变量的可靠信息。新的制度安排在现实中不会如在抽象模型中那样运行，除非这些模型建构完整、有实际依据，以及现实场景中的当事人理解如何发挥新规则的作用。

对于共同拥有公共池塘资源的人们将不可避免地跌入陷阱并不能自拔的假设，我并不认同。我认为，个人使他们自己从各种不同困境中解脱出来的能力因环境的不同而不同。本书讨论的案例具体描述了为解脱悲剧性结局所作的成功的和不成功的努力。与把政策基础建立在相关个人都是孤立无助的假定不同，我希望能从实际场景中的个人的经历中了解更多的东西。为什么有些为解决公共池塘资源问题所作的努力失败了，而另一些却成功了？我们能够从他们的经验中学到什么，从而有助于促进我们发展和使用一种更好的集体行动理论——一种能对增强或减弱人们解决问题的能力起决定作用的关键性变量做出界定的理论？

鲜有制度要么是私有的要么是公共的——或者不是“市场的”就是“国家的”。许多成功的公共池塘资源制度，冲破了僵化的分类，成为“有私有特征”的制度和“有公有特征”的制度的各种混合。所谓“成功”，我指的是这些制度在存在着搭便车和逃避责任的诱惑的环境中，能使人们取得富有成效的结果。一个竞争性的市场——作为私有制度的象征，它本身是一种公益物品。一旦形成了一个竞争性市场，个人不管是否为市场的创建和维持支付过代价，都可以自由使用。没有各种公共制度作为支持的基础，任何市场都不能长期存在下去。在现实场景中，公共的和私有的制度经常是相互啮合和相互依存的，而不是存在于相互隔绝的世界里。

理论的替代解决方案

为了对解决公地困境的各种制度选择进行探讨，我现在想给出第五个博弈。在这个博弈中，牧人自己能够达成一个有约束力的合约，承诺实行由他们自己制定的合作策略。要在一个非合作的构架中表现这种协议，显然必须把追加选择纳入博弈的结构。在非合作博弈理论中，一个有约束力的合约被解释为是由局外人予以有效实施的，就像我们在前面提到的由中央政府有效实施的惩罚一样。

表达这种博弈的一种简单方法是在收益上加一个参数，并在两位牧人的策略组中再加一个策略。① 这个参数就是执行协定的费用，我们用 e 来表示。在博弈五中，牧人必须事先就放养多少牲畜进行谈判。在

① 感谢弗朗斯·韦辛向我建议了这个合约实施博弈的对称模型。在我原来建构的博弈五中，一个牧羊人有提供合约的权利，第二个牧羊人只有同意或不同意合约的权利。

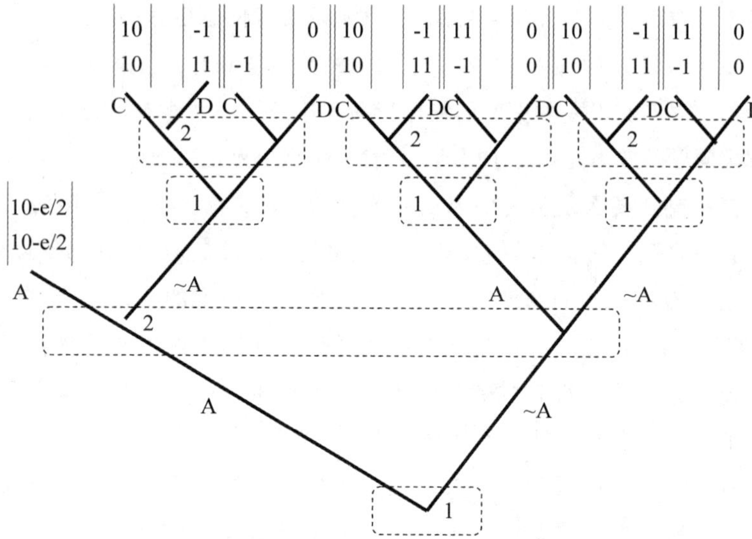

图 1.5 博弈五：自筹资金的合约执行博弈

谈判中，他们将就如何分享牧地的负载能力和如何分担执行协定所需费用的各种策略进行讨论。而合约并不都能实施，除非得到牧人们的一致同意。在谈判中，任何一位牧人提出非平等分享牧地的负载能力但平等分担执行费用的建议，都会被另一位牧人否定。结果是，唯一可行的协定——以及所导致的博弈均衡——是两位牧人平等分享牧地的实际产草量，并在每个牧人支付的执行费用低于 10 的条件下平等分担执行他们协议的费用。①

进一步看，在博弈五中，对局人总是能够保证最糟糕的选择就是博弈一的结局（背叛，背叛）。他们并不依赖于一个身居遥远之处的政府官员所获得的有关他们策略的信息的准确性。如果一个对局人所建

① 见奥克达和德莱姆特的有趣的论文（Okada and Dleimt。1990）。在论文中，他们建构了 3 个对局人的合约实施博弈模型，其中使用的规则是：任何 2 个（或 3 个）意见一致的人都能建立他们自己的合约并由外部代理人强制实行这一规则。他们的结论是 3 个人的合约实施过程不会没有成本，而 2 个人的合约实施过程可能没有成本。这篇文章有助于说明条件的细小变化将导致结果的显著不同。

议的合约是以不完全的或有偏差的信息为基础的，另一位对局人就会表示不同意。他们决定他们自己的合约，要求执行者执行的只是他们已经同意了的东西。假如某执行者要求对他的服务支付过高的费用（任何等于或大于 $P_i(C, C) - P_i(D, D)$ 的费用，这里 $i=1, 2$），两个对局人都不会同意。

通过类似于博弈五的方法"解决"公地困境博弈的方案，不是作为解决公地困境的"唯一方法"提出来的。它仅仅是一种方法。但无论是在政策分析的文献中还是在正式的理论文献中，这种方法几乎完全被忽略了。对这样一种方法进行认真考虑，会提出许多问题。首先，对牧人来说，雇佣一个私人代理作为执行者是否可能？这也许不像一开始看上去那样牵强附会。许多长期的商业交易就具有囚犯困境的结构。① 工商界通常不愿意接受关于未来行为的承诺，宁可选择具有强制力的合约，特别是在商务关系的开端。但是，为了减少执行费用，经常采用的做法是用一个私人仲裁者，而不是政府的法庭，作为实现强制执行的机构。② 在N个人的场景中，所有职业体育协会面临的问题与这里讨论的问题是类似的。在职业比赛期间，欺骗和犯规的诱惑总是存在的。并且，意外真的会发生，规则会被违反，甚至打算遵循规则的球员也会违反规则。体育协会通常聘用私人监察来强制规则的实施。③

只要我们允许一个私人参与者承担外来执行人的角色。由博弈五给出的那种公地困境的"解决办法"，就会产生一组丰富的可供选择的方案。与博弈二和博弈三相比，一个自筹资金的合约执行博弈会允许局中的参与人就有关允许谁放牧和用什么来限制牲畜放养数量的决定，

---

① 然而威廉姆森认为（Williamson，1983），在长期经营关系中实际未能解决的囚犯困境情形的数量被夸大了，因为经济学家忽视了企业能协商改变与长期合约相关的激励结构。

② 新制度经济学派的许多文献强调在治理长期私人合约中民间规定（private ordering）的重要性（Galanter，1981；Williamson，1979，1985）。

③ 当进行监督和实施工作的仲裁人之间存在大量竞争时，人们可以假定仲裁人有很强的作出公正判决的动机。如果不存在竞争，那么人们在假定公正判决时所面临的问题与在遇到具有垄断地位的公共机构时所面临的问题相同。

实行比博弈二和博弈三中更大的控制。如果牧人们使用一个私人仲裁者，他们不会让这个仲裁者把一个协议强加给自己。这位仲裁者的作用仅仅是帮助各方找出在执行工作规则范围内产生的问题的解决方法，而工作规则是各方已经同意了的。仲裁人、法院和其他有关强制执行和解决争端的各种协议，使个人有可能提出一项在其他条件下不会被接受的长期协议。① 一个人只要想到了类似博弈五那样的“解决方案”，就很容易进一步想到：在谈判期间，会出现几个仲裁人在不同价位上提供执行服务的可能。而由收益主导的均衡将出现在与愿意以最低的 e 执行合约的仲裁人的协议中。

博弈五与博弈二和博弈三的关键区别是，在博弈五中，参与人是根据手中掌握的信息自行设计自己的合约。年复一年地使用同一块草地的牧人们，对草地的负载能力具有翔实而准确的信息。他们关注着其他牧人的行为，有举报违约行为的动机。仲裁人也许不需要雇佣监督人去查看合约各方的行动。那些达成合约的当事人的自我利益便能引导他们相互监督，举报违约行为，促使合约的执行。而一个管制机构却必须雇佣自己的监督人员，面临如何确保它的监督人员忠于职守这一委托-代理问题。

赞同中央政府“解决办案”的人认为，这样的机构拥有准确的信息，能够改变人们的动机，从而产生某种类似博弈二那样的结局。但是，对一个中央政府来说，拥有时间和空间的充分信息、准确估算公共池塘资源的负载能力以及为促使合作行为规定适当的罚金，是一件困难的事情。我相信，博弈三中的局面，即不完全信息导致的错误制裁，比现有政策文献中所推测的更为经常。当要执行的决定是由一个外部

① 简单重复囚犯困境博弈并不能保证走出困境。关于合作是一个可能完美均衡结局的著名的“大众定理”（folk theorem），有时被错误地表示为合作是重复博弈中的唯一均衡。除了“在每一个重复均衡中，人们都选择合作”外，还存在许多其他的均衡。无强制实施协议的简单重复，不会产生出一个明确的结果（Guth，Leininger，and Stephan，1990）。

机构制定，并且这个外部机构还可能对局中人强加了过量的费用时，对外来的监督者和执行人的需要会变得特别强烈。

值得进一步注意的问题是，执行者已相互协商并作了安排的一些博弈，也许会被有的分析人员或政府官员误认为是在如何合作和如何实施协议上还未达成一致的博弈。换句话说，某些“博弈五”的例子也许会被误认为是“博弈一”的例子，[①] 其情形也许会被解释为“非正式的”，而隐含的推断便是：它们是不合法的。这就涉及到有关政府作为治理整个社会的外在权威之性质的各种基本假定。

如同我们在后面的经验案例讨论中将会看到的那样，公共池塘资源的使用者已经达成了各种自己的协议，这些协议通过许多机制加以执行。其中有些执行机制是外在的政府机构，有些执行机制包括使用者所在社群中已被雇佣为监督人和执行人的社群成员，还有些执行机制包括了充当他们自己的监督人的使用者本人。当执行机制不是一个外在的政府机构时，有些分析人员便认为那里没有执行者。这就是博弈五被误解为博弈一的原因。

自筹资金的合约实施博弈不是万应灵药；这样的制度安排在许多场景中都具有不少弱点：牧人可能高估或低估草地的负载能力；他们自己的监督制度可能出现故障；外来的执行人在事先承诺将按某种方式行事后，可能又不履行承诺。在实际场景中，各种问题都可能发生，就如理想化的集中管制制度和私有财产制度中的情况一样。

显然，人们在实际场景中观察到的制度安排，要比在此提出讨论的任何一个简单的博弈结构远为复杂。我借助这些简单的博弈想要做的，是为了形成用于思考人们可用来摆脱公地困境的各种机制的不同方法——这些方法与人们在许多政策文献中找到的方法是不同的。为了挑战那种思维定式，需要的只是一种简单机制，能具体说明与通常

① 在缺乏官方正式立法或法庭决策时，民间规定常常被错误理解为无序。关于民间规定的大量文献的综述，见 Galanter（1981）。

占支配地位的解决方案所不同的替代方案。

经验性替代解决方案

博弈五具体说明了一种与集权化和私有化不同的、解决公共池塘资源问题的理论替代方案。现在让我们简略地考虑一下由土耳其阿兰亚（Alanya）的参与人自行设计的解决方案。这是一种既不同于集中管制，又不同于私有化的解决方案。如同费科莱特·伯尔克斯（Fikret Berkes，1986b）所描绘的那样，阿兰亚的近海渔场是一个捕捞范围相对较小的渔场。约 100 位当地渔民中的大多数在一种 2 人或 3 人的小船上用多种网具捕鱼。半数渔民属于一个当地的生产合作社。据伯尔克斯说，20 世纪 70 年代之前是阿兰亚的“黑暗时代”。在那时，渔场的经济生存能力受到两种威胁：第一，渔场的无限制使用已经在渔民中导致了仇视，有时甚至是暴力冲突；第二，渔民之间为较好的捕捞点而展开的竞争不仅增加了生产费用，而且提高了任何一条渔船潜在捕获量的不确定性。

20 世纪 70 年代初期，当地生产合作社的成员为分配捕捞点开始试验一种设计精致的制度。经过 10 多年反复试验所做的改进后，那里的渔民们实行了下列规则：

- 每年 9 月，准备合格渔民登记表，包括阿兰亚所有持有执照的渔民，不管他们是否为生产合作社成员。
- 在通常由阿兰亚渔民捕捞的海域，对所有可捕捞点命名并列表。这些点都有相当距离，这样在一个点下的网不会堵住应该进入邻近点的鱼。
- 这些经命名的捕捞点的划分和相应的安排，在每年 9 月到次年 5 月有效。
- 每年 9 月，合格渔民经过抽签，被分配到各个已命名的捕捞点。
- 从 9 月到次年 1 月，每个渔民每天向东迁移一个点；1 月之后，渔民们每天向西迁移一个点。从 9 月至 1 月自东向西的迁移和从 1 月到 5 月自西向东的迁移，给了渔民们平等利用渔场资源的机会（Berkes，1986b：73 – 74）。

这一制度成功地把渔民在渔场上加以分隔，使他们各自都有足够大的活动空间，从而起到了优化每个点的捕鱼能力的作用。同时，所有渔船都有在最佳点捕捞的平等机会，资源不会因渔船找不到捕鱼点或为争夺某一场点引发械斗而遭致浪费,① 也没有发生过度投资的现象。

捕捞点表受到每个渔民的支持。在每年一次抽取彩票时，这张表交由市长和当地的宪兵保存。但监督和执行这个制度的过程，则由渔民们自己完成。这种监督方式就是轮流制度的副产品。当某渔民某天被分配到一个渔产量较高的捕捞点，该渔民肯定会充分利用这个机会(除非他的设备出了故障)。所有其他渔民能料到这位渔民将会精力充沛地早早赶到捕捞点。这样，如果一个被分配到渔产量低的捕捞点的渔民想要作弊，几乎不可能不被察觉。有权在最好捕捞点上捕捞的渔民会发现作弊行为，在必要时这些渔民会通过物质手段来捍卫自身的权利。他们的权利也将得到制度内除作弊者外其他所有成员的支持，因为其他成员都希望在他们被分配到最好捕捞点上捕捞的那一天，他们的权利不会被非法占用。已经发生的几件违规事件，都由渔民们在当地咖啡馆轻而易举地解决了（Berkes，1986b：74）。

虽然这种制度不是私有产权制度，但是使用捕捞点的权利以及尊重这些权利的责任却界定得很清楚。虽然这种制度也不是一个集权化制度，但使合作组织有权管辖“地方工作”的国家立法，已被合作社的官员们用来使他们在帮助设计一套可行规则中的角色合法化。当地官员每年都接受已签署的协议，这种做法也增强了合作社官员行为的合法性。而监督和执行规则的实际工作则留给了渔民自己。

中央政府的官员们是不可能制定出这样一套规则的，除非指派一位专职官员长期在这个地方工作。具有不同经济价值的捕捞点通常都

① 戈登纳和E·奥斯特罗姆对正式的博弈理论结构以及这套和其他三套分配捕鱼场址规则的结果作了分析（Gardner and E. Ostrom，1990）。

在近海渔场中，但是如果没有大量的实际经验，几乎不可能把这些点制作成图（Christy，1982；Forman，1967）。如果没有由渔民们提供的、长时期中的时间和空间的具体信息，没有他们在长达10年的时间里对不同图纸和制度所自愿进行的试验，绘制这样一幅使某一条船的捕捞活动不会减少鱼向邻近水域迁移的捕鱼点的地图，将是一个令人无法面对的挑战。阿兰亚提供了一个自主治理公共财产方案的实例。在阿兰亚，处置公共财产的规则是由当事人自己设计和修订的，这些规则的执行和监督也都是由当事人自己进行的。

实际上，为了限制个人行为，可再生公共池塘资源的使用者已经设计、修订、监督和维持了多种制度安排。如果没有这些制度的限制，个人行为就会减少使用者群体的共同收益。阿兰亚近海渔场的做法只是许多种制度安排中的一个实例。除了第三、第四和第五章研究和讨论的案例外，在许多由农民管理的灌溉系统、公共森林、近海渔场、放牧和狩猎场所，所实行的富有建设性的与公共池塘资源管理相类似的各种制度安排，也已很好地做到了文字记载。①

对于那种认为一旦许多个人使用一个给定的资源就会陷入困境而不能自拔的观点，博弈五和对公共池塘资源问题实现了成功治理的各种例证，在理论上和经验上提出了与之不同的看法。我要说的关键是，尽管有许多人仍痛苦地挣扎在毁灭他们自己资源的陷阱中，但是另一些人已经从公地困境的陷阱中解脱出来。② 由此而来的问题是，在已经

① 例如，包含在国家研究委员会（1986）、McCay and Acheson（1987）、Fortmann and Bruce（1988）、Berkes（1989）、Pinkerton（1989a）、Ruddle 和 Akimichi（1984）、Coward（1980）和 Uphoff（1986c）中的案例。此外，包含在著作、专论、文章和研究报告中的大量文献的引文，见 F. Martin（1989）。这里同样有在人口迅速增长或从公共池塘资源中获得的产品的市场价值发生变化的挑战面前破裂的公共财产制度。然而，如在第五章所讨论的，在未被所隶属的正式政治体制认可的情况下，公共财产制度软弱无力的可能性要更大得多。

② 斯蒂尔曼指出，“无情逻辑”（remorseless logic）是哈丁建构的假设，而不是实证的结果（Stillman，1975：14）。他说：“不能在问题参数中寻求解决方案。只可能通过快刀斩乱麻的方式来改变一个或更多的问题参数，找到解决方案。”

摆脱公地困境束缚的人和还没有从中解脱出来的人之间，究竟存在着什么区别。这些区别也许与某一特定群体的内在因素有关：当事人缺乏相互交流的能力，没有建立起信任的途径，也没有意识到他们必须共享一个未来。或者，一些强有力的人能够从当前的局面中得到好处，另一些人则遭受损失；那些强有力的人便可能阻止力量较弱的人为改变博弈规则所做的努力，而力量较弱的群体也许需要某种外来援助，才能打破他们所面对的扭曲的逻辑。

已经摆脱了公地困境的人们和尚未摆脱困境的人们的区别，也许还与影响他们生活环境的外在因素有关：有些当事人不享有改变他们制度结构的自治权，外部当局阻止他们进行建设性变革；这些外部当局对公地困境中的放纵行为漠不关心，或甚至想取渔人之利。当然也存在着外部变化迅速影响一个群体的可能性，从而给了他们一个短暂的调整内部结构的机会，以避免次优的结局。有些群体苦于扭曲的激励机制，而那种机制本身正是中央政府政策的产物。关于为什么有些人不能为他们自己谋取集体的利益，而有些却可以这么做，潜在的答案可能还有许多。但是，只要分析人员认为人们自己不能改变这种局面，那么他们就不会关注，在社群的人们为创造性和建设性地处理公地悲剧这类扭曲的问题所作的努力中，哪些内在的或外在的变量产生了促进的或阻碍的作用。

类似隐喻的政策方案

主张以某种单一方案解决公共池塘资源问题的政策分析人员，对实践中运行的多种制度安排几乎视而不见。集权主义者断言：统一的政府在现实中的顺利运作就如在教科书中设计的那样——以有效的科学理论和充分信息为基础确定资源使用的最佳政策，政策的执行是正确的，监督和制裁活动是正常的、无误的。

倡导私有产权方案的人认为：最有效利用公共池塘资源的范例，实际上都是对这类资源的使用和控制权加以划分的结果。系统的经验研究已经表明：生产或经营电力、运输和医疗服务这些物品的私人企业组织，往往比政府的企业组织更有效率。关于这方面的文献，可见De Alessi（1980）。但是，在特定的潜在受益人不能被排除在外的行业中，究竟是私人企业还是公共企业更有效率，则是一个不同的问题。我们关心的是，对至少某些潜在受益人不能被排除在外的各种公共池塘资源来说，究竟何种制度类型才能对它们实行最有效率的治理和管理。对公共池塘资源的所有权实行私有化，并不必定与对一个航空公司实行私有化有同样积极的结果。而且，私有化也不意味着对一切都加以“分割”。私有化也可以意味着把获取一种资源系统的产出的权利排他地分配给某一个人或一个企业。

许多政策方案本身就是一种隐喻。具有讽刺意义的是，无论是集权论者还是私有化论者经常主张的那些过于简化或理想化的制度，几乎也是一种“无制度”的制度。主张中央管制的人没有告诉我们：中央机构应该按照什么方法来组织，它应该拥有何种权威、应该如何维持对这种权威的限制，它将如何获得信息，它的代理人应该如何选择，怎么激励他们做好工作以及怎么对他们的工作加以监督、奖励或制裁。主张私有产权的人也没有告诉我们：各种权利应该如何界定，相关商品的各种属性应该如何度量，谁将为排斥非所有者的进入支付费用，围绕权利的冲突将如何裁定，以及在这个资源系统中的权利持有者的剩余利益应该如何加以组织。

从仔细考察“新制度主义”学者所做的大量系统研究中，可以得到一个重要教训，即“制度细节”是重要的。[①] 均衡是否可能，一种均衡是否改进了相关者（或者对那些受这些人影响的人）的状况，都将取决于特定的制度结构。在最一般的意义上，所有的制度安排都可被认为是广义的博弈。作为博弈，有多种特定的选择，这些选择的顺序排

① 参见Shepsle（1979a，1989a），Shepesle and Weingast（1987），Williamson（1979，1985），North and Weingast（1989）以及North（1981）。

列，所提供的信息，以及对不同选择顺序给予的相对奖励和惩罚，都能改变结局的定式。此外，相关物质环境的特定结构，也会对博弈的结构及其结局产生重要影响。因此，如果把在一种物质环境中使用的一套规则，用于另一种不同的物质环境，可能会有非常不同的后果。

基于隐喻的政策可能是有害的

以隐喻作为政策方案的基础，会导致与设想完全不同的结果。例如，在第三世界国家实行森林国有化的主张，是建立在当地居民不能管理好森林、无法保持森林的生产能力和在减少水土流失中的作用这一看法的基础上的。在世世代代都是由小村庄拥有并管理他们当地森林的国家，国有化意味着剥夺。这些地方的村民们早已对采集林产品的进度和方式实行了严格的限制。其中一些国家，政府机构后来发布了森林开采的详细规则，但却雇佣不到足够的林务官员去强制规则的执行。支付给林务官员的薪金太低，使接受贿赂成为补充收入的常规方式。结果是，国有化把原先限制进入的公共财产变成了开放的资源。有关泰国（Feeny，1988a）、尼日尔（Thomson 1977；Thomson，Feeny and Oakerson，1986）、尼泊尔（Arnold and Campbell，1986；Messerschmidt，1986）和印度（Gadgil and Iyer，1989）原先集体所有的森林因实行国有化而造成的灾难性影响，已经有了很多很好的文献记载。当国家机构认为他们对所有的近海渔场享有排他管辖权时，近海渔场也发生了类似的问题（Cordell and Mckean，1986；W. Cruz，1986，Dasgupta，1982；Panayoutou，1982；Pinkerton，1989a）。

挑　战

政策科学家面临的一个重要挑战是，如何以对人类在处理与公地悲剧部分相关或完全相关的各种情形中表现出来的能力和局限的实际评估为基础，发展人类组织的理论。经验上可靠的人类组织理论，能够把组织人类活动的各种不同方法及其后果传递给决策层，从而成为政策科学的实质性组成部分。理论探讨包括对规则的研究，包括对现实场景中复杂事物的抽象，并确定作为所观察到的复杂性之基础的理论变量。为了对封闭系统中各种变量之间的逻辑关系做更细致的分析，还需要对一种特定的理论模型做进一步的抽象和简化。作为一个理论家并在有些情况下是一个建模者的我，把这些内容看成是政策科学的核心。

然而，一个人也可能陷入他自己所编织的知识网结中。当经过多年努力形成了一种既具有相当效力又简洁典雅的理论后，分析人员显然想把它运用到尽可能多的情形中去。一种理论的效力的确与它能解释的情形成正比。但是，所有理论都有局限性。理论模型的局限性更大，因为许多参数必须被固定在一个模型中，而不允许它们有所变化。把一个模型（如完全竞争市场模型）与内含于这种模型的理论相混淆，会进一步限制模型的适用性。

科学的知识，是对与一种理论或其各种模型相关的情形之多样性的理解，也是对这种理论之局限性的理解。以为所有的物质结构都可以用一组完美的形式——圆形、正方形、三角形等——来加以描绘的信条，长期妨碍着天文学的发展，直到约翰尼思·开普勒（Johannes Kepler）打破古典思想的束缚、发现火星的轨道是椭圆时才结束。而开普勒本人一开始竟也并不认为自己的发现有什么价值（Koestler，1959）。戈德温和萨帕德（Godwin and Shepard，1929）10 年前就指出，政策科学家们在未认真考虑现实世界中的变量与理论模型是否一致的情况下使用公地困境模型，实际上是做着与强行把正方形、三角形和椭圆形都剪裁成一个圆形相同的事情。戈德温和萨帕德的文章应该使政策科学家们对依靠一组有限的模型去分析各种与公共池塘资源问题相关的情形，抱有更多的怀疑。自戈德温和萨帕德的文章发表以来，又有很多理论研究和实证研究的进展。不幸的是，许多分析人员，无论是来自学术界的，特殊利益集团的，政府的，还是媒体的，依然断言所有的公共池塘资源都无法摆脱它们的困境，当事人自己也无法避免产生次优的、在某些情况下是灾难性的结局。

政策分析人员的工具箱中所缺少的，同时也是已为人们所接受而得到充分发展的人类组织理论所缺少的，是一种具体明确的集体行动理论。凭借这一理论，一群当事人能够自愿地组织起来，以保持自己努力所形成的剩余。自主组织的企业的实例大量存在着。大多数律师事务所无疑是一个例子。一群律师自己集资购置图书资料并为共用的秘书和研究助手付薪。在向所有合伙人分散成本和收益方面，他们也形成了一套内部的治理机制和规则。大多数合作社是一个例子。我们将在第三章讨论的各种自主组织和自主治理的公共池塘资源也是例子。但是，在以人类选择为基础对自主组织和自主治理企业所作的理论解释获得充分发展并被普遍接受之前，多数政策决定仍将是在个人不能自主组织、因而总是需要由外部权威去组织他们这样的认识基础上做出的。

此外，所有组织安排都有它的优势、弱势和不足。没有合适的自主组织的集体行动理论，人们既不能预见或解释在什么时候个人单靠自身的组织不能解决公共问题，也不能确定在协助解决某一特定问题时，何种干预策略可能是有效的。如早先所讨论的，在应该建立一个管制机构的假定与需要建立一个能对自主谈判达成的合约加以监督和强制执行的可靠的法庭制度的假定之间，存在着重大差别。如果在政策科学中使用的理论不包括自主组织集体活动的可能性，那么，能够被自主组织的群体用来监督和执行合约的法庭制度的重要性就将得不到认可。①

我希望这一研究将对发展由经验支持的自主组织和自主治理的集

① 例如，人们可以花时间、花力气搜寻有关发展的文献，却很难发现有关法庭制度在帮助人们通过自主组织来追求发展中的重要性的讨论。当我第一次向一群 AID 官员提到把有效的法庭制度作为取得发展的一个调解手段时，房间里的沉默令人窒息。一个官员评论说，在她 29 年的发展工作中，从未听到过这样的一种建议。

体行动理论做出贡献。我在本书中试图做的是：把许多“新制度主义”学者所使用的策略与由生物学家为促进从理论上更好理解生物世界而开展的经验研究中所采用的策略结合起来。

作为一个研究实际现象的制度主义者，我假定个人是力求尽可能有效解决问题的。这个假定是我的一个准则。与认为有些人是无能力的、邪恶的或非理性的，而其他人则是全知全能的假定不同，我认为个人在分析和理解复杂环境的结构上具有的能力是非常类似的和有限的。作为一个科学家，我的责任就是确定什么问题是人们正在努力去解决的，以及什么因素帮助或阻碍着他们的努力。当我看到的问题除了与高度的复杂性和交易上的各种困难有关外，还与缺乏预测能力、信息和信任有关时，我必须努力对所有这些问题都公开做出说明，而不是回避其中的一些问题。为了能对被观察到的行为做出解释，我参考了由其他对制度以及对现实场景中个人激励和个人行为的影响有兴趣的学者撰写的大量文献。

生物学家也面临着研究现在还很少被理解的复杂过程的问题。为了进行经验的观察，他们的科研策略经常集中在辨识可能的最简单的有机体。在这个有机体中，变化过程是以一种明确的、甚至是扩大的形式发生的。能够代表所有有机物的有机体是不会被选中的，相反，被选中的恰是更能对某个特定变化过程加以研究的有机体。

我所选择的“有机体”是人类的一种情形，我称之为公共池塘资源。第二章将对这一术语和其他关键术语给出严格的定义。在本书中，我并未包括参考框架中所有可能的公共池塘资源。我研究的对象将限定在小范围的公共池塘资源上，其位置坐落在一个国家的范围内，受其影响的人数在50人到15 000人之间，这些人的经济收益极大地依赖着该公共池塘资源。这些公共池塘资源主要有：近海渔场，较小的牧场，地下水流域，灌溉系统，以及公共森林。由于它们的规模相对较小，通过认真研究，便较有可能透过令人眼花缭乱的表面现象，辨识出它们的相似之处和变化过程。由于所涉及的个人的大部分经济收益来自公共池塘资源，他们都有强烈的愿望去解决公共问题以便能持续地提高他们自己的生产力。在这些情形中，为自主组织所作的努力可能有点被夸大，但那正是我研究这些情形的原因。此外，当自主组织失败时，并不是因为能够获取的集体收益对当事人来说已经不重要了。

本书所研究的公共池塘资源的类型是有局限的：（1）是可再生的而非不可再生的资源；（2）资源是相当稀缺的，而不是充足的；（3）资源使用者能够相互伤害，但参与者不可能从外部对其他参与者加以重大的伤害。因此，所有不对称的污染问题都不包括在内。同样，一个群体可形成一个卡特尔、控制市场上足够大的份额以影响市场价格的任何情形，也被排除在外。

在实证研究中，我提出了一个对我理解自主组织和自主治理过程帮助很大的、重要的公共池塘资源案例的概要。这些案例并不是各种案例的“随机”样本。相反，它们都是提供了下列过程明确信息的案例：（1）治理长期存续的公共池塘资源；（2）变更现有的制度安排；（3）未能解决存续的公共池塘资源问题。因此，这些案例也可以被看成是最引人关注的原始素材的选辑。通过对这些案例的研究，我力图理解在搭便车和违背承诺的诱惑大量存在的情形下，人们是如何为集体利益而对他们自身加以组织和治理的。

通过对这些案例的考察和分析，我力图对为什么有些人能够组织起来、去治理和管理公共池塘资源而另一些人则不能的情况，做出一系列合乎理性的推测。我力求搞清楚，在一个很长时期中一直成功地管理着他们自己的公共池塘资源的人们所使用的制度的主要设计原则，以及为什么这些原则能影响参与者的激励机制，使他们在治理和管理他们自己的公共池塘资源方面持续地投入时间和努力。我比较了在成功案例中和不成功案例中分别使用的各种制度，并试图找出可能阻碍或提高个人使用和治理公共池塘资源能力的各种内在的和外在的因素。

我希望这些推测能有助于形成一个对于至少一类明确界定的困难情形而言经验上有效的自主组织和自主治理理论。这类情形包括了世界各地的人们都大量利用的可再生资源。例如，据估计 90% 的渔民是在本书将要探讨的小规模近海渔场工作的，每年人类消费的鱼的一半以上是在近海渔场捕获的（Panayoutou，1982：49）。此外，我在选择需要着重研究的公共池塘资源环境时，基于这样一个假定，即通过研究我能了解与某些更大环境相关的自主组织和自主管理的过程。

考虑到许多公共池塘资源问题和提供小范围集体物品问题的相似性，本书的发现应该有助于人们对可能影响个人为提供地方性公益物品而组织集体行动的能力的各种因素的理解。为组织集体行动的所有努力，不管是来自外部的统治者、企业家，还是来自希望获取集体收益的一组当事人，都必须致力于解决一些共同的问题。这些问题包括搭便车，承诺的兑现，新制度的供给，以及对个人遵守规则的监督。一个对在公共池塘资源环境中如何避免个人搭便车，如何实现高水平承诺，以及新制度供给的安排和规则遵守情况的监督的集中研究，也应该有助于理解在其他场合下人们对这些极重要的问题的处理。

现在让我对本书内容的组织作一个简短的概述。在第二章，我将先对我所说的公共池塘资源情形和个人在这种情形中的选择做出界定。然后考察任何有关集体行动的理论都必须回答的一系列重要问题。第二章的结论部分，我考察了两种已为先前研究设定了框架的假定，并讨论了已成为我的分析框架的替代假定。本书的实证研究被安排在第三、四、五章。这几章考察了各种长期存续的公共池塘资源及其制度安排的案例，公共池塘资源制度的起源和发展，失败的和脆弱的公共池塘资源治理制度的特殊案例。在实证研究各章的结尾，我对从该章案例中所能汲取的、有助于发展与公共池塘资源环境有关的更好的自主组织理论的经验，都作了思考。第六章把第三、四、五章结尾所做的理论反思集中在一起，阐述了这些推测对设计自主组织和自主管理的制度所具有的含义。

第二章

研究公共池塘资源情境中自主组织和自主治理的制度方法

在第一章，我把我的研究策略描述为一种以小规模公共池塘资源系统为研究对象的“新制度主义者”的策略，因为这样比较容易观察自主组织与自主治理的过程。本项研究的中心问题是一群相互依赖的委托人如何才能把自己组织起来、进行自主治理，从而能够在所有人都面对搭便车、规避责任或其他机会主义行为诱惑的情况下，取得持久的共同收益。必须同时解决的问题是如何对变量加以组合，以便：(1) 增加自主组织的初始可能性；(2) 增强人们不断进行自主组织的能力；(3) 增强在没有某种外部协助的情况下通过自主组织解决公共池塘资源问题的能力。

本章有几个目的。首先界定什么是我所指的公共池塘资源，以及我如何看待在复杂和不确定的公共池塘资源环境中的个人行为。然后考察在公共池塘资源环境中人们所面临的一般问题：如何通过组织避免独立行动的不利后果。根据两个广为接受的理论，即企业理论和国家理论，这个一般问题是由外部代理人解决的。这些理论以企业或国家作为一种组织工具，解释了如何供给新制度，如何获得承诺，以及如何有效监督代理人和其他主体的行动。但是，一群委托人，例如一个社群的公民，如何才能将自己组织起来解决制度供给、承诺和监督问题，仍然是一个理论难题。一些人解决了这个难题，另一些人未解决这个难题，因此无论是研究解决公共池塘资源问题中的成功经验，还是研究不成功的经验，与集体行动理论和开发更好的公共池塘资源政策相关的重要问题，都是应该予以探讨的。分析集体行动问题的许多研究在确定自己的分析框架时，均基于这样的假定：所有问题都可以用囚犯困境博弈来表示；单一层次的分析足以解决问题；交易成本是微不足道的、可以被忽视。在本章的最后一节，我将提出一些假设，以替代集体行动分析的一般框架。

公共池塘资源的情境

公共池塘资源和资源单位

“公共池塘资源”（public pool resources）这个术语指的是一个自然的或人造的资源系统，这个系统之大，使得排斥因使用资源而获益的潜在受益者的成本很高（但并不是不可能排除）。为了理解组织和治理公共池塘资源的过程，关键是要在认识资源系统（resource system）和由该系统产生的资源单位（resource units）的流量之间互相依存的同时，对两者加以区别。

比较合适的是把资源系统看作是一种储存变量，在有利的条件下能使流量最大化而又不损害储存量或资源系统本身。渔场、地下水流域、牧区、灌溉渠道、桥梁、停车库、计算机主机以及溪、湖、海洋和其他水体都是资源系统。资源单位是个人从资源系统占用或使用的量，它通常包括从渔场捕获的鱼的吨数，从地下水流域或灌溉渠道抽取的英亩-英尺或立方米水量，牲畜在牧场消费掉的饲料的吨数，桥梁每年的通过量，停车场被占用的停放空间，计算机系统中央处理器的使用次数，河、溪或其他水道每年吸纳的生物垃圾的数量。区别作为存量的资源和作为流量的资源使用单位的收获量，就有可能确定资源补充率。这对把公共池塘资源问题与可再生资源问题联系起来考察是特别有用的。只要资源的平均提取率不超过平均补充率，可再生资源就得以长期维持下去。①

使用公共池塘资源的权利可以被限制为一个人或一家企业，也可被限制在同时使用资源的多个个人或许多由个人组成的团队的范围内。这里研究的公共池塘资源是由多个个人或许多企业使用的。按普劳特（Plott）和梅耶尔（Meyer）的定义（1975），我也把从资源系统提取资源单位的过程称为“占用”（appropriation），把提取者称为“占用者”（appropriators）。② 占用者这一术语因此可用来指牧人、渔民、灌溉者、乘公交车辆上下班者和从某种资源系统中占用资源单位的其他任何人。在许多场合，占用者自己使用或消费他们所提取的资源单位（例如在渔民捕鱼首先是为了自己消费的地方）。占用者还使用资源单位作为生产过程的投入（例如，灌溉者用水浇灌土地来生产稻米）。在其他场合，占用者即刻把资源单位的所有权转给其他人，而后者成了资源单位的使用者（例如，渔民到港后尽快出售其捕获物）。

对稀缺可再生资源的分析是从占用者的角度出发的。但这不是用于分析复杂的公共池塘资源问题的唯一视角。如果资源单位的占用者获得了相当的市场权力，比如创立了一个卡特尔来影响价格，那么他们的策略便会影响其他人以及他们自己。但本分析所涉及的公共池塘资源的占用者既不拥有最终产品市场的权力，他们的行为也不对生活在他们的公共池塘资源系统以外的人的环境产生重大影响。

我把那些计划和安排公共池塘资源提供的人称为“提供者”（pro-

① 对于自然资源，一方面转化为使用与自然退化的关系，另一方面则是养护与修理的投资支出的关系（E. Ostrom，Schroeder and Wynne 1990）。”

② 在此我们的说明是，在某些法律环境下，“占用者”（appropriator）指的是那些拥有特定的提取资源的法律权利的人。例如，第四章中特定的地下水抽取者因他们的水权不是建立在他们自己拥有抽水土地所有权的基础上而成为法律意义上的“占用者”；这里权利确定的基础是“先到者优先拥有权利”（first-in-time，first-in-right）。除第四章外，我常用“占用者”这一术语来指那些不管是否具有资源使用的特定权利都在那里实际提取或使用公共池塘资源的人。有些实际占用者也许没有法定权利（如擅自使用公共土地的人）。在第四章，我试图仔细地区别出何时这一术语是作为权利持有者的法律用语，何时是在更一般意义上的使用。

viders)，而使用“生产者”（producer）这个术语来指实际从事建造、修理或采取行动确保资源系统本身长期存在的任何人。提供者和生产者常常是同一的，但也并不必须如此（V. Ostrom，Tiebout，and Warren，1961）。一个国家的政府可以被认为是灌溉系统的提供者，因为它提供了资金和设计，然后安排当地的农民去建造并维持灌溉系统。如果当地农民被授权对维护工作进行安排，他们便是与公共池塘资源有关的维护活动的提供者和生产者。

一个资源系统可以由多于一个的人或企业联合提供和（或）生产。占用公共池塘资源单位的实际过程可以由多个占用者同时进行或依次进行。然而，资源单位却不能共同使用或占用。一条船捕获的鱼不能同时为其他人所捕获。浇洒在一个农民土地上的水不可能又浇洒到其他人的土地上。因此，资源单位不是共同使用的，但资源系统常常是共同使用的。一旦多个占用者依赖于既定的资源系统，系统的改进便为所有占用者同时共同享用。要把资源系统的一个占用者排斥在资源系统本身的改进之外，成本会很高（在一些情况下是不可行的）。所有占用者都会从维护灌溉渠道、桥梁或计算机系统的活动中受益，不管他们是否对此有所贡献。

未将资源单位的可分性和资源系统的共享性加以区别，造成了公共池塘资源与公共物品或集体物品的混淆。① 迈克尔·泰勒（Michael Taylor）在他的著述中认识到公共池塘资源与集体物品的不同：

> 尤其是，在使用开放性资源的情况下，即在任何人都可使用资源的情况下，产生了一组非常重要的集体行动问题。但这些资源不必是公共物品（M. Taylor. 1987：3）。

要把共同占用者实际排斥在资源或资源系统的改进之外需耗费相对高的成本，这与把潜在受益者排斥在公共物品之外的高成本是相似的。这一共同的特性使得在涉及公共池塘资源和公共物品时，永远会存在

① 关于群体规模对产品供给的效应的讨论，见哈丁的综述（Hardin，1982：ch. 3）。

搭便车的诱惑。逃避在资源系统的提供中出力与逃避提供公共安全或天气预报几乎相同。从排他困难中引申的理论观点不仅适用于解释公共池塘资源的供给，也适用于解释集体物品的供给。

但是，一个人使用天气预报并不减少其他人使用天气预报的可能性，就如一个人享用了公共安全并不降低社群总体的安全水平。① “拥挤效应”（Crowding effects）和“过度使用”问题在公共池塘资源系统中长期存在，在纯粹的公共物品中却不存在。资源单位的可分性导致了逼近公共池塘资源所生产的资源单位数量极限的可能性。若公共池塘资源是由人工制造的，如桥梁，逼近通过量的极限会导致拥挤。若公共池塘资源是一种生物资源，如渔场或森林，逼近资源单位的极限不仅会产生短期的拥挤效应，而且可能会摧毁资源本身继续生产资源单位的能力。甚至一种物质资源，如桥梁，也会因超载而毁坏。

因此，基于公共物品不可分性的公共物品理论不能用来分析可分资源单位的占用和使用问题。资源单位的使用和占用与私益物品理论而不是公共物品理论有着更密切的关系。另一方面，设计、执行和实施一套规则来协调提供活动的过程与地方性集体物品的提供等同。通过自主组织来治理和管理公共池塘资源的占用者所面临的一些问题与私益物品占用者的问题相似，所面临的另一些问题与提供公共物品的公共物品占用者的问题相似。这两个方面在实际意义和分析意义上都是密切相关的。在一个特定的公共池塘资源中，如果与可分资源单位占用相关的问题变得严重，当地的占用者也许会拒绝承担公共池塘资源的提供活动。② 没有资源系统就不可能发生资源单位的占用。没有公

① 关于公益物品的早期著作是伯文（Bowen，1943）和P·萨缪尔森（P. Samulson，1954，1955）撰写的。注意公益物品与V·奥斯特罗姆和E·奥斯特罗姆所使用的公共池塘资源（V. Ostrom and E. Ostrom，1977a）的区别。有关论述集体物品的近期文献见Comes and Sandler（1986）。

② 因此，公益物品与公共池塘资源的区别并不是微不足道的。提供纯粹公益物品的人并不真正在乎谁使用产品或何时何地使用产品，只要有足够的人分担产品供给的成本就行。提供公共池塘资源的人则很在乎有多少人使用以及何时何地使用，即使其他所有人都对公共池塘资源的供给有贡献。

正、有序和有效分配资源单位的方法，当地占用者就几乎不会有为继续提供资源系统作贡献的动机。

复杂而不确定情境中的理性占用者

公共池塘资源占用者占用和提供公共池塘资源的决策和行动，是广义理性人在意识到自己处于复杂和不确定环境后的决策和行动。一个人在任何特定情形中的行为选择取决于他如何了解、看待和评价行为的收益和成本及其与结果的联系，而这些结果也同样有着复杂的收益与成本的关系。①

组织占用者就公共池塘资源问题采取集体行动往往是一个不确定的、复杂的事情。不确定性有许多外部来源：降水量和时间，日照量和温度，带菌体的存在与否，各种投入或最终产品的市场价格。不确定性还有内部渊源。其中一个主要渊源是缺乏知识。资源系统结构本身确切的结构——它的边界和内部特征——是必须搞清楚的。确定资源系统的结构可以是大量使用资源和认真观察的副产品，就像在占用渔场和占用牧场的案例中那样。并且，这种民间的知识一定得保留着，由一代传给另一代。而要搞清地下水流域的内部结构，则要求对地质学家和工程人员的研究给予大量的投资。

占用者的行为如何影响资源系统、资源单位的产出和各占用者的所得也必须搞清楚。② 例如，一个灌溉者限制自己从水渠取水的行为对他自己的产量或对其他农民的产量会产生什么影响，并不是立即就清楚的。在有些情况下，靠近灌溉系统发端的农民大幅度削减用水并不会对他自己的产出有重要影响，但却能大大扩大下游农民的产出。在另一些情况下，靠近灌溉系统发端的农民所抽取的过多的水会接着流到下游农民那儿，这样上游农民限制用水便不会增加总的产出。因缺

① 类似的方法见 Radnitzky (1987) 和 Stroebe and Frey (1980)。
② 对于所有生物资源，平均产出的概念也许没有什么意义。

乏知识而形成的不确定性也许会随着技能的增加和科学知识与当地情况的结合而降低，但为减少不确定性付出的代价是很高的，并且永无止境。即使人们获得了有关资源系统本身的大量知识后，因占用者的策略性行为而引起的不确定性还会继续存在。

在占用者所面临问题的基本结构存在着不同程度不确定性的情况下，进行大量的试错学习是对他们所使用的探索和计算过程的唯一合理的假设。许多行动是在缺乏对问题后果的全面知识的情况下选择的。一些规则由于无人能够对其执行情况进行监督而无法强制实施。根据定义，试错法包含了错误甚至重大损失。但逐渐地，占用者会更准确地理解自然世界，懂得如何对其他人的行为做出预期。

在许多场景中，占用者有很强的动机去尽可能地寻找解决问题的更好方案，因为这些占用者的生活取决于他们解决个人和共同问题中的创造力。地方占用者所获得的有关他们情形信息的完整度和准确度因占用者人数不同、情形复杂程度不同、以及影响个人行为和资源系统反应的因素的稳定性不同而不同。占用者所获得的信息的对称性也因信息成本不同、信息传播给占用者所依据的规则不同而不同。

与公共池塘资源的提供和占用相联的集体行动问题是一直存在的。个人对较远未来的预期收益评价较低，而对近期的预期收益评价较高。换句话说，个人如何对未来收益进行贴现取决于若干因素。个人是否期望他们或他们的孩子能获得这些收益，他们是否在其他环境中有更快获取投资回报的机会，都影响他们考虑问题时对时间跨度的设定。特定公共池塘资源未来产出的贴现率在不同类型占用者之间有实质性不同。例如，在渔场，居住在附近渔村的当地渔民的贴现率与驾驶较大拖网渔船作业于近海任何地方的渔民的贴现率是不同的。在考虑近海渔场的产出时，当地渔民的时间跨度一直延伸到很远的未来，他们希望他们的孩子和他们孩子的孩子能生活在同一个地方。而流动性较强的渔民在当地不再有鱼可捕时便会驶往其他渔场。

贴现率受占用者所处的自然和经济保障程度的影响。那些对过了当年是否还有足够的食物抱有怀疑的占用者，在对生存可能性的增长进行权衡时，会给予未来收益很高的贴现率。同样，如果无论当地占用者采取什么行动、公共池塘资源都会被其他人的行动所毁坏，那么即使那些多年来一直对自己获取公共池塘资源的量加以限制的人，也会开始给予未来收益很高的贴现率。① 贴现率还受居住在特定社会或地方社群的人们在比较未来与当前的相对重要性时所共有的一般规范的影响。

贴现率并不是受共享行为规范影响的人类选择的唯一方面。尽管我强调预期后果对个人决策影响的重要性，但是个人对重要性的评价因他们自己和其他人对正确和合适的不同理解而不同。行为规范反映个人对自己行为和策略的评价，但这并不是因为行为规范与直接后果相联。② 例如，一个把遵守诺言作为一条很强的内在规范的人在没有履行个人承诺时会感到羞愧和内疚。如果这一规范成为与他人共享的规范，那么采取被其他人认为是错误的行动所要受到的社会非议便会对他形成制约。

行为规范因此影响认识和评价替代方案的方式。一群长期在一起互动的人认为是错误的行动，不会被个人当作许多常规决策的替代选择。如果个人认为支付很大的代价来采取这样的行动是有可能的，那么附加了高成本的行动便会包括在所考虑的替代选择中。一定的行为在一组强烈禁止该行为的个人中的发生率，要低于在对该行为不加责备的社群中的发生率，即使这种行为必然会给人们带来高收益。

共享规范的类型和范围对个人策略最重要的影响，是占用者对其他占用者的机会主义行为的预期。机会主义的定义是“欺诈式自利”

---

① 哈得孙湾的克里族印第安人在外地捕猎者的流入危及那里的海狸资源时，临时采用了一些策略。有关这些策略的描述，见 Berkes（1983）。1930 年通过的立法从法律上认可了美国印第安人社群和家族的领地，允许克里人为公共池塘资源的长期存续做预先准备。1930 年以来，克里人使用欧洲人到达北美大陆前经几个世纪的试验和改进的规则，成功地管理了海狸资源。

② 有关规范和理性选择理论的进一步分析，见 Coleman（1987c，1990）和 Opp（1979，1982，1986）。

(self-interest with guile, Williamson, 1975)。在很少有人认为违背诺言是不合适的、人们拒绝承担自己的义务、规避责任或采取其他机会主义行为的环境中，每一个占用者必须有这样的预期，即只要有机会，所有其他占用者都会以机会主义方式行事。在这种环境中，建立长期、稳定的承诺是困难的，高成本的监督和制裁机制也许是必需的。由于强制实施是需要成本的，一些曾经有效的长期合约变得不再可行。而在具有反对机会主义行为的强烈共识的环境中，每一个占用者都会较少关注机会主义的危险。

在每一个群体中，都有不顾道德规范、一有可能便采取机会主义行为的人；也都存在这样的情况，其潜在收益是如此之高以至于极守信用的人也会违反规范。因此，有了行为规范也不可能完全消除机会主义行为。机会主义行为是所有占用者在试图解决公共池塘资源问题时必须面对的一种可能性。

然而在一些环境中，无所顾忌的机会主义行为严重制约着本不需对监督和制裁协议进行大量投资便可合作完成的工作，只有得到重大收益才能使高成本的监督和制裁活动有价值。因此，减少监督和制裁活动成本的共享规范可被视为用于解决公共池塘资源问题的社会资本。

由于公共池塘资源情形的持续发展，个人会采用内在规范，这就使人们在进行策略选择时有可能采用权变的策略（contingent strategies)，而不是采用简单的相互独立的策略。我们所说的权变策略是指根据全部现实条件灵活变化的行动方案。大多数学术研究一直关注的权变策略，是两人博弈中一报还一报（tit for tat）的权变策略。一个人在第一回合中采用合作策略，对手便会在以后的回合中模仿采用（Axelord, 1981, 1984)。还有其他许多可以采用的权变策略；它们在初始合作的延续程度和改变行为模式所要求的其他人的行为等方面是不同的。人们在许多复杂和不确定的现实场景中使用权变策略是后面分析的一个重要基础。

因此，我对理性行为使用了一个非狭义的、非常广义的概念。我所使用的个人选择的内部世界如图 2.1 所示。有 4 个内部变量影响个人的策略选择：预期收益、预期成本、内在规范和贴现率。人们选择的策略会共同在外部世界产生结果，并影响对行动收益和成本的未来预期。个人所具有的内在规范的类型受所处特定环境中其他人的共有规范的影响。同样，内部贴现率也受个人在任何特定的外部环境中所拥有的机会的影响。

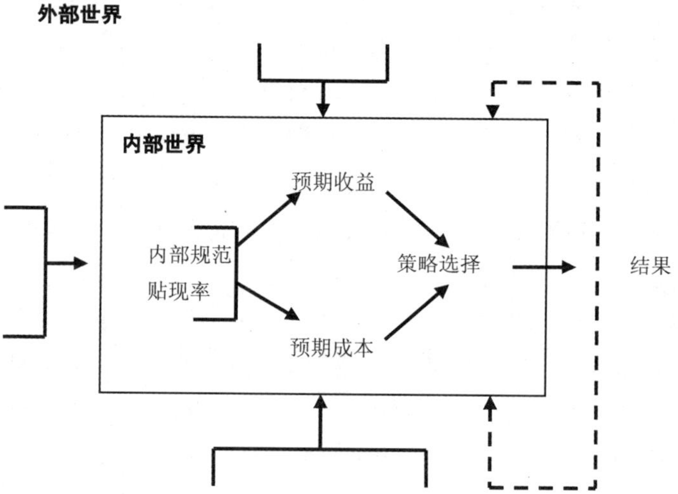

图 2.1 个人选择的内部世界

这一个人选择的一般模型适用于许多特定环境。有关偏好函数的完备性、形状和可导性的特定假设取决于该理论某一特殊模型的相关情形。简单说来，在人们有着长期相互关系的高度制约的情形中，有关偏好函数的凸性、二次可导的假设也许是合适的。但在包括非结构化问题的复杂情形中，完全偏好函数任何形状的假定都是无意义的。最能肯定的一点是，此种情形中的人们通过反复尝试对他们行动的结果会有更多了解，从而随着时间的流逝能够更有效地评价收益和成本。

这一总体看法是遵循波普尔（Popper）的建议，使理性原则成为“一条几乎无实质含义的原则”（Popper，1967）的一种方法。它首先强调的是对严谨而完整地建立起来的人们行为模型进行理论分析。它接受了波普尔在方法论上的建议，强调对个人行为所发生的情形的描述，从而使我们能够使用可观察的变量，而不是采用难以度量的、内部的、内心的、主观的变量，去验证我们的理论。

因此，本书中大多数分析所考察的是最可能影响人们策略选择的环境变量的组合以及这些环境变量是怎样发生的。

相互依存、独立行动和集体行动

当多种类型的占用者依赖于某一公共池塘资源进行经济活动时，所做的每一件事几乎都会对他们产生共同的影响。每一个人在评价个人选择时必须考虑其他人的选择。如果一个渔民占据了一块好的捕捞点，第二个到达同一地点的渔民不得不花费更多的精力驶往其他地点，否则就要为第一个捕捞点而争斗。如果一个灌溉者花费时间和材料修理破损的灌溉水渠控制闸门，所有其他使用水渠的灌溉者都要受此行动的影响，不管他们是否承担任何一点修理工作。公共池塘资源占用者生活中的关键事实是，只要他们继续合用同一个公共池塘资源，他们就处在互相依存的联系中。当采用有效的制度规则来治理和管理公共池塘资源时，这种自然的相互依存并没有消失。自然的相互依存依然存在，改变的只是占用者所得到的结果。

在处理与产生稀缺资源单位的公共池塘资源的关系时，如果占用者独立行动，他们获得的净收益总和通常会低于如果他们以某种方式协调他们的策略所获得的收益。在最好的情况下，他们以独立决策进行的资源占用活动所取得的收益要低于他们不独立决策所取得的收益。在最糟的情况下，独立决策进行的资源占用活动可能摧毁公共池塘资源本身。只要占用者继续处在非组织的状态，他们就不可能取得以某种方式进行集体行动时可能取得的那么高的收益。曼瑟尔·奥尔森（Mancur Olson）阐述了依赖于一个公共池塘资源的占用者所面临的关键问题：

> ……当许多人有着共同的或集体的利益时——当他们共有一个目的或目标时——个人的**无组织**行动［或者］根本不能促进共同利益，或者不能充分地促进共同利益（Olson，1965：7；着重号为引者所加）。

被分开关押、无法沟通的囚犯也是处于一种必须独立行动但又互相依存的情形中。在这种情形中的独立行动不是因为缺乏强制，而是强制的结果。哈丁模型中的牧民也是独立行动的。每人各自决定在草地上放牧牲畜的数量，而不考虑这样做将会如何对其他人的行动产生影响。

在最一般的层次上，公共池塘资源占用者所面临的问题是一个组织问题：如何把占用者独立行动的情形改变为占用者采用协调策略以获得较高收益或减少共同损失的情形。但这并不意味着要创立一个组织。组织工作是一个过程；一个组织只是那个过程的结果。一个由经营企业的人组成的组织只是从组织过程产生的组织的一种形式。

组织的核心包括活动规则的变迁，以便在同时并进的、非权变的和频次独立的行为占支配地位的情况下，引入循序渐进的、权变的和频次依赖的决策。① 几乎所有的组织都是通过规定一系列必须以一定顺序完成的活动来建构的。② 由于在大多数组织过程中所出现的情形的重复性，个人能够在合作会产生更大发展和生存机会的情况下采用权变策略。当个人看到其他许多人为获得更大的共同利益而放弃眼前收益时，往往也会愿意采用同一策略。只要有最低数量的个人参与，组织便

---

① 循序渐进的、权变的和频次依赖的行为当然也会发生在非组织的场景。一些非常有趣的博弈理论的结果只是取决于人们对该种合作行动形式的依赖的可能性，而不需改变基本的博弈结构（Kreps et al.，1982；Levhari and Mirman，1980；Schelling，1978）。

② 例如，组织立法过程的一个重要方面是建立规则，规定一个提案在成为法律前必须经过的过程的各个步骤。

能依靠这种频次依赖的行为来使其他许多人受益。改变与特定行动和结果以及可利用信息多少和类型相关联的正面和反面的激励，也能鼓励合作行动。①

与囚犯不同，大多数公共池塘资源占用者的独立行动并不是被强制的。然而，从独立行动到合作的或集体的行动的转变是一个至关重要的问题。从独立行动向合作行动转变的成本可能相当高，而产生的收益却由所有占用者分享，不管他们是否分担了变革的成本。经验告诉我们，有些占用者能够解决这一问题，有些则不能。但在理论上，我们还不能对为什么有些转变是成功的而有些转变是失败的提供一个合乎逻辑的解释。

企业理论和国家理论各能对实现集体行动的一种途径做出解释。它们各涉及建立一种新的制度安排，在这种新制度安排中所采用的规则与独立行动所遵循的规则是根本不同的。下面让我们简要地、以一种程式化的模式来考察一下它们各自是如何“解决”相互依存情形中独立行动问题的。这样便能更好地说明，我们还缺乏一种类似的、对一群个人进行自主组织的机制加以规定的理论。

企业理论

按照企业理论，一个企业家认识到，当人们存在一种潜在的相互依存关系时，就会有机会增加收益。② 该企业家便试图与各种参与者就一系列规定如何以合作而非独立的方式行动的合约进行协商。每一个

① 改变积极的和消极的激励是社会科学界最为关注的干预类型。

② 阿尔钦和德姆塞茨公开指出（Alchian and Demsetz，1972）：依赖于企业对行为的组织而非市场环境中买者与卖者的独立行动，是相互依赖的生产函数的关键问题。当生产函数是相互依赖时，一项投入要素的任何一个所有者的边际贡献将依赖于其他投入的水平。人们不能仅仅靠考察产出量就分辨出任何个人的贡献量。对投入要素的奖励要求有高水平的监督，但是当要素是组合叠加时，这种监督是不必要的。在科斯思想的启迪下，威廉姆森提出（Williamson，1975），对有组织企业的需要只有一种来源。他更强调独立行动的市场交易成本。这与在一个企业中人们事先同意对以后活动进行协调是不同的。

参与者自愿选择是否加入企业，但把一定范围的选择权交给企业家。参与者于是成为企业家的代理人。代理人获得酬金，企业家保留剩余的利润（或承担亏损）。

因此，企业家有着很高的激励，尽可能有效地组织个人活动。企业家会试图规划与代理人的合同，以激励代理人为增加企业家的收益而工作；也会对代理人的工作情况进行监督。对于不满意的代理人，企业家能终止与他的合同。由于代理人自由决定是否接受企业家合同的条款，因此形成的组织是私人的、自愿的、至少对一些个人来说是非剥削性的。然而，如果获得了大笔剩余，得到剩余的一定是企业家，不是代理人。① 当企业处于一个开放的市场时，人们能够假定外部竞争会促使企业家发展有效的内部制度。

国家理论

国家理论也能以简要的和程式化的方式来表述。这里出现的是统治者而不是企业家。统治者认识到通过组织一些活动可以获得大量收益。在霍布斯对国家理论的首次系统表述中，独立从事防卫活动的个人会在武器和监视装置上过度投资，但依然生活在持续的恐惧中。如果统治者具有使用武力的垄断权，便能采用强制机制作为组织各种生产集体利益的人类活动的基本机制。统治者以严厉的制裁相威胁，从资源所有者那里获取税收、劳动或其他资源。

“明智的”统治者使用因此得来的资源提高国民整体福利水平，使统治者能够在减少以更高方式使用强制的同时增加税收收入。统治者就像企业家那样，得到剩余。国民就像代理人，也许因服从于统治者的强制，使自己的境况得到实质性改善。如果统治者的努力是高度成功

① 这一格式化了的版本并没有完全公正地对待在企业理论上的大量研究工作。我当然不会以这个框架为基础推荐任何政策建议。我的目的只是证明该理论是如何解决集体行动的问题，我所提出的仅是最简单的大纲。建议读者阅读 Coase（1937）、Alchian and Demsetz（1972）和 Williamson（1975，1985）。

的，他便会得到剩余的一个很大部分。① 这里不存在竞争市场那样的机制，这就迫使统治者设计出有效的制度。如果选用的措施压制性太强，就会出现叛乱；如果国家没有充分组织起来去努力赢得战争，就会在军事上被击败。

在企业理论和国家理论中，组织集体行动的负担都是由一个人承担的，他的收益与集体行动所产生的剩余直接相关。在两种情况下，都是由一个局外人对合作活动所必需的制度规则的供给承担首要责任。企业家或统治者都对惩罚不遵守企业或国家规则的人做出了令人置信的承诺。正是由于他们是剩余的获得者，当他们与违规行为发生冲突时，对违规行为加以惩罚便是他们的利益所在。因此，惩罚的威胁是可信的（Schelling，1960；Williamson，1983）。监督代理人和国民的行动、保证这些人执行先前的协议也是他们的利益所在。因此，两种理论都讨论了新制度安排如何才能产生，如何才能做出可信承诺，以及为什么必须有监督等问题。②

三个难题：供给、承诺和监督

虽然企业理论和国家理论能够解决这些问题，但是还没有同样充分完备、广为接受的理论，能合乎逻辑地说明一组面临集体行动问题的委托人如何解决：（1）新制度的供给问题，（2）可信承诺问题，（3）相互监督问题。

---

① 这一有关国家理论的讨论广泛吸取了以霍布斯国家理论为基础的学者的著作。但这一讨论并未考察有关国家理论的所有争论（Breton，1974；Levi，1988a；Niskanen，1971；M. Taylor，1987）。我讨论企业理论和国家理论的目的并不是探究这些理论本身。而是提出，我们还缺乏一种研究在没有得益最多的“外部”领袖的情况下人们如何进行自主组织问题的公认的理论。正如文森特·奥斯特罗姆曾如此充分地证明过的那样（Vincent Ostrom，1986a. 1987，1989），当使用国家理论来做为民主的自主治理思想的理论基础时，基本矛盾便产生了。只要有一个单一的中心对使用强制手段拥有垄断权，就只会有国家而不会有自主治理的社会。

② 两者都受控制跨度问题的制约：随着企业或国家规模和复杂性的增加，监督成本增加。

供给问题

在最近对契约主义和新制度主义的评论中，罗伯特·贝茨（Robert Bates，1988）提出：现代制度理论并没有对供给问题进行充分的讨论。如他所说："新制度主义者在精神上是契约论者。人们之所以需要制度，是因为制度扩大了理性人的福利。但问题是：为什么要供给制度?"贝茨首先考察了保证合作博弈（assurance games），在这个博弈中新规则的供给较之在囚犯困境博弈中要容易，因为保证合作博弈中的互利结局一旦得以实现，便是潜在的均衡结局，没有人愿意独立去改变所采取的策略。然而，保证合作博弈中的均衡并不必然给予对局人同样的回报。对局人都喜爱会给他们带来最有利结局的一套规则。尽管大家都希望有一个新的制度，这个制度使他们能够不再单独行动，而是为达到一个均衡的结局协调他们的活动。但是涉及到选择哪一个制度，参与者之间很可能会产生根本的分歧。"因此所提出的协调——或保证合作——博弈的结论本身也包含着一个集体困境"（Bates，1988：394）。①

贝茨然后转到处于改变规则会使所有人受益的集体困境中的一组对称的委托人所面对的问题。由于新规则的供给等同于提供另一种公共物品，因此一组委托人所面对的问题是，获得这些新规则的过程中存在着二阶的集体困境。

> 即使回报是对等的，引进新制度会使所有人的境况都［同等程度地］变得更好，但既然制度提供的是一个集体物品，理性人寻求的是免费确保自己的利益，就仍然会有制度供给的失败。搭便车的动机会逐渐削弱组织解决集体困境的动机。必须解决的正是这个动机问题（Bates，1988：394－395）。

---

① 有关制度供给的深入讨论，见 Feeny（1998b）。

由于贝茨假定二阶困境不比一阶困境更容易解决，因此他得出的结论是，解决集体困境的新的一套规则不会由一组委托人来提供（M. Taylor，1987）。

然而，贝茨显然也看到一些具体场景中的个人确实解决了供给问题，所以他发现新制度供给是一个深奥的难题。贝茨情愿自己仍然是一个制度主义者和理性选择理论家。他在探讨现有理论不能对个人是如何提供他们自己的规则做出解释时所采用的方法，是从不确定条件下重复博弈理论的近期研究中寻找到启迪的。克莱帕斯（Kreps）和他的合作者已经证明（1982）在一个有限重复的囚犯困境博弈中，对局人确切收益的不确定性能够产生合作均衡和其他许多均衡。在这样的条件下，一个对局人会向另一个对局人显示合作的意图，为的是使他们形成一系列互利有效的对局。因此，在贝茨看来，建立信任和建立一种社群观念便是解决新制度供给问题的机制。

> 对制度问题的关心，使我们重新进入行为主义的世界。但是我们这么做并不是反对理性选择的观念，而是努力去理解个人的理性如何与社会的理性相一致（Bates，1988：399）。

贝茨的方法与本书采用的研究方法是相似的。

可信承诺问题

在解释一组委托人如何才能组织起来取得长期集体利益时，需要解决的第二个难题是承诺问题。[①] 为了理解“承诺”问题的中心，让我们思考一幅高度简化的、有关公共池塘资源情形中的占用者选择的图景。[②]

---

① 见 Schelling（1960）、Elster（1979）、Brennan and Buchanan（1985）、Levi（1988a，b）、Shepsle（1989a）、North and Weingast（1989）和 Williamson（1985）等。

② 阅读了谢普斯尔的研究论文（Shepsle，1989a）使我认识到理解公共池塘资源问题以及其他许多利益问题对制度分析人员是多么重要。

在人们组织起来解决公共池塘资源问题的所有场合，占用者所建立的规则严格制约着他们可以有权采取的行动。例如，他们建立的规则规定，一个人能占用多少资源单位，何时、何地、以何种方式占用，必须为各种规定的活动贡献多少数量的劳动、物资或资金。如果每一个人或几乎每一个人都遵循这些规则，资源单位将会以更可预测和更有效的方式分配，冲突水平将会下降，资源系统本身将会不断存续下去。

在初始阶段，一个占用者对在大多数占用者同意遵循所提出的规则的情况下、他或她的未来预期收益流量作了估计后，可能会为了与其他人和睦相处而同意遵守这套规则；但在以后时期，占用者违反这条或那条规则所唾手可得的利益，常常可能是较高的。当一个灌溉者觉得他的谷物非常重要时，不按顺序取水的经济收益就可能相当大，因为违反规则可以拯救受旱的全部谷物。在就规则达成最初协议之后的许多场合，每一个占用者都必须做出进一步的选择。在最低限度上，达成协议后的每次决策都可被认为是在遵守规则（Ct）或在某些情况下违反规则（Bt）这两者中的选择。在许多场合，对占用者来说，Bt 的即期收益要高于 Ct，除非 Bt 被人察觉并受到制裁（S），并且 $Ct > Bt - S$。①

在过程开始时，所有占用者知道承诺问题的一般状况。例如，如果他们希望改变占用规则，在被授权的占用者中轮流行使灌溉系统的取水权，那么在大家都知道未来时期违反承诺的诱惑将会极为强烈的情况下，一个占用者如何才能令人置信地做出他或她会遵守轮流制度的承诺？每个占用者可以发誓："如果你遵守承诺，我也遵循承诺。"但当诱惑发生时，以往的承诺怎样约束占用者做出进一步的牺牲？在偷水也可能不被发现的情况下，其他占用者怎样才能知道各人实际上是否遵守了承诺？没有人想成为"受骗者"，去遵守其他人都在违背的

① "犯罪经济学"文献就是这样建构顺从与否决策的模型的（Becker，1968；Ehrlich，1973；Ehirlich and Brower，1987）。进一步的评判，见 Tsebelis（1989）。

承诺。

外部强制常常被用来作为解决承诺问题的方案（Schelling，1984）。假定，在外部力量为保证合同得到遵守，会在未来的所有阶段对违规行为给予强硬制裁（$S > B_{max}$）的情况下，人们会做出遵守合同的承诺，那么每个人都可能做出可信的承诺，从而获得他们不这么做便不可能得到的收益。外部强制有时是一种巧妙的解决方案，因为理论家们并没有探讨外部强制者监督个人的行为、实行制裁的动机。然而，这不是目前要讨论的问题，它将放在以后讨论。目前的问题是一个自主组织的群体必须在没有外部强制的情况下解决承诺问题。他们必须激励他们自己（或他们的代理人）去监督人们的活动、实施制裁，以保持对规则的遵守。

这些难题累积着。即使一个占用者花费时间和精力去分析他们碰到过的问题，去设计有可能增进他们共同利益的规则，供给的努力仍然没有进展，除非占用者能够做出遵守规则的承诺。而可信承诺只有在解决了监督问题之后才可能做出。因此，现在我们把讨论转向相互监督问题。

相互监督问题

一组委托人如何才能对遵守规则的情况进行互相监督，在集体行动理论的限制下，回答这一问题是不容易的。实际上，理论通常预测人们并不如此去做。人们自己不会监督规则的执行，即使这些规则是他们自己设计的。乔恩·埃尔斯特（Jon Elster）在最近一次关于工人相互监督参与工会活动的动机的讨论中，对这一假设作了归纳：

> 在工会能够强迫或促使工人加入工会前，必须首先解决搭便车问题。假定激励是以一种通过相互监督的分权方式提供的，便会产生二阶的搭便车问题。例如，为什么一个理性的、自私的工人要排斥或惩罚那些不加入工会的人？他从中可以得到什么？当然，

> 如果全体一致惩罚非工会会员可能较之无人惩罚对全体工会会员更有利，但对于各位会员来说，消极也许是更有利的。惩罚对惩罚者几乎都是成本很高的事；而惩罚带来的利益则为会员广为占有。惩罚实际上是公共物品：提供这一产品，人们需要二阶的选择性激励，而这又会碰到三阶的搭便车问题（Elster，1989：40－41）。①

内置着困境的困境，似乎能够击败试图通过设计新的制度、改变现有激励结构的方法来解决集体行动问题的委托人。没有监督，不可能有可信承诺；没有可信承诺，就没有提出新规则的理由。该过程从两端都可以得到解决。因为供给问题在一开始就被假设为是无法解决的，但有人已经创立了制度，做出了遵守规则的承诺，并对协议的执行情况以及对公共池塘资源有关规则的执行情况进行监督。理解他们是如何做的，是本研究所面临的挑战。

调查框架

理解个人如何解决实际场景中的特定问题，要求采用从理论世界到行为世界，又从行为世界到理论世界的策略。没有理论，人们决不可能理解作用于不同情形中的许多外在现象的一般的基本机制。如果不利用理论来解决经验难题，理论工作只能对理论本身有所创造，很少会对现实世界的状况有所反映。

理论预测与经验观察的不一致，需要对理论做出校正。② 关于人们不会为获得共同利益而设计、承诺并监督改变他们相互依存环境结构的规则的理论预测，就与一些人克服了这一问题，而另一些人则尚未

① 埃尔斯特并不完全肯定互相监督的困境总是“决定性的”。他指出了一种可能性，即可以对任务加以组织，使之在没有附加努力的情况下完成监督工作。

② 当然，假定经验观察是有效的，预测与观察两者之间的不同是实质性的。

克服这一问题的实际证据不一致。

理论并不只是影响解释中所使用的特定假设，还影响问题的设计方式。问题的设计方式影响询问什么问题和在实证调查中了解什么。框定了学者在分析集体行动时所采用的方法的若干假设，使他们对个人重塑自己相互依存环境的能力过度悲观。

探讨集体行动问题的学者常常假设，（1）囚犯困境博弈始终是基本的结构，（2）一个层次的分析就已足够。当公共池塘资源问题被概括为集体行动问题（常用于思考这些问题的一种方法）时，同样的假设便用来设定问题的分析框架，并导致了第一章所描述的政策方案。本研究所遵循的部分策略是从另一套初始假设开始的：

1. 公共池塘资源的占用者面对各种占用问题和提供问题，这些问题的结构取决于基本参数的值，并因场景不同而不同。

2. 占用者必须兼顾分析的领域和层次。

尽管我仍对其他学者的研究有很强的依赖，但是这些假设导致我以不同于使用集体行动理论“正常”假设的分析家们的方式来考察问题。

占用问题和提供问题

虽然一些相互依存的公共池塘资源环境中存在着囚犯困境博弈的结构，但是有许多则不是如此。若干学者已经证实，对于一些占用者所处的简单环境，也许用“保证合作”的博弈和“斗鸡”博弈来表示其结构特征更为合适（Runge，1981，1984a；M. Taylor，1987；M. Taylor and Ward，1982）。第一章所讨论的阿兰亚渔场的占用者所面临的基本问题不能以囚犯困境博弈来表示。一个正式的分析表明，那是一个“职位选派”博弈（assignment game，Gardner and E. Ostrom，1990）。在许多与第三章讨论的案例相似的灌溉系统中，占用者面对的基本选择是要不要偷水和要不要监督可能偷水的其他人的行动。所导致的博弈结构是复杂的，不能归结为任何一个简单的博弈，也没有一个单一的均衡。偷水的量和监督的量取决于一些参数的值，如占用者人数，监督成本，偷水的收益，偷水被发现所受到的惩罚，发现违规者的监督人员所受到的奖励（Weissing and E. Ostrom，1990）。

因此，我并不假定所有的公共池塘资源环境都有一个基本的结构，而是假定结构依赖于任何公共池塘资源占用者所面对的各种需要解决的问题。这些问题的结构取决于基本参数的值，比如资源单位流量的价值和可预测性，取决于观察和度量占用者活动的容易程度等。在使用博弈理论的工具、制度分析的方法以及实验室与现场实证研究的结果，建立一个分析公共池塘资源系统的统一框架的努力中，罗伊·加德纳，詹姆斯·沃克和我发现最有用的是把公共池塘资源占用者所面临的问题归为两大类：占用问题和提供问题（Gardner 等，1990）。

面对占用问题时，占用者所关心的是配置固定的或时间独立的资源单位量的各种方法对占用者净收益的影响；面对提供问题时，占用者所考虑的是建造、修复、或长期维护资源系统任务的各种分配方式对占用者净收益以及占用者福利的影响。占用问题考虑的是流量配置；提供问题则与存量相关。占用问题是时间独立的；提供问题是时间依赖的。两类问题在每一个公共池塘资源中都或多或少存在，因此，对一个问题的解决必须与对另一个问题的解决相一致。占用问题或提供问题的结构都将取决于自然世界相关变量的特定结构，特定场景所使用的规则以及委托人的态度。

占用问题。公共池塘资源环境中的主要占用问题是如何配置固定的、时间独立的资源单位量，以避免租金散失，减少不确定性和权利分配中的矛盾。当占用活动的边际收益小于边际成本时就有了租金的散失。太多的人被允许占用资源，占用者被允许的提取量超过了经济上最优的资源单位提取量，或占用者过度投资于占用设备（例如，捕鱼工具），都会造成租金散失。

在一个开放性①的公共池塘资源中，占用者不受任何限制，时间独立的占用过程常常可以用囚犯困境博弈来描述。② 租金散失很可能是地方性的。没有一个占用者会愿意把任何资源单位留给其他占用者（Gordon，1954；Scott，1955）。在一个封闭的公共池塘资源中，确定的占用者群体必须共同依赖一种公共池塘资源才能获得资源单位，对占用者的激励取决于对占用的量、时间、地点、使用的技术的治理规则，以及如何监督和强制规则的实施。封闭的公共池塘资源的结构不是囚犯困境博弈（Dasgupta and Heal，1979：59），每一个参与者都缺乏一个占优策略。然而，对独立行动的占用者的激励会使他们过度投资于不受现有规则限制的任何投入要素。

第二种类型的占用问题与资源进入在空间上和时间上的配置有关。资源单位在空间上和时间上配置的异质性和不确定性，是引起此类占用问题的原因。许多渔场，如阿兰亚，是以"捕鱼场所"具有不同生产率为特征的。在牧区，一块牧地也许在某一年会被水淹没，在另一年却生长茂盛。在灌溉系统的发端取水的农民能比位于灌溉系统末端的农民获得更多的水。与地理空间或时间不确定性相关的风险可能会非常高。物质工程，特别是与储存有关的工程，能降低风险；而全面实施用于向特定使用者分配使用时间或地点或资源单位量的规则能进一步减少风险，只要这些规则很好地适应了该资源系统的自然特性。如果风险大大降低，占用者便能对生产性企业进行投资，因为只有在此时，

① 斯丽埃思-万特拉珀和毕晓普（Ciriacy-Wantrup and Bishop，1975）认真区别了无人拥有任何财产权的开放的公共池塘资源与由一个严格规定的群体共同拥有财产权的封闭的公共池塘资源。"公共财产资源"（Common-property resources）是一个在许多场合不适当地用于指称开放的和封闭的公共池塘资源的术语。

② 究竟如何建构取决于许多基本参数。对预测完全的租金散失来说，重要的是基本占用函数（在这个研究文献中通常称为生产函数）的特征是收益递减的（Dasgupta and Heal，1979：56）。虽然这在许多环境下是一个合理的假设，但是激励结构对基本参数如占用函数形状的依赖是我正试图要说明的关键点。公共池塘资源因其基本参数价值的不同而有显著的不同。除了一个重要的基本参数的变动范围不同外几乎所有方面都一致的两个公共池塘资源系统，也许需要相当不同的策略结构。

对生产性企业的投资才具有经济可行性。在渔场和灌溉系统的占用者之间发生的暴力冲突，就是占用者对公共池塘资源在空间上和时间上的分配不满意的反映。当占用者认为进入权利和义务的分配不公平、不经济、不确定或不适当地强制实施时，这些情况便会对投入提供活动的意愿产生负面影响。在规制占用活动时使用的特定规则将会影响监督成本和政策成本，以及占用者与监督者之间的策略行为的类型（侦察/反侦察博弈，the detection/deterrence game）。①

提供问题。提供问题的分析集中在对资源本身投资的时间依赖特征和效益特征。提供问题可以发生在供给方，需求方，或供给和需求双方。在公共池塘资源环境中的供给方问题是与资源本身的建设和保养联系在一起的。建设问题与任何基础设施的长期资本投资一样，而保养问题则包括决定长期保持资源系统所需要的日常维护的类型和水平（以及紧急维修的储备）。由于维护投资会影响基础设施资本未来的磨损速度，有关这些活动的决策即使由一位企业家来制定也是困难的。当这些长期的难题与多种类型的占用者的搭便车动机结合在一起，我们便会明了对系统维护的组织是一个具有挑战性的任务。

公共池塘资源供给方的问题与提供连续的，而不是一次性公共物品中的供给方问题是相似的。如果占用者独立行动，对于建设的投入就会小于最优投入水平。除非占用问题得到解决，否则提供问题将更加难以驾驭，这是公共池塘资源情形中的供给方问题较之公共物品的供给方问题具有更大难度的原因所在。在公共物品的情形中，不存在占用问题，因为资源单位是不可分割的。

需求方面的供给问题，涉及规制公共池塘资源提取率，从而使公共池塘资源的占用活动不会对资源本身产生负面影响。在渔场研究的

① 第三个占用问题与技术外部性有关。由于在本书中没有一个案例清楚地阐述这个问题，我便不在此讨论。有关内容参见 Gardner, E. Ostrom, and Walker (1990)。

文献中（Clark，1980；Clark，Munro，and Charles，1985），许多“租金散失”的动态模型重点研究的是当前提取与未来产出的时间依存关系。影响本年度资源单位分配的同一规则会影响下一年度和以后年度的可获取的资源单位。

所有公共池塘资源情形中基本一致的东西，是个人策略选择与其他人策略选择的不可分离性，以及解决提供问题对在占用问题上达成适当解决方案的依赖，而不是用一个特定的博弈理论来反映这些共性。[①] 许多因素影响特定占用问题或提供问题的策略结构，这些因素包括特定公共池塘资源的自然结构、占用者可使用的技术、经济环境和影响对占用者激励的几组规则。正如奥立弗（Oliver，1980：1，359）在审阅了许多表达集体行动的模型之后强调指出：“不存在一个建构集体行动模型的‘正确’途径：不同的模型隐含着不同的环境假设，导致非常不同的结论。”

多层次的分析

目前大多数对公共池塘资源问题及相关的集体行动问题的分析，集中于单一层次（可被称为是操作层次）的分析（Kiser and E. Ostrom，1982）。在操作层次的分析中，人们假定博弈规则和自然的、技术的约束都是既定的，在分析的时间框架内是不会改变的：操作情形中的个人行为直接影响自然世界；资源单位从公共池塘资源系统中提取；投入转化为产出；产品用于交换；占用和提供问题在操作层次上发生。在进行操作情形的分析时，分析人员有必要假定技术和制度规则是已知的、不变的。然而，技术和规则是不断变化的。技术变迁的分析比在一

① 解决占用问题与解决提供问题之间的内在关系常常被当代大型灌溉系统的设计者所忽视。人们几乎无例外地假定，由于农民的利益如此明显地受到建设田间水渠和维护支渠工作的影响，因此一旦中央政府提供了大规模的公共工程，农民们一定会组织起来。负责提供并维护这些小规模的工程。但是，这个假设是以两个谬误为基础的。第一个谬误是，集体利益的简单体现便足以保证人们组织起来去取得这种利益。第二个谬误是，供水得到保障的农民会在提供水渠的建设和维护方面有大量的投入（R. Chambers. 1981）。

个固定技术中分析生产和消费决策要远远困难得多（Dosi，1988；Nelson and Winter，1982）。制度变迁的分析也比在一套固定的制度中分析操作决策要更为困难。① 影响操作选择的规则是在一套集体选择的规则中制定的，而后者本身又是在一套宪法选择的规则中制定的。一个微观场景中的宪法选择规则，受更大范围内的集体选择和宪法选择的规则影响。具有自主组织能力的人们要同时涉及操作的、集体的和宪法的选择领域，就像企业的生产经理要同时关注使用一套技术生产产品、引进新技术和将资源投入技术的开发。由于本书讨论的一些例子中的公共池塘资源的占用者确实涉及了不同领域，因此应该放弃进行单一层次分析的框架性假设。并且，在一开始就把“制度”的含义搞清楚也是重要的。

“制度”（institution）可以界定为工作规则的组合，它通常用来决定谁有资格在某个领域制订决策，应该允许或限制何种行动，应该使用何种综合规则，遵循何种程序，必须提供或不提供何种信息，以及如何根据个人的行动给予回报（E. Ostrom，1986a）。所有规则都包含着禁止、允许或要求某些行动或结果的规定。工作规则是人们在就采取什么行动进行选择时实际使用的、需要监督和强制实施的规则（Commons，1957）。强制实施也许是由直接介入者执行的，也可能由他们雇佣的代理人、外部强制力量或任何这些力量的组合来执行。只有当受其影响的大多数人知道它的存在、期望他人对个人行为加以监督和对违规行为实行制裁时，才能讨论“规则”。换句话说，工作规则是众所周知的东西，需要监督和强制实施。众所周知意味着每一个参与者都知道这些规则，知道其他人知道这些规则，知道其他人也知道他知道这些规则。② 至少在某种程度上，工作规则一直是受直接参与者监督、

① 见 Frey（1988）、Brennan and Buchanan（1985）、Buchanan（1977）以及 Buchanan and Tullock（1962）。

② “众所周知”（Common knowledge）是常用于博弈论的一个重要假设，是大多数均衡分析的关键。它意味着所有参与者知道 X，这些参与者知道其他每一个参与者都知道 X，并且其他每一个参与者也知道其他每一个参与者知道 X（Aumann，1976）。

由直接参与者强制实施的。在任何重复的情形中，人们可以假设个人在实践中会逐渐知道有关监督和强制实施的大致程度。

工作规则可能会、也可能不会接近于用立法、行政规制和法庭决定表示的正式法律。正式法律显然是在许多场景中，尤其是在积极监督规则遵守情况和对违规实行制裁的场景中工作规则的主要来源。当人们谈到一个系统是按“法规”治理时，表达的是这样一个思想，即正式法律和工作规则是接近一致的，强制实施者对规则及其他方面负有责任。在许多公共池塘资源场景中，占用者使用的工作规则可能与立法的、行政的或法庭的规制有很大不同（Wade，1988）。工作规则与正式法律的差别也许不过是填补了一般法律体系的空白。更为极端的是，操作规则可能规定了与正式法律制度中的法理权利和义务相对立的实际权利和义务。在本项研究中，我将主要关注在公共池塘资源的实际场景中所使用的实际规则，以力图理解由此产生的激励和后果。

所有规则都被纳入规定如何改变该套规则的另一套规则中。① 不同层次规则的嵌套与对不同级别的计算机语言的嵌套是相同的。在较高层次上能完成什么，取决于该层次上的软件（规则）的能力和局限，取决于更高层次上的软件（规则），也取决于硬件（公共池塘资源）。每当与制度约束下的行动相比较探讨制度变更的问题时，认识到以下两点是重要的：

1. 一个层次的行动规则的变更，是在较之更高层次上的一套“固定”规则中发生的。

2. 更高层次上的规则的变更通常更难完成，成本也更高，因此提高了根据规则行事的个人之间相互预期的稳定性。

通常，需要区别长期影响使用公共池塘资源时的行为和结果的三个层次的规则（Kiser and E. Ostrom，1982）。操作规则直接影响占用者有关下述问题的日常决策：何时、何地及如何提取资源单位，谁来监督

① 海克桑把这建构成一系列嵌套的博弈（Heckathorn，1984）。

并如何监督其他人的行动，何种信息必须进行交换，何种信息不能发布，对行为和结果的不同组合如何进行奖励或制裁等。集体选择规则间接影响操作选择。通常由占用者及其公务人员或外部当局在就如何管理公共池塘资源制定政策——操作规则——时使用。宪法选择规则通过决定谁具有资格决定用于制定影响集体选择规则的特殊规则影响操作活动和结果。如图 2.2 所示，人们能够想到在这些规则与人类对其进行选择、采取行动的相关分析层次之间的联系。占用、提供、监督和强制实施的过程发生在操作层次。政策决策的制定、管理和评判的过程发生在集体选择层次。宪法决策的规划设计、治理、评判和修改发生在宪法层次。①

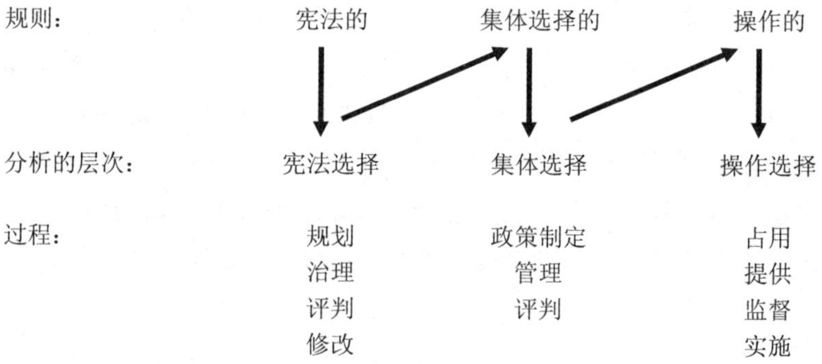

图 2.2 规则和分析层次之间的关联

把一些规则嵌入另一些规则是相当多的混淆和争论的来源。一直试图把规则选择作为分析中的内生变量的制度理论家为此备受批评，因为假定一些规则支配着其他规则的选择是有必要的。② 把操作层次规则的选择作为内生变量并不意味着同时把集体选择规则的选择和宪法选择规则的选择作为内生变量。为了分析的目的，理论家必须假定有

① 有组织的人类活动无论是公共的还是私人的，都存在着这些层次。有关私房房主协会和共同管辖区的宪法规则以及住宅开发的一些类型的讨论，见 Boudreaux and Holcombe（1989）。

② 例如，可见亚力山大·费尔德（Alexander Field）对试图建立制度选择之理性选择理论的制度理论家们研究工作的批判（Field，1979，1985）。

的规则已经存在，对某一特定分析而言是外生变量。然而，在分析中把这些变量作为常数、保持不变并不意味着它们不能被变更。正是这些规则本身可能会在另一个独立的分析中，或在不同的选择领域成为被选择的对象。例如，在每一个赛季结束时，大学体育联合会就会考虑是否在下一个赛季改变比赛的规则。

另一方面，与个人在规则的框架中进行策略选择相比，规则的改变是相对不频繁的。在任何一个分析的层次上改变规则都会增加个人所要面临的风险。规则提供了预期的稳定性，改变规则的努力能迅速减少稳定性。并且，操作规则通常比集体选择规则容易改变，而集体选择规则又比宪法选择规则容易改变。分析较深层次上的规则对学者和参与者都是更困难的。决定一个水利协会的立法机构应该以 5 个人还是 9 个人来组成取决于自然的和历史的环境，取决于分析家们对若干层次上的不同结果的推测。①

当进行任一层次的分析时，分析人员从分析的目的出发，把更深层次上的变量固定化，否则，将会使问题的结构变得松散。但是，自主组织和自主治理的人们在试图处理现实场景中的问题时，把不同层次的规则结合起来作为解决问题的关键策略；而缺乏自主组织和自主治理权力的人们则滞留在一个单一的层次上，他们面临的问题的结构对他们是既定的，他们最有可能做的是在既定的边界内选择策略。

在分析的各个层次上，可能有一个或更多的论坛，每一层次上的决策类型均会在这些论坛中发生。“论坛”（arena）这个概念不是指一个正式的场所，但可能包括诸如立法机构，法庭这样的正式场所。有关规范操作层次选择规则的政策制定，是在一个或更多的集体选择论坛

① 例如，在设计一个灌溉社群的宪法性规则方面，建立一个立法机构要求确定应该有多少代表。代表人数的确定受自然布局的影响。如果有 50 条渠道，为挑选代表，参与者也许要把渠道集聚为支渠。无论对多少名代表（和如何挑选代表）做出何种宪法选择，资源占用实践所产生的效果将是在集体选择和操作选择两个层次上决策的结果。要对一定的场景做出先于实践的精确预测，是极端困难的。

中完成的。如果使用公共池塘资源的占用者要改变某些用于组织占用和提供的操作规则，制定集体选择决策的论坛也许是当地的一个咖啡屋，是生产者合作社的会议，或是为管理和治理公共池塘资源及其他可能相关的活动而特别建立的一个组织的会议。如果使用公共池塘资源的占用者不能改变用来组织操作选择的规则，那么对公共池塘资源的占用者来说，唯一的集体选择论坛就是外部的论坛。在这样的情形中，对使用规则的选择将由官僚体制中的政府官员决定，由当地或国家立法机构中的当选代表决定，以及由司法论坛中的法官决定。

论坛与规则之间的关系很少只是一个论坛与一套规则有关。最常见的是，有若干个集体选择论坛影响着占用者实际用于公共池塘资源获取与投资策略选择的那套操作规则。当合法性在一个地方的场景中是给定的并得到实施时，国家立法机构和法庭关于特定类型所有资源的进入决策，就很可能会影响特定地方实际使用的操作规则。正式的和非正式的集体选择论坛与由此导致的操作规则之间的关系如图 2.3 所示。类似地，正式的和非正式的宪法选择过程也可能发生于地方的、区域的和（或）国家的论坛。

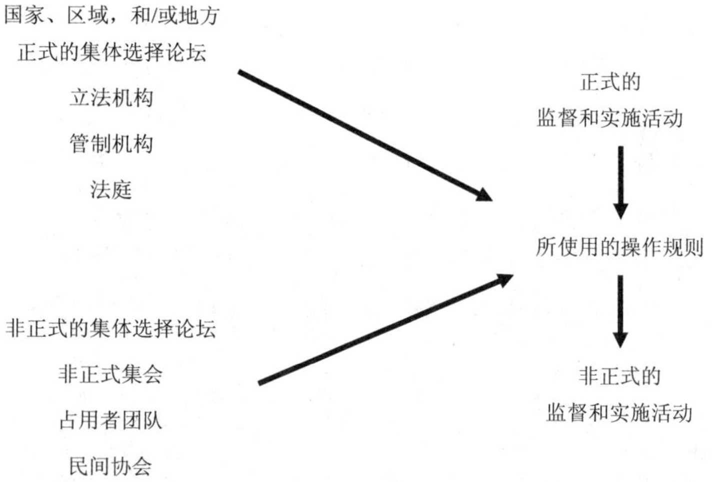

图 2.3　正式和非正式的集体选择论坛与公共池塘资源操作规则的关系

占用者使用的操作规则可以有多种渊源，可以包括实际上的和法理上的规则，这一事实使理解特定地方的行为与结果和改进结果的问题大大复杂化。缺乏国家的、正式的规制公共池塘资源占用与提供的法律与缺乏有效的规则并不是等同的。在很长的一段时间中，当地占用者也许已经建立了限制进入和使用公共池塘资源的规则。这样的规则或许能也或许不能引导占用者有效、公正地管理他们的资源，但是这些规则将影响占用者认为可以采用的策略及其所导致的后果。

现实场景的制度研究

第三章、第四章和第五章所描述的案例，只是我从许多具有相当深度的案例研究中挑出来的案例的一部分。读者有理由想要知道我如何阅读这些案例素材，从中抽取有用的资料，来研究个人是如何为他们自己进行制度供给、如何做出遵守规则的承诺、以及如何互相监督各自遵守规则的情况。总的来说，我依赖的是在其他地方（Kiser and E. Ostrom，1982；Oakerson，1986；E. Ostrom，1986a，b）已经描述过的和在许多论文、博士论文和著作中已经使用过的制度分析的方法（Blomquist，1988a-d；Gardner and E. Ostrom，1990；Kaminski in press；V. Ostrom，1989；V. Ostrom，Feeny，and Pieht. 1988；Sawyer，1989；Schaaf，1989；Tang，1989；Wynne，1988；Yang，1987）。

基本的做法是，确定对下列决定很可能有影响作用的自然背景、文化背景和制度背景：谁被包括在某一情形中、他们能采取什么行动及这些行动的成本、他们所能取得的结果、行动是如何与结果相联系的、哪些信息是可以获得的、个人有多少控制权、对行动和结果的特定组合如何给予回报等。一旦有了全部必要的信息，便能根据丰富的实际情况，设计出抓住了个人所面临问题的实质的、可行的博弈。

例如，为了解决占用和提供问题，人们必须了解他们共同依靠的自然系统，他们自己的占用和使用模式，社群所遵循的行为规范，改变规则所要强化或弱化的激励，以及所有这些因素是如何累积起来影响他们长期的成本和净收益；个人必须评估在一套规则中或在改变那些规则时所采用的各种策略将涉及何种类型的交易成本。如果要理解这些情况的结构，分析人员必须了解同样的一组变量。

对于第三章讨论的案例，我并不知道在某个时期的一些占用者开始就各种分配资源单位和供给责任的规则进行试验前环境结构是怎样的。我所知道的是第三章“成功”案例的占用者能够在分配资源单位的同时避免冲突和不确定，认识到分配问题解决不好而导致的不公正问题，租金散失问题未得到恰当解决而导致的占用者过度投资问题，以及提供问题未解决而导致的资源退化或被毁的问题。

显然，我并不知道这些占用者是否达成了解决他们问题的最优方案。但我对他们能够达成最优方案抱有强烈的怀疑。他们是以大多数人解决困难和复杂问题的方式解决他们的问题的：根据所包括的问题、拥有的信息、必须使用的工具、各种已知选择的成本和手头的资源，尽了他们的最大努力。我把自己的任务明确为：了解他们所面临的问题的结构，了解为什么他们所采用的规则似乎是奏效的。

这意味着我首先要努力理解有关资源本身的结构——它的规模、边界和内部结构。然后我再试图发现资源单位的流动模式：资源单位流动在时间上、空间上和流量上的可预测性如何？在既定的经济环境中，占用者是如何依赖于公共池塘资源的？各种潜在的分配方案包括了哪些风险？最后，我将试图确定有关个人的关键特征：所涉及的人有多少？他们考虑问题的时间跨度怎样？他们是否一起参与了多种活动？他们的利益是大致相似的还是不同的？在解决自己的问题时，他们是否建立了可行的重要行为规则（或提出了重要行为规则的缺陷）？接着我再考察他们所建立的规则，并通过寻找其中包括的设计原则去理解这些规则是如何运作、如何影响参与者的动机的。在这些案例中，占用者互相监督，并在总体上基本保持了遵守规则的承诺，因此我还要努力去理解他们为什么一直都能这么做。

在第四章，我将再次使用这一框架去确定一群占用者试图通过改变规则来解决若干相关联的提供和占用问题时的环境结构。接着，考察新制度的设计过程以探讨制度供给问题。第五章的“失败”案例的特征是极端严重的租金散失、导致暴力冲突的未决分歧，或资源退化。在确定影响解决占用和提供问题的变量时所采用的分析框架也是相同的。我再次假定有关个人在既定环境的制约中尽了他们最大努力。因此，问题便是使用同样的分析框架，来确定这些制约因素是什么。

在本项研究的结论部分，我讨论了如何使用这些案例分析的结论来进一步提高对自主组织的集体行动理论的理论认识，以补充现有的由外部力量组织的集体行动理论：企业理论和国家理论。

第三章

长期存续的自主组织和自主治理的公共池塘资源分析

本书提出了若干个关键问题，对此的探讨可以直接通过对某些特定现实场景的考察来展开。在这些现实场景中：(1) 占用者已经为控制对公共池塘资源的使用、设计、应用和监督实施了一套自己的规则；(2) 资源系及其相应的制度都已存续了很长的时间。本章所分析的这些制度经受了多次旱灾、水灾、战争、鼠疫和各种重大的经济和政治变迁的考验，存在时间最短的超过 100 年，历史最长的已超过 1000 年。瑞士和日本的山地牧场及森林的公共池塘资源，以及西班牙和菲律宾群岛的灌溉系统的组织状况，就是我们在此将要考察的。

说这些公共池塘资源制度已经存在了一个很长的历史时期，并不是指它们的操作规则从确立开始就始终是固定不变的。本章讲述的所有制度的环境背景都是复杂的和随着时间的推移而变动的。在这样的场景中，只靠一次努力甚至是几次努力就"使操作规则准确无误"几乎是不可能的。只是在谢普斯尔（Shepsle）定义的意义上，这些制度才是"强有力的"或是处于"制度均衡状态"的。谢普斯尔认为："如果一个制度的变动是根据一个事前计划（因此部分地是根据原有的制度）进行的，那么这个制度'实质上'是处于均衡状态的"（Shepsle, 1989b：149）。在这些案例中，资源占用者设计了基本的操作规则，创立了各种组织去对他们的公共池塘资源进行操作管理，并按照他们自己以往在实施集体选择与宪法选择规则中的经验，随时修改他们的规则。

本章案例特别有助于深入探讨自主组织的群体是如何解决第二章讨论的两个重要难题：承诺问题和相互监督问题（制度供给问题将在第四章讨论）。在这些案例中，资源占用者对他们制度的持续承诺是重要的。他们还建立起约束性规则以限制侵吞行为和托管供应活动。当预期的制裁相对较低时，曾有过许多通过违反规则即可得到巨大收益的机会。在西班牙韦尔塔的干旱季节，偷水有时能把一季作物从必毁无疑的状态中拯救出来。逃避对灌溉系统的日常性维护，菲律宾农夫便有可能通过其他努力赚到必要的收入。在瑞士或日本山区的公共森林中，非法砍伐林木也会带来可观的收入。在诱惑存在的情况下，这些案例中占用者高度遵守规则的情况一直是引人注目的。

在这些案例中，监督活动耗费了相当多的资源，但"守护者"很少是"外部的"代理人。采用了多种不同的监督方法。在所有这些方法中，占用者自己对彼此活动的监督发挥了主要作用。尽管相互监督具有二阶困境的一面，但这些案例中的占用者还是解决了这个问题。此外，在这些案例中，罚金低得令人吃惊，将因违反规则所获得的货币价值的很小一部分作为罚金的情况也是很罕见的。作为本章的结论，我提出：承诺和监督在策略上是相连接的，监督不仅对监督者产生了私人利益，也为其他人带来了共同利益。

为了解释在以高度不确定性为特征的环境中这些制度和资源系统本身为什么始终是有效的，人们需要探讨得以具体解释这种持续性水平的、隐含在这些制度中的共同特征。在环境和历史发展的不同情况下，人们不能期待应用于这些场景中的各种特定规则是同样的。规则是不同的。但是，由于人们已经在对操作规则的反复学习中花费了大量时间，由于这些严酷的环境可以激励人们进行改进，以及由于改变操作规则的转换成本很低，人们可以预期这些占用者已经"发现了"在公共池塘资源环境中正确进行制度设计的一些基本原则。我并不认为这些场景中的制度设计在任何意义上都是"最优的"。事实上，由于环境的高度不确定性和度量成本与收益的困难，对最优进行有意义的度量是极端困难的。①

另一方面，我非常肯定地认为这些公共池塘资源制度是成功的。在所有这些案例中，有关的人们都享有相当大的制定他们自己制度的自治权。考虑到公共池塘资源对使用它们的占用者的重要性和以过去绩效判断的占用者改变规则的能力，可以认为这些资源占用者是一直有不断改进这些制度的激励和手段的。

瑞士和日本山区的公地一直被密集地使用着，但是许多世纪以来，公地即便没有扩大，也维持了下来。在一个充满雪崩和不可预见的降水的脆弱世界里，生态稳定和经济增长对任何一个在那里工作了许多世纪的占用者群体来说，都是非常了不起的成就。在西班牙和菲律宾群岛的复杂地带上保持秩序并维护大规模灌溉工程的正常运作，也同样是十分突出的成就。近25年来在世界各地建造的灌溉工程中的绝大多数，都达不到这些灌溉工程已经达到的记录。我一直试图找出成功的公共池塘资源制度所共有的一套基本设计原则，确定这些原则是怎样影响资源占用者的动机，从而使公共池塘资源本身和公共池塘资源制度都能不断地延续下去。当我们在第五章讨论一些资源占用者不能设计或保持制度安排以解决公共池塘资源问题的案例时，将考虑“成功”案例中资源占用者所使用的制度设计原则在何种程度上也能用来描绘“失败”的案例。

本章讨论的案例还有助于我们考察其他两个问题。第一，在瑞士和日本，与使用长势不稳定并需精心维护的、提供饲料和林木产品的公用山地资源相关联的制度安排，特别有助于我们对这样一种观点提

① 制度经济学家和经济史学家就长期存续的制度是不是效率最优的问题发生了实质性的争论。由于所考虑的、作为问题约束条件的变量不同，所提出的问题在许多情况下导致了自动肯定或自动否定的回答。如果不考虑信息和交易成本，那么现实世界中没有一个制度能够是效率最优的。如果所有的信息和交易成本都包括在内作为固定的约束条件，那么所有长期存续的制度都自然而然地成为效率最优的。我宁愿认为，在一个变动的包括制度规则本身能力变动在内的环境中，最优化并没有得到准确定义。评价长期存续的制度必须使用最优效率以外的标准（Binger and Hoffman，1989；Furubotn and Richter，1989；Harris，1989；North，1989）。

出质疑，即对绝大多数分配问题来说，尤其是对与土地使用相关联的分配问题来说，私有财产制度是具有优越性的制度。虽然许多资源经济学家承认，技术上的困难限制了对流动的资源例如地下水、石油和鱼设立私有财产权。但几乎所有的资源经济学家都认为，在可耕地或牧地设立私有财产权，显然是解决退化问题的一个方案。例如，达斯古塔和希尔（Dasgupta and Heal，1979：77）说：一旦私有财产权被引入可耕地或牧地，“资源不再是公共财产，问题立刻就解决了。”

许多产权理论家认为，在公共所有制之下，两个不遂人愿的结局中的一个很可能发生：（1）公共资源将被毁坏，因为任何人都不能被排除在使用者之外，（2）即使实现了排他使用，形成一套分配规则的谈判费用也将十分昂贵。① 但是，人们从这些案例中看到的东西正好与之相反。在这些案例的场景中，私有财产和公共财产并存，有关个人对制度安排和财产权利都实行着重要的控制。一代又一代的瑞士和日本村民认识到与各种类型的土地和土地使用有关的私有财产制度及共有财产制度的相对成本与收益。他们选择了共有财产制度作为土地使用和乡村经济中其他一些类似的重要领域的基础。村民们在经济上的生存取决于他们利用有限资源的技能。这些场景中的共有财产不能被看作是曾经在土地广袤的地方出现过的那种原始制度的遗留物。如果与私有财产制度相比，管理共有财产的交易成本太高，村民们会有很多机会为公用山地设计不同的土地保有权协议。

第二，我在研讨班上讲到瑞士、日本和西班牙的制度安排时，经常有人问我，如果同样的设计原则被用来解决第三世界场景下的公共池

---

① 正如德姆塞茨就谈判成本所做的说明那样（Demsetz，1967：354）：“可以想象，如果谈判成本和政策成本为零，那些拥有这些权利的人，即社群的每一个成员，都能会同意削减耕种土地的次数。每一个人都会同意削减他的权利。但是达成协议的成本显然不会是零，只是这些成本究竟有多大，人们并不明了。要在许多人中达成一项大家都满意的协议，谈判成本是不小的，在每一个拒绝加入集体行动的人有权按自己的意愿耕种土地的情况下尤为如此。即使在所有人中间达成了协议，我们还必须考虑为协议制定政策的成本，这些成本也会是不小的。”

塘资源问题，情况会是怎样。本章讨论的最后一个案例——菲律宾的桑赫拉制度对这个问题提供了一个非常肯定的答案。瑞士、日本和西班牙案例中的所有设计原则，也都出现在菲律宾的案例中。因此对长期存续的公共池塘资源制度基本相似点所做的分析，虽然只建立在有限案例的基础上，却可能具有广泛的适用性。

高山草场和森林的社群保有权①

瑞士的托拜尔

第一个案例涉及瑞士的托拜尔（Törble）。托拜尔是一个大约有600人的村庄，坐落在上瓦拉斯州维斯培特尔的深沟里。罗伯特·耐廷（Robert McC. Netting）在他的系列文章（1972，1976）中对这个村庄作过描绘。他的这些文章后来被收入他的名为《高山草场的平衡》（1981）一书中。耐廷描述了这个村庄基本环境中最有意义的特征："（1）山坡陡峭险峻，在不同的高度有不同的小气候，（2）降水量普遍偏少，（3）阳光直晒。"几个世纪以来，托拜尔的农民在他们私有的小块土地上种植用于制作面包的谷物，庭院蔬菜，果树和用作冬季饲料的干草。当地一群为数不多的牧民在夏季照看村里放养在社群所有高

---

① 我曾希望分析封建的和中世纪时代的英格兰长期存在的"公地"。在许多历史书中，英国历史上有名的"圈地法案"是作为合理地消除了一个只是因为忠诚于过去长期的历史而保存的、显然是低效率的制度而出现的。然而近来，经济史学者对圈地法案之前的英格兰土地保有体制，甚至赢得圈地法本身的过程提供了一幅完全不同的图景（Dahknab，1980；Fanoaltea，1988；McClosky，1976；Thirsk，1959，1967）。许多采邑制度与本章中所描述的长期存续的制度具有很多相似性：明确规定了谁有权使用公共资源；规定了使用的限制条件；低成本的执行机制；为不断改变制度、适应环境和经济变化而建立的制定规则的地方性论坛。公共场地的财产制度被移植到新英格兰，在那里兴盛了近100年，直到排他成本变得相当低以及/或者交易成本的上升，使较大公地向较小公地缓慢转化，最终成为私人保有的资源（B. Field. 1985a，b）。甚至假定提高效率的圈地也发生了问题。例如艾伦（R. C. Allen，1982）的结论是，18世纪对开放土地的围圈并没有通过提高效率来扩大总收入，而只是对既有的农业收入进行了再分配（Yelling，1977）。

山草场上的牲畜，奶酪制作是当地经济的一个重要组成部分。

在托拜尔，1224 年的书面法律文件最早提供了有关土地保有权（Land tenure）的类型、村庄中已经发生的转让和村民们用来管理社群所有财产的5 种规则等信息。这5 种社群所有的财产是：放牧用的高山草场，森林，“闲置”土地，灌溉系统，连接个人所有土地和社群所有土地的大路和小道。1483 年 2 月 1 日，托拜尔的居民签署合约，正式建立了一个协会，对高山草场、森林和闲置土地的使用实行更高水平的管理。

> 这个法律特别禁止购买了或用别的方式占取了土地的外来者获取使用社群的高山草场、公有土地或放牧地的权利，禁止批准外来者砍伐林木。拥有一块土地的所有权不能自动转为拥有社群的任何权利。只有现在拥有土地和水权的居民，才有权决定一个外来者是否应该被接纳为社群的成员（Netting，1976：139）。

1507 年的一份自然资源调查文件表明，社群现在所有土地的边界在很久以前就已明白无误地确立了。

明确界定的公共财产享用权被严格限定在拥有社群权利的居民中。① 至于夏季牧场，1517 年制定的规则规定：“居民在高山牧地放养的牛的数量不得超过他们在冬季喂养的牛的数量”（Netting，1976：139）。据耐廷说，这条规则直到现在仍在执行。按这条规则，村民们对侵夺更大份额放养权的任何尝试都课以大额罚金。对这条“越冬”规则的遵守情况由一名地方官员管理。他有权对那些超过限额者征收

① 在与笔者的私人通信中，耐廷（Netting）明确提出，托拜尔的居民“严格地划定在男性后裔的范围内。外嫁妇女的孩子被排除在外，即使这些妇女和他们的后代可以继承私人财产”。耐廷认为托拜尔是沃尔夫（Wolf，1986）所提出的“封闭的法人社群”的一个例子，因为“居民权使社群资源不仅不对有可能成为竞争者的邻近社群成员开放，而且不对试图从当地居民手中夺取资源控制权的全国政府或殖民者开放”。

罚金，并把这些罚金中的一半留归自己。过冬规则也被其他许多瑞士村庄用来作为分配公地占用权（也被经常称为“牛权”）的工具。对这种形式或其他形式的牛权的监督和执行相对都比较容易。放养的牛由牧民赶到山上并加以照管。牛的头数必须立即加以清点，因为每个家庭放养的牛的头数，是每年分配中决定一个家庭得到多少奶酪的基础。

村里的法规由全体村民投票决定。法规还授予高山草场协会管理高山草场的总的法律权力。这个协会包括当地所有拥有牲畜的村民。协会每年定期开会，讨论一般规则和政策并选举官员。当选的官员雇佣员工，向滥用公共财产者征收罚金，安排夏季牧场的施肥，组织每年的护养工作，如修筑和维护山间的道路和通向高山的道路，重建被雪崩毁坏的畜栏或棚屋。与使用草地相关的劳力征用或费用分摊，通常根据每个所有者在草地上放养的牲畜数量按比例确定。为了解决用于建筑的圆木和用于取暖的木柴，村庄的官员先在一些树木上打上标号，然后用抽签的方法分配给每个家庭，这些家庭的成员便有权进入森林去砍伐那些打上了标号的树木。

在托拜尔和瑞士的其他村庄，土地私有权都得到了充分的发展。绝大多数草地、菜园、粮田和葡萄园属于不同的个人所有。还设计了一种复杂的共管协定，用来解决兄弟姐妹或其他亲戚在共同拥有的牲口棚、粮仓和多层住房单元中的份额划分问题。在托拜尔，继承制度确保所有合法子女都能平等地均分父母的私有物品及其享用的公共资源，但是家庭财产的分割要到兄弟姐妹相对长大成人了才能进行（Netting，1972）。在 19 世纪人口大增长之前，托拜尔有限的土地就面临着严重的人口压力，因此资源使用的程度受不同的人口控制措施制约。这些措施包括：晚婚、高比例的独身、延长生育间隔和相当数量的人口向外迁移（Netting，1981）。

耐廷（Netting，1976：140）通过证明瑞士的村民们在至少长达 5 个世纪的时间里一直非常熟悉的私人保有制度和社群保有制度的长处和短处，以及一直谨慎地使特定种类的土地保有权和特定种类的土地使用安排相匹配的做法，摒弃了关于社群所有制只不过是已经过时了的遗风的观念。他把土地使用模式的5个特征和对土地实行社群保有与私人保有的区别结合在一起，认为当土地占用者面临下列问题：（1）单位土地生产值较低，（2）使用频率或产量的可靠性较低，（3）改进或加强的可能性较低；（4）土地的有效使用要以较大面积的土地为前提，（5）资本投资活动要求有相对较大的群体参与时，土地保有的社群形式更适合于问题的解决。伦基（Runge，1984a，1986）和吉尔斯与詹姆特卡德（Gilles and Jamtgaard，1981）也有类似的观点。

土地的社群保有“在要求整个社群遵守对保护这些资源免于被毁是必不可少的各种保护措施的同时，促进了对特定资源的普遍享用和特定资源的生产最大化”（Netting，1976：145）。虽然托拜尔的土地产量相对较低，土地的生产力却保持了许多世纪。严格的控制防止了过度放牧。通过在夏季牧场清除杂草和施肥和对道路的修筑与维护，公共池塘资源不仅一直受到保护，而且得到了扩大。

耐廷清楚地意识到，托拜尔不应被看成是瑞士所有高山村庄的典范。最近有一篇对德语文献中论述瑞士高山草场共有财产制度的文章所作的综述，揭示了非常多样化的治理高山草场的法律形式（Pitch，1987）。但是，耐廷的主要发现与许多瑞士地区的经验是一致的。在瑞士整个高山地区，农民们对农业实行私有财产制度，对夏季草场、森林和他们私有财产附近的坚硬的闲置土地则设置了某种形式的公共财产制度。五分之四的高山领土都以某种形式归公共所有：有的归当地村庄，有的归公司，或归合作社。剩余的高山领土或者归州所有，或者归私人所有，或者归一群合伙者所有（Pitch，1987：4）。有些村庄拥有多块高山草场，每10年左右对在每一块特定草场上的放牧权进行一次重新分配（Stevenson，1990）。

在瑞士，所有的地方规则，除了界定谁对公共池塘资源享有权利外，还明确规定了管辖条款，以控制对资源的占用数量（pitch 1987）。绝大多数村庄都实行了某种形式的比例分配规则。确定比例依据以下情况：（1）在冬季喂养的牲畜的头数；①（2）农民个人拥有的草地的总面积；（3）农民个人生产的干草的实际数量；（4）拥有的山谷土地的价值；（5）合作社中股份的数量。有些村庄允许所有居民在夏季高山草场上放养同等数量的牲畜（Pitch，1987：13）。过度使用高山草场的事很少发生。② 在有过度使用情况发生的地方，或者是由于进入规则和管辖规则的双重效应已经不能有效地限制放牧行为；或者是由于几个村庄共有并共用一块草场，却没有一套在各村都起支配作用的规则（Pitch，1987：17－18；Rhodes and Thompson，1975；Stevenson，1990）。③

瑞士所有用来治理公共所有的高山草场的制度，都有一个引人注目的相似之处——有关公共池塘资源使用的所有重要决定都是由占用者自己做出的。

> 使用者/所有者是主要的决策单位。他们必须就所有重要的事务做出决定，似乎享有很高程度的自治权。他们能确定法规并对之做出修改，他们能确定使用草场的限额并对之做出改变，他们能适应他们所在的组织结构……也可以说，使用者的组织被内置于一个更大的组织（村庄、州和协会）之中，在那个更大的组织中，他们被认为是合法的（Pitch，1987：28）。

---

① 以使用者的“家养基数”为基础对公共牧地的使用进行限制，在封建时代的大多数欧洲国家是普遍的。美国的森林工业局和土地管理局近来发放的放牧许可证是以申请者的家养基数和放牧地区的承受能力为基础的（Ciriacy-Wantrup and Bishop，1975）。

② 斯蒂文森考察了瑞士 245 个放牧区的奶产量。发现公共牧地的奶产量已降到了阿尔卑斯山脉私人牧地的奶产量以下（Stevenson. 1990）。但是在他的分析中并没有包括生产成本或交易成本，因此并不能得出有关效率的结论。他发现在瑞士公共牧地上的放牧压力要低于在私人牧地上的放牧压力。

③ 在托拜尔，社群组织的森林这些年来似乎得到了很好的管理，草地也是如此。但是瑞士乡村对森林的管理却不如对草地的管理。一些公有森林被村民分割，成为个人所有的林地。对实行有效管理来说，这些林地一般是太小了。林地不断退化，直到 19 世纪政府进行了干预（Ciriacy-Wantrup and Bishop，1975）。普赖斯（Price，1987）对在瓦拉斯（*Valais*）、格劳邦登（*Graubunden*）和伯尔尼（*Bern*）的立法的进展作了概述。

因此，在托拜尔和瑞士其他拥有社群土地的村庄，村民们都为实行自主治理投入了时间。然而，他们使用的许多规则的监督成本和其他交易成本都较低，并能减少潜在的冲突。为获取原木——一种可以从社群森林中得到的有价值的资源单位——而砍伐树木的程序可以对此做出很好的说明。程序的第一步是由村庄里的管林人对准备被砍伐的树木打上标记。第二步是有资格获取原木的家庭组成砍伐队并平等地分摊砍树、拖运原木和把这些原木堆成大体相等的木垛等工作。然后采用抽签的方法把这些木垛分配给有资格的家庭。一年当中除此之外的任何时间，都不允许砍伐树木。这个程序把对森林状况的仔细评估与分配工作和产品的方法很好地结合在一起，既易于监督，又被所有参与者认为是公平的。把工作日或结账日（分配夏季奶酪和计算夏季工作的成本）与喜庆节日结合在一起，是减少社群管理费用的另一种方法。

近年来，劳动的价值有了很大的提高，对许多瑞士的村庄而言这代表了一种外生的变化。公共财产制度也正在发生变化，以反映相对要素投入上的差异。在公共财产制度变革上实行全体一致规则的村庄，与那些在变革程序上较少依赖全体一致规则的村庄相比，调整的速度要缓慢些。

日本的平野庄、中生庄和良木家庄

在日本，许多世纪以来一直存在着大量由当地村庄进行管理的公共土地。玛格丽特·A·迈克金（Margaret A. McKean，1986）研究过日本的传统公地，估计德川时期（1600—1867）的日本有 1 200 万公顷森林和未开垦的山区草地被数千个村庄占有和管理，今天仍有约 300 万公顷是这样管理的。迈克金指出：虽然最近一些年中许多村庄的公共土地已被出售、租赁或分隔，但她“尚未发现现在仍属公共所有的土地遭受生态破坏的一个例子”（McKean，1982）。①

① 不再依靠公共土地生产重要的林产品来补充农产品的村庄常常把土地租出去，用租金收入来资助村庄的其他项目。有关租金使用的讨论，见 Sharma（1984）及迈克金（Mckean）的著作。

迈克金对日本财产法的演变作了系统回顾，同时又特别考察了三个村庄——平野、中生和良木家（Hirano，Nagaike and Yamanoka）——为管理公地而实行的规则、监督合约和制裁。迈克金研究的这几个日本村庄的环境条件与托拜尔非常相似。这些村庄坐落在陡峭的山区，有许多独特的小气候。农民们耕种自己的私有土地，生产稻米，种植蔬菜，喂养马匹。在日本，公共土地出产种类繁多的有价值的林产品，包括原木、盖屋顶或编织用的茅草、可用作动物饲料和肥料的植物以及木柴和木炭等。这些社群保有的土地满足了前面援引的耐廷所提出的公共财产制度而不是私有财产制度的5个条件。

在早期，每个村庄都是通过代表会议治理的。与会者通常是所有被赋予村庄事务决策权家庭的户主。政治权利的基础在不同村庄之间各不相同。有的基于土地耕作权，有的基于付税义务，有的基于土地所有权。在有些村庄，几乎所有家庭都享有政治权利和使用公地的权利。① 在另一些村庄，拥有这些权利的人要少得多（McKean，1986：551；Troost，1985）。

村庄附近未开垦土地的所有权，从帝国法院经过土地托管员和地方武士等几个中间阶段，最后被移交给村庄。16世纪后期开展了全国范围的土地清册调查。那时正是土地改革时期，这场改革把"大多数在今天看来是属于可耕地所有权的权利，给予了生活和耕作在土地上的农民"（McKean，1986：537）。在早期的制度中，拥有大量私有土地的所有者在不同村庄里雇佣代理人并授权他们对那些尚未开垦的荒地进行管理。当有关的村庄声明他们对这些土地拥有权利时，他们的头脑中对哪些土地是私人的、哪些土地是公共的，都十分清楚。他们都意识到：属于公共所有的土地需要加以管理，这样才能服务于以此为生的农民的长期利益。

---

① 哈雅米评述了日本的乡村组织用于现代化发展的重要资产。并指出它与许多亚洲国家的区别（Hayami，1975）。沙玛在描述村民们对乡村生活各方面治理的广泛参与以及乡村层次上的组织技能时也强调了这一点（Sharma，1984）。

在传统的日本村庄，家庭是最小的记账单位。但是由几户家庭结成的组，经常被用来作为与公共财产相关的记账和分配单位。每个村庄对本村的家庭户数都有仔细的记载和界定。一个家庭不能在未获村庄批准的情况下把它自身划分成多个家庭。使用公共土地的权利只以家庭为单位来分配，而不以个人为单位来分配。因此，拥有许多成员的家庭在使用公共土地时不仅没有优势，反而有很大的劣势。人口增长率非常低（在1721—1846年期间为0.025%），村庄内所有制的类型也很稳定（McKean，1986：552）。

除了界定所有土地的所有权归属，村庄代表会议还制定了详细的授权规则，用各种方式具体规定一户家庭能从公共土地每一种有价值的产品中得到多少份额，以及在什么条件下才能得到这些产品。日本村庄使用的规则，就像瑞士村庄使用的规则一样，与特定的环境相适应，与不同森林产品在当地经济中的特定经济作用相适应，也与最大限度地减少在监督劳动投入、单位资源产出和规则遵守上所耗费用的需要相适应。村庄首领通常负责决定某种特定产品可以开始收获的日期。对那些数量充足的植物，收获日期主要根据它们的成熟情况和是否便于留种来确定，对采集的总量不作任何限制。对那些稀缺的产品，则实行各种不同的收获规则。某村庄用来分配喂养作为生产工具的牲畜的冬季饲料的规则可以这样说明：

> ……根据一项每年轮换的计划，给每个组分配一条地块。每个家庭必须派一个成年人。在约定的那一天，每个家庭的代表来到冬季饲料公地相应的地块，等待作为开始收割信号的庙钟敲响。他们用一种很大的镰刀割草，如果让人们随意地散布在他们组地块的周围向各个方向挥舞镰刀，将是一件危险的事情。所以，每个组的成员都在他们所在地块的一端排成一行，一起向另一端收割，看上去像一支很大的农田条播队。草被割倒后留在地里晒干……然后每个家庭派两位代表进入饲料公地，把草绑扎成同样大小的

> 捆。拖运由每个组的人一起进行，然后再把草按一个家庭一簇的方式分别堆放。最后每个家庭通过抽签的方式获得分配给自己的那一簇（McKean 1986：556－7）。

村民被要求参加集体劳动，例如一年一度的烧荒，或为特定目的砍伐树木或收割茅草，以提高和保持公地的产量。每个家庭都有义务在集体劳动中做出贡献：

> 村庄对每个家庭在为维护公地而分摊的、参加集体劳动的义务有明文规定。这些集体劳作有：实施每年的烧荒（包括在烧荒前先开辟一条9英尺的防火带，仔细监督燃烧状况，当火焰越过防火带时参加扑火），在开山时到山里参加收割，或为特定目的去砍伐树木或收割茅草。每一户所做的贡献都记录在案，以确保每个家庭都不逃脱它应尽的责任。只有生病、遭遇不幸和没有身强力壮的成年人的家庭，才有理由免于参加集体劳动……但是，如果没有公认的理由，就难以逃避惩罚（McKean，1986：559）。

每个村庄都自行设计它自己的监督和制裁系统。由于除了一些特定的时期外，山区通常都是封闭的，因此封山期间在公地上被抓住的任何人，显然都违反了规则。大多数村庄都雇“看护人”，他们两人一组骑着马在公地上巡逻，寻找未经批准而上山砍伐的人。在有些村庄，这个岗位被认为是“一个给予最有威信、最负责任的年轻人的岗位”（McKean，1986：561）。在其他村庄，所有合格的男性定期轮流担任这项工作。有一个村庄不采取上述方法而实行“公民拘捕”制度，所有人都有权报告违规事件。

为了保护公地，每个村庄都有书面法规，明确规定根据违规者过去的行为对各种违规事件实行一系列逐渐升级的惩罚。一个偶发的违规行为，将由看护人以一种不事声张的简单方式来处理。“看护人把向违规者索要现金和清酒并用于自己消遣看成是理所应当的事情”（McKean，1986：561）。除了向看护人支付罚金外，违规者的非法所得以及他们的工具和马匹也将被没收。村庄扣押这些东西，违规者必须向村庄交付罚金才能赎回他们的工具和马匹。罚金数额从非常低到非常高不等，取决于违规的严重程度和违规者能否做出迅速、有效的改正。偶而使用的最严重的惩罚是把违规者驱逐出村或完全从村庄中开除出去。

虽然遵守规则的比例非常之高，但是违规行为也确有发生。迈克金列举了几种违规事件产生的原因。对开山之日的到来失去了等待的耐心是原因之一。在为收获某种特定植物正式开山前，看护人总是预见到并且实际上也真的发现了比通常更多的违规事件，因而总能得到更多的作为罚金的清酒。

不同意村庄首领所作的管理决定是违规的第二个原因。迈克金写道：

> 在平野庄，一位以前的看护人，现在是村里受人敬重的长者，曾经讲述过这样一件事：有一天他在一块关闭的公地巡逻，所发现的偷盗者不是1个或2个，而是30个，其中包括几个大户家庭的户主。当时不是开山的日子，但是他们却一起进入公地，为种植在私有地的越冬蔬菜砍伐搭建棚架支杆的树木。如果不能尽快得到这些支杆，他们的全部蔬菜就可能损失。他们认为村庄首领确定的开山日期太晚，不能适应这些作物生长的需要，是一个错误的决定（McKean，1986：565）。

在那个例子中，罚金是收了，但不像往常那样，用酒向看护人支付罚金，而是要求他们给村里的学校捐赠一笔钱。在结论部分，迈克金强调指出：这些由当地人设计的规则制度在长时间里都是成功的，这表明“一个外部强加的对公地的管制并不是必不可少的”（McKean，1986：571）。

韦尔塔的灌溉制度

1435年5月29日，托拜尔居民签署正式结社条例前50年，位于西班牙巴伦西亚市（*Valencia*）的贝拉奇和费塔拉尔运河（the Benacher and Faitanar）的84位灌溉者，聚集在圣弗朗西斯修道院（the Monastery of St. Francis），起草并批准了一些正式规则。这些规则规定谁有权使用运河中的水，这些水在好年景或差年景中应该怎样分享，维护运河的责任应该如何分摊，选举什么官员和如何选举这些官员，对违规者课以多少罚金等。运河本身，像在这个地区的许多其他设施一样，是在更早时期建设的。关于灌溉用水应该如何分配的许多规则，实际上在人们的习惯做法中早已建立起来。贝拉奇运河和费塔拉尔运河的灌溉者举行集会前的2个世纪，即1238年，西班牙从穆斯林教徒手中夺回巴伦西亚。有些中世纪和近代实行的规则在西班牙这次重新占领巴伦西亚之前就已经形成了。① 所以，至少有550年，也许接近1000年的时间，共享这些运河的农民们一直经常聚集在一起，制定和修改他们使用的规则，选举官员，决定罚款的内容和金额。

巴伦西亚是一个半干旱地区，降水量不仅少，而且在不同年份变化很大，所以如果没有良好的灌溉系统向农民的土地供水，那里已经高度发达了的农业将无法维持下去。水在这个地区从来就不充裕，即使几条大运河建成以后也是如此。由于水在这里是如此珍贵，围绕水的冲突已经成了日常生活的一部分。灌溉者之间，灌溉者和他们的官员之间，生活在水系下游的灌溉者群体和他们生活在上游的邻里之间，各种冲突不断发生。

---

① 许多穆斯林长期留在西班牙国王重新占取的领土上。当单个穆斯林家庭离开时，他们的土地和家园被授予西班牙家庭。西班牙人花了大量精力，试图搞清楚在穆斯林人被征服前那里的灌溉系统是如何运作的，水的分配程序是如何维持的。例如，在1244年，詹姆斯一世的骑士之一，唐·派瑞格林（Don Peregrin）命令几个在被征服前是水利工程官员的穆斯林人“讲出摩尔人统治时期是如何分配水的，否则将处死他们，没收他们的财产”（Glick，1970：233）。

尽管发生冲突的潜在可能性很高——并且它实际上已一次又一次地转变为现实——但是在很多世纪之前为治理这些运河之水而设计的制度也被证明对解决冲突、预先分配水的使用和确保整个地区的实际稳定都是富有成效的。玛斯和安德森（Maass and Anderson，1986）对在巴伦西亚、木尔西亚、澳瑞辉拉和阿里坎特等地的韦尔塔（*Huerta*，环抱或接近城镇的界定明确的灌溉区域）中实行的制度进行了深入研究，格里克（Glick，1970）则为我们提供了对中世纪巴伦西亚韦尔塔情况的一个权威性研究。

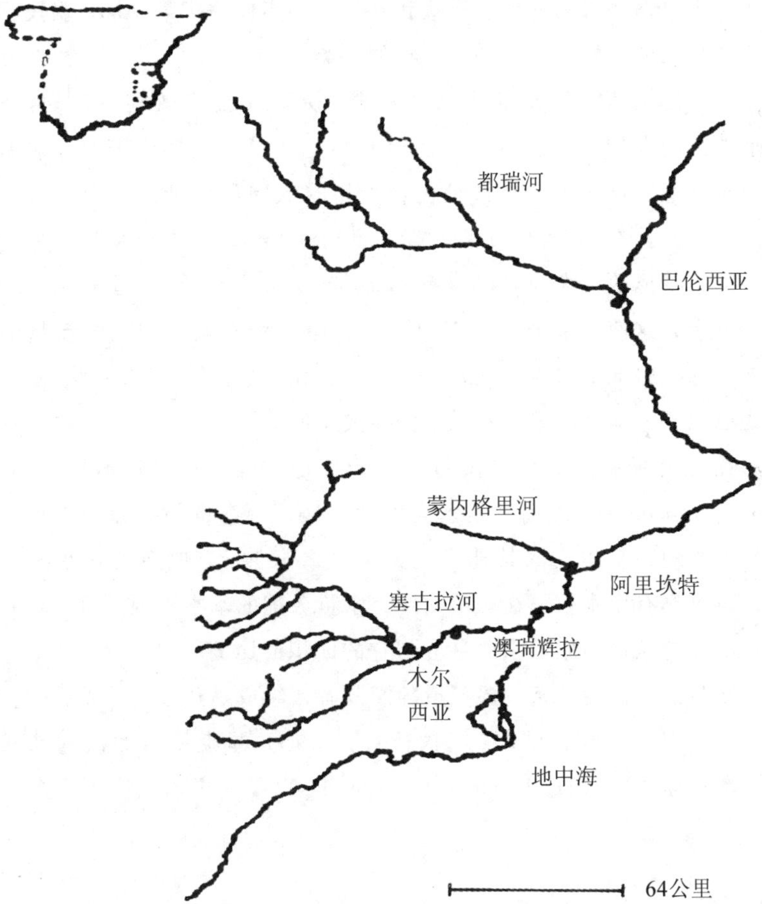

图 3.1 西班牙韦尔塔的地理位置

巴伦西亚

在巴伦西亚市附近，都瑞河（the Turia River）分成8条重要渠道，灌溉着韦尔塔16 000公顷土地。巴伦西亚农场的规模一直很小，并且在过去一个世纪中变得更加零碎。80%以上的农场面积不到1公顷，几乎没有面积超过5公顷的农场（Maass and Anderson，1986：11）。绝大多数冬天是无霜的，夏季炎热，日照充沛。农民们一年能收获两到三茬作物，主要作物有马铃薯、洋葱和其他多种多样的蔬菜。每个农民都可以按他自己的喜好去选择种植作物的种类。

由于巴伦西亚本身的降水量较少，如果不能有效利用都瑞河水，这个地区的大量农作物就不可能得到良好生长。长期以来，都瑞河水的流量一直变化很大，常常是在若干年的低水位后又接踵而来若干年的洪水泛滥。在20世纪之前，都瑞河上一直没有建造水坝。到1951年，加泰罗尼西莫大坝（the Generalisimo Dam）建成，蓄水量为22 800万立方米，这使大量来自上游的蓄水能够被用来调节都瑞河流量的巨大波动。有些地下水也得到开发，用来补充河水的不足，但地下水从未成为巴伦西亚地区灌溉用水供给的主要来源。

在巴伦西亚，用水的权利来自于土地本身。在再征服时期（the time of reconquest）之前已是水浇地的土地，现在也仍被界定为是有灌溉权的土地，韦尔塔的其他土地则无灌溉权。① 有些土地在水源充裕时，也可享有用水权。在巴伦西亚，水量分配的基本原则是每一块有灌溉权的土地从运河中取水的量应与它的面积成比例。

来自巴伦西亚7条主要渠道的灌溉者，组成了几个自治委员会，每个委员会都有行政首脑，② 叫执行官，参加每星期举行两次的仲裁活动。奥古斯法庭（the Tribunal de las Aguas）是一个水法庭，许多世纪

---

① 征服穆斯林之后，由于新水利工程扩大了水的供应，西班牙东部的一部分土地获得了灌溉。

② 同样职位的中世纪用语是cequier。

以来，它一直于周四上午在巴伦西亚教区总教堂的使者之门外面活动。法庭的传统中带有许多伊斯兰教的特征，这使学者认为，该法庭是在伊斯兰教统治时期发展起来的。① 法庭的诉讼程序是在没有律师参与的情况下展开的，但是有许多旁观者。法庭的主持者向那些陷入纠纷的人和其他也许能够提供额外信息的人提出问题，法庭的其他成员（不包括所在渠道卷入纠纷的执行官）按照特定渠道的特定规则对纠纷的实际情况做出裁决。罚金或损害赔偿金根据特定渠道的特定规则确定。法庭的诉讼过程不需记录在案，但最后决定则必须记载下来。法庭审理结束后，执行官们还要召开第二个审理会议。这次会议的功能是协调与所有7条渠道相关的事务。如决定什么时候开始实施与季节性低水位相适应的运作程序，或讨论不同渠道相互之间的其他问题。

韦尔塔那些有权从7条主要渠道中的一条取水的、拥有自己土地的农民，每2年或3年开一次会，选举执行官和其他几位负责他们渠道事务的官员。除了参加2次审理会议外，执行官还负责单个灌溉单位的事务，其职责包括具体执行他所在单位的规则。在用水事务的日常管理中发生纠纷时，他有权对用水量做出强制性分配。有权课征罚金。在严重缺水时，有权决定给水的次序和时间（奥古斯法庭每周对执行官的决定加以检查）。执行官必须拥有并耕种由所在渠道灌溉的土地。他通常有几位担任渠道巡察员和守护者的助手，他们的职责是按他的要求帮助他执行这些安排。②

---

① 有关法庭历史的讨论及法庭起源的争论，见格里（Glick，1970：64－68）和他引用的参考文献。

② 执行官是当地农民的代理人，但其职位亦可为当地农民所罢免。在中世纪，巴伦西亚的执行官是通过选举、抽彩或竞价产生的，任期有限，不可连任。例如，在托姆斯运河（Tormos Canal），采用的是竞价制度。在当地农民的公开会议上，提出管理运河最低报价的人被任命为运河的管理者，任期3年。每一个报价者必须估算为了监督灌溉者使用运河的水、在旱季分配用水和防止冲突爆发需要雇多少人。他还需要估计每年一次清理中央渠道，监督当地农民清理他们地界前水渠的支出。最低报价者的总报价按所覆盖的灌溉地的比例，因而也就是用水量的比例，在当地农民中进行分摊（Glick，1970：38）。执行官当选后，他还得确定每年预算、递交给当地农民讨论批准，然后当地农民才履行义务，支付分摊给他的管理费用。在现代，地方官任期2年，可竞选连任，估价由执行官任主席的执行委员会决定。

在中世纪，韦尔塔农民还选举了2个或更多的督察员。他们是灌溉者社群的代表，职责是就渠道的日常事务与执行官磋商，以及在农民之间或农民和执行官之间爆发冲突时帮助做出具体的裁决。在近代，韦尔塔农民选举了一个执行委员会，负责在每2年的会议之前与执行官磋商。执行委员会由来自渠道所有主要灌区的代表组成。关于为了年度的维护、每年何时关闭渠道和如何组织维护工作的决定，是由这个灌溉者委员会的成员做出的。

分配用水的基本规则取决于灌溉社群官员们所作的决定。他们在作决定时，要考虑3项环境条件：水量是否充裕、季节性的低水位和极端严重的干旱。在水量明显充裕的年份——这是一种相对少见的情况——只要渠道中有水，便允许农民们在灌溉土地时按照他们的需要取水。

渠道在使用时碰到最多的情况是季节性的低水位。当低水位出现时，便通过一个复杂规则驱动的用水制度把水分配给特定农户。每个支渠道按它和其他支渠道的关系放置在一个轮换表中。① 每个支渠道旁有一个农场，按一个固定的次序——从渠道发端的支渠开始，到渠道尾端的支渠结束——依次取水：

> 当水在支渠流动时，要灌溉的农民便轮流取水，通常的次序

① 这些规则既复杂、又很特殊。玛斯和安德森提供了在本纳戈运河所使用的程序的综述（Maass and Anderson，1986：27）。“从运河最先引出的灌溉支渠是2条小支渠。每条用于保证向13公顷土地不间断供水。在水到达第一个Lengun后，便即刻分别流向这2个支渠。右支渠因得到水量的三分之一，称为Terç，即巴伦西亚语的三分之一的意思。在安装了水渠闸门控制装置后，Terç开始向两个区域供水。每星期三和星期四支渠的水流到Alacuas，其余时间流到Picana。”

“三分之二的水流入左支渠。再通过一个称为白十字的Lengua分为两支。其中左边的一条又分为两部分，每部分依次轮流供应更小的支渠和农庄。白十字右边的一条供应4条水渠，每天一条。”

“每个星期四，这个系统会暂停运行16小时。那时，白十字中所有的水都转入一个称为星期四（在巴伦西亚语中称Dijous）的支渠，这条渠仅在这16小时中浇灌12公顷土地，连续两周是星期四日出后的16小时，第三周是星期五日出前16小时，这样安排是为了把灌溉的负担分一部分到晚上。星期四的其余8小时，水通常在白十字的Lengua分开，流入右边的每周依次输给下属4条水渠中的一条，以保证所管区域用水的比例和时间。”

> 是从渠道口到渠道尾。当轮到一位农民时，他就开闸取水，没有任何时间上的限制；他根据他所栽种的作物，确定对水的需要。唯一的限制是不能浪费水。如果一位农民在水到来时未能及时打开进水闸门，他就失去了这一轮的机会，必须等到下一轮才能取水。当一个支渠按次序运作时，所有想在特定时间取水的使用者在未轮到时是不能取水灌溉的。当水返回时，新的一轮将从前一轮结束的地方开始（Maass and Anderson，1986：28）。

“土诺”（tumo）制度的基本要素是：（1）灌溉者取水的次序是固定的，（2）只要水不被浪费，每个农民可以自己决定取水的量。其结果是，没有灌溉者能准确说出什么时候才能轮到他，因为这取决于渠道中总的水量和在他前面的人所需要的水量。另一方面，每个灌溉者也知道，当轮到他时，便能获取他所需要的全部用水。

在极端严重的干旱期，为了使那些种有最需要水的作物的人，能够比种有对水的需要不那么迫切的作物的人优先获得用水的机会，人们对这些程序作了修改。干旱期开始时，为了缩短轮流时间，使其他需要水的农民也能获得稀缺的水，农民们先只对最需要水的作物供水。随着干旱期的延续，执政官和他的代表对决定每个农民的取水时间发挥了越来越大的作用。他们在做决定时，既要考虑作物的状况，也要考虑其他人的需要。最近一些年来，由于加泰罗尼西莫大坝调节能力的增强，在极端严重的干旱期用水程序的使用频率与以前相比有所下降。尽管如此，还是形成了一种程序，以便能随着环境条件的变化，改变规则体制。

在韦尔塔，监督水平已经很高。在一个缺水并具有风险的环境中，许多诱惑驱使人们不按次序取水或以某些方法获取不合法的水。当快轮到一位农民取水时，他通常在靠近渠道的一端照管他的田地，这样他才能在水到来前做好开闸的准备；如果未作好准备，他就会失去这一次机会，必须等到下一轮才能取水。在等待时，他很容易看到那些在他前面取水的人正在做什么，也能看到他支付薪水的渠道巡察员们正在做什么。渠道巡察员定期在渠道上巡察，他们的行踪受到执政官的监督。对执政官来说，如果不能根据农民制定的规则来公正地分配水，他不仅会失去人们对他的敬重，而且会失去工作。每周在奥古斯法庭举行一次对执政官、渠道巡察员或灌溉者行为的质询，许多有兴趣的农民会前来观看各方的对质。巴伦西亚人的相互监督关系如图 3.2 所示。由于每一个人都关注着其他所有的人，在灌溉者之间、灌溉者与他们的代理人之间存在着很大的暴力冲突的潜在可能。在中世纪，与道义有关的规范大概也加大了冲突的潜在可能，农民们“只要感到他们的水的供给可能受到威胁，就愿意以任何方式去争斗”（Glick，1970：70）。但实际发生的暴力事件与可能发生的相比还是要少得多。

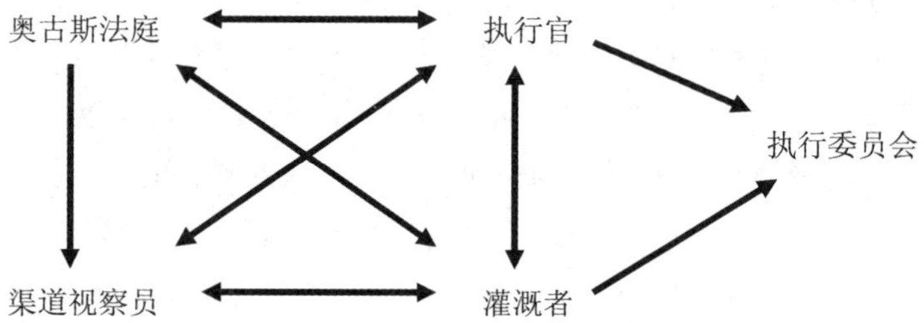

图 3.2 在巴伦西亚的韦尔塔主要各方监督与责任的模式

卡斯特隆（Castelon）的韦尔塔有非常相似的结构。那里尚存的 1443 年和 1486 年课征罚金情况的几本簿册（其中的部分材料已被格里克复制），给出了那里早期的违规类型，高水平的监督和低微的实际罚金的总体状况。① 根据这些簿册的材料，卡斯特隆在 1443 年课征了 441 例罚金；在 1486 年课征了 499 例罚金（Glick，1970：54）。在相隔 40 多年的两个时期中，违规次数和罚金数额上的相近证明了制度的稳定。

① 格里克指出，卡斯特隆（Castelon）的罚款书中所提出的“日常灌溉问题和处理这些问题的方法”，“也应该适用于巴伦西亚的韦尔塔”（Glick，1970：54）。

守护者以略多于平均每天一次的比例课征罚金。① 大约三分之二的罚金由守护者课征，其余的三分之一由农民课征。42%的违规行为，可以清楚地认定是在获取不合法的水（获取禁用的水，偷水，非法安装或打开渠道上的阻拦物，用武力抢水，未经授权的灌溉）的诱惑下发生的。其余的违规行为与损害他人的活动（淹没道路或休耕的土地，浪费水）相关，这些活动都是被社群禁止的。在一年中，受罚人中的三分之二是"初犯"，并且他们的名字在记录受罚人情况的簿册中没有再出现过。在累犯中，两次违规的占41%，三次违规的占25%，四次违规的占15%，五次违规的占8%，超过五次的占12%（Glick，1970：59）。

有足够的资料可以使我们对卡斯特隆人遵守规则的比例做出估计。在15世纪，卡斯特隆的家庭总数大约是1 000户。如果轮流一次大约需要2个星期，那么在约1 000个灌溉者中每人一年有25次非法取水的机会。这样一年中有大约25 000个可能发生偷水的机会。而实际记录在案的非法取水行为一年只有200起。也就是说，有案可稽的违规比例只有0.008，人们完全可以假定守护者没有发现所有的违规行为，人们也可以认为实际的违规情况可能是有记录的两倍、三倍甚至四倍。但是，即使如此，遵守规则者的比例仍然是非常高的。②

虽然遵守规则的比例很高，但是有三分之一的农民在一年中与守护者有一次冲撞。③ 结果是大量的监督信息被定期传递给灌溉者。我们没有近代对规则实施强制执行的方式的详细材料，但是，无论是被雇来充当巡察员的人数，还是法庭每周开庭一次的必要，都使我们有

① 对一个与警察一起在大都市高犯罪区驱车而行的研究人员来说。这一比例是令人惊奇的。

② 与公然企图非法取水的违规比例（42%）相比，因失误或疏忽的违规比例（58%）还是较高的。

③ 格里克对这个违规率的反映是这样的："再说一遍，这表明在这个系统中有一个恰当的罚款结构。在卡斯特隆，水渠管理人员草率地给予罚款。更为正式的处理方式——巴伦西亚的每周法庭——无疑反映了对水的更大需求，惩罚因此也比较严厉，还包括了承受被法庭传讯的耻辱"（T. F. Glick，私人通讯）。

理由推测，为了抑制偷水的企图，为了降低农民之间引发冲突和暴力的可能性，严格地强制执行规则是必不可少的。尽管对个人存在着进行欺骗或从事暴力行为的诱惑，但是这一制度依然一直保持着稳定性。

记载惩罚情况的簿册还表明，尽管执行官只收取罚金的三分之二（另外的三分之一给了告发者），所允许的罚金标准也不低，但实际课征的罚金“是非常低的（最多只有几个便士），并且还可以根据违规严重程度、一般经济状况以及个人支付能力有所改变”（Glick，1970：56）。格里克评论说，这样做是在一个相对死板的轮流制度中引进了一些灵活性。相对于并不困难的盗水，一次又一次地等待下一轮合法取水机会到来所承受的代价，对一个农民来说是非常大的。由于实际确定的罚金较低，守护者并没有使自己与通常遵守规则的农民处于深深的对立状态。一个农民如果被发现有欺骗行为会受到羞辱，但是对与之合作的农民所课征的罚金总是相当低的。如果对一个通常循规蹈矩，但在危急情形中犯有过错的人实施严厉惩罚，就可能酿成很大的敌对情绪和愤恨（Oliver，1980）。

极少有农民不断地相互侵扰。格里克注意到，在1486年，有一个“性情特别乖张的人”提出了5次被窃指控，与此同时他本人也13次被指控偷窃；有2个家庭一年中发生了18次不测事件，其中有10次是两家成员间的相互冲突。但是这样的情况在档案资料中是十分罕见的。农民之间不存在长期冲突，格里克认为这是一种向“分配制度的效率和守护者的彻夜警戒所表示的敬意”（Glick，1970：64）。①

---

① 在给我的私人信件中，格里克指出：“在卡斯特隆，罚款的作用首先是使系统更加灵活地运作。在罚款结构中，对欺骗的罚款相当低。当你确实需要水时，支付罚金是值得的。在这个意义上，罚款是另一种类型的内部交换。这个系统宽容轻微的欺骗。严重的欺骗（或刁难水渠管理人员）会使你进入国王的法庭，个人风险的界限在此摆得非常清楚。第二，罚款有利于使分配方案的效率最大化，因为浪费水要罚款。第三，对邻居土地或对公共财产的轻微损坏也要罚款，若不这么做，任其发展，个人之间的冲突可能会伤害整个社群。”

木尔西亚和澳瑞辉拉

塞古拉河自西向东流入地中海。水流首先通过木尔西亚（Murcia）的韦尔塔，然后再通过澳瑞辉拉（Orihuela）的韦尔塔。在木尔西亚的韦尔塔中有13 300个农场，83%的农场土地面积不到1公顷。在澳瑞辉拉的韦尔塔中有4 888个农场，64%的农场土地面积不到1公顷，86%的农场土地面积不到5公顷。如同巴伦西亚一样，在木尔西亚和澳瑞辉拉，水权是与土地联系在一起的。有灌溉权的土地和无灌溉权的土地在很久以前就已标定，许多世纪以来一直保持着稳定不变。在木尔西亚和澳瑞辉拉的韦尔塔，平均降水量明显少于巴伦西亚，并且比巴伦西亚具有更大的可变性。木尔西亚和澳瑞辉拉的地势，与巴伦西亚相比也更加多样。因此，当地的用水程序也更注重解决从同一条渠道中取水浇灌高地和低地的问题。

每个农民被分配一个“坦达”（tanda）即一段固定时间，他可以在这段固定的时间里取水。这样每个农民都准确地知道什么时候和有多长时间他可以取水，但他不知道在这段时间到底有多少水可供他提取。“坦达”程序与在巴伦西亚使用的“土诺”程序相比有一些优点。每个农民更能确定取水灌溉的时间，因此能据此计划自己的活动。由于每个农民取水时间是有限的，因此他对在自己的田地里合理分配用水有更强的激励。但另一方面，“坦达”程序本身相当死板，当农场被买卖、分割或合并时更是如此。

在经过与城市官员的协商后，灌溉社群的官员负责宣布什么时候因没有充裕的水而无法维持正常的“坦达”程序。当非常严重的缺水状况发生时，每个社群的官员都要公布一个新的计划，确定季节性的轮流时间——大约每两个星期轮一次，指明将优先给哪些作物用水，以及哪些在下一轮中是需要遵守的计划和规则。

在木尔西亚，有大约30个灌溉社群，在澳瑞辉拉，有10个灌溉社群，澳瑞辉拉以南还有好几个灌溉社群从渠道中取水。在这2个灌溉区域，各社群都雇佣守护者。守护者主要来自雇佣的那些河段，并且都是由那些河段的农民提名产生的。

> 守护者在渠道上巡察，举报他们发现的任何违规行为；他们在一个农民指控另一个农民违规时充当见证人，或者亲自对一些农民提出指控；他们帮助分配水，经常开启或关闭主要渠道的闸门，以及各主要支渠上的总闸门（Maass and Anderson，1986：80）。

在两个灌溉区域内部都已建立起覆盖整个灌溉区域的组织。木尔西亚各渠道社群的执行官们每年举行一次全体会议，批准每年度的预算和税收，选举执行委员会的成员。在澳瑞辉拉，各个渠道社群的执行官每三年举行包括整个灌溉区域所有组织在内的全体会议，选举一名水的执法官，以及他的一名助手和一名法务官。执法官主持在澳瑞辉拉范围内召开的所有会议。建立在澳瑞辉拉整个灌溉区域内的组织所开展的活动，与在木尔西亚的同类组织所开展的活动很相近。澳瑞辉拉市几乎不介入灌区范围内的各种灌溉活动。

两个灌溉区域都已建立了水法庭。在这些法庭上，农民们可以相互提出指控，官员们也可以对违规的农民提出指控。木尔西亚的水法庭——它有一个贴切的名字叫贤人委员会（Council of Good Men）——由5位渠道执行官和2位督察员组成。由于木尔西亚有30个有组织的社群，每年年初，所有社群执行官和督察员的名字都被放在两个钵内，每个月通过抽签方式来选举一个新法庭，这样就使每一个渠道都能以一种公正的方式获取代表权。木尔西亚的法庭每星期上午在市政厅开庭，法庭由木尔西亚市的市长（或他的副手）主持，他只在赞成或反对票数相等时才参加投票。木尔西亚的法庭不仅在开庭的日期上与巴伦西亚的法庭相同，而且基本的程序也是同样的："口述，公开辩论，总结，从轻发落。"（Maass and Anderson，1986：82）

在澳瑞辉拉，水法庭只有一位法官，法庭程序与木尔西亚和巴伦西亚有很大不同。那些打算对其他人提出指控的人先把他们的指控交给法庭官员。被指控的人在几天内将被传唤到法官面前出庭。如果被指控的人对指控供认不讳，判决很快就会做出。否则法官将努力予以调解，直到有关各方达成一个他能够认可的协议。

阿里坎特

塞古拉河和都瑞河的流域面积很大，其中包括许多山区。在那里，冬季的降水以雪的形式储存起来，到春季融雪后才排放。但为阿里坎特（*Alicante*）提供水源的蒙内格里河（the Monnegre River）起源于近海地区，只流经一个较小的区域。因此即使与自身没有充足水源的巴伦西亚和木尔西亚-澳瑞辉拉相比，在阿里坎特的韦尔塔，供水不足的问题也显得更加突出。这种状况对阿里坎特灌溉者的策略产生了重要影响。在阿里坎特，基本的水权安排更接近于木尔西亚而不是巴伦西亚。全部水权都只能在一个固定时间中行使。最初，这些时间是依照土地所有权来分配的。从穆斯林教徒手中收回阿里坎特不久，在固定时间中取水的权利与来自土地所有权的水权相分离，交易这些水权的市场也与交易土地的市场相分离。1594 年，阿里坎特的农民主动倡导建造梯比水坝，这种做法导致国家和地方政府在阿里坎特比在巴伦西亚和木尔西亚-澳瑞辉拉更多地介入了对灌溉事务的管理。当地的灌溉者一直在寻找新的水源，由此导致他们与一些大规模的私人水公司达成了广泛的合约安排。

阿里坎特的韦尔塔共有土地 3 700 公顷，分属 2 400 个农场，63% 的农场土地不足 1 公顷，93% 的农场土地不足 5 公顷（Maass and Anderson，1986：101）。阿里坎特的农民实行套种，在一行行水果树和坚果树之间栽种谷类作物和蔬菜。在梯比大坝建造之前。许多土地所有者把他们的水权出售给他人或定期地出租给他人。因此那时的水权数量是固定的，并且这些权利的交易是独立于土地交易的。梯比大坝建成后，可用于灌溉的水量比原来增加了一倍。使用由梯比水库创造的"新水"的权利被分配给了为建造大坝支付税金的灌区土地所有者。①而使用另一半的水——"旧水"——的权利，则为在大坝建造之前就已为获得这一权利的人所持有。后来对这些权利的行使规定了一个限制性条件：只能被卖给或出租给那些拥有有资格获取新水的土地的人。结果是，水权不再能被出售给土地坐落在灌区之外的个人。虽然使用新水的权利最初是附属于土地的，但是这些权利很快就被在特定轮中并不需要这些水的农民一次又一次地"出租"给他人。

在整个灌溉社群的渠道开始新的一轮取水之前，社群的官员们会张贴一张告示，公布有关下一轮的日期和发放"水券"的时间。无论是享有使用新水权利的人还是享有使用旧水权利的人，都可以得到相当于他们有记载的水权的水券。这些水券的单位从 1 小时到 20 秒不等。所有梯比大坝建成后新增加的水的水券都是可以相互交换的。拥有新水权利并且土地在灌区的农民，极少能获得足够的水券从而能有足够的水去灌溉他们的作物。但他们可以通过 3 种方法来购买水券：每星期天上午正式的拍卖开始之前，在权利持有者当中有一个非正式的交易市场；参加正式的拍卖；集市上农民们开展的各种交易。

在正式的拍卖中，灌溉社群出售它所拥有的约 90 个小时的水权——这些水权是由灌溉者在 1926 年分给社群的，目的是为官员们提供一笔固定的收入。② 官员们也在拍卖会上出售没有权利持有者认领的

① 当阿里坎特的灌溉者决定建造梯比水坝时，他们要求王国给予协助："菲力普二世答应提供保护和有限的支持。他授权阿里坎特市建造水坝并为此贷款。虽然他拒绝提供资金，因为这项工程会给现有的土地所有者带来很大好处。但是在得到教会批准后，他同意把受益土地上第一次收获的十分之一收入（即收成 10%）给阿里坎特市，以偿还建造水坝的费用。……最后他同意把分配水坝的水的权利和责任留给阿里坎特市，使农民们不至于过多地失去对他们命运的控制权"（Maass and Anderson，1986：119－120）。

② 当因占用土地得到的新的水权转用于非农目的时，与这些土地相连的水权便重新归于灌溉社群，因为这些权利是不能出售的。因此。灌溉社群长期持有的水权不断地缓慢增长。

剩余的水券，最小的拍卖单位——取水时间——是一个完整的小时，但是买来的水券是完全可分的，可谈判的。灌溉社群要提供大量相关信息给农民，以便他们在交易中能够做出明智的选择。

> 渠道巡察员就在现场……他们能告诉农民什么时候水可能流到他的土地。官员们在一个小酒馆外放置了一个告示牌，报告水库目前的蓄水量，上一轮中所有水的发送情况，其中包括灌溉者姓名和发送到每一个灌溉者的水量。以及在上一轮中水拍卖情况的完整介绍，其中包括所有成功的出标者的姓名，每人购买到的小时数和支付的价钱（Maass and Anderson，1986：116）。

在某一特定轮期，一个农民如若想要灌溉自己的土地，就告诉负责开启或关闭所有相关控制设施的渠道巡察员他希望使用多长时间。渠道巡察员在得知这位农民的要求后，会通知他水流到他的田块的大致时间。农民应该在水到达后就向渠道巡察员付费，但实际上他可以拖至整个轮期结束后3天才付费。这时，渠道巡察员公布所有的供水情况并要求有关人员立即呈交水券。因此，农民们购买水券，不仅是为了未来使用，也是为了用来支付他们在本轮中已经使用掉的水的价钱。水价在每一轮快要结束时比刚开始要高。①水价的高低也与可供水的数量相关。在雨量充沛的年份，农民对灌溉用水的需求较少，梯比水的价格就会下降。在极端干旱的时候，可能没有任何水可供分配，拍卖也无法进行。在季节性低水位的时候，水价可能变得很高，也可能引发新水权利持有者和旧水权利持有者之间的激烈冲

① 玛斯也报告说，这个市场显得非常有效：“对一个有机会研究个人轮流情况详细报告的外国人来说，（由权利数决定的）一个轮期的假定长度，管制流域的实际放水时间和分配给农民的用水时间之间的高度一致确实是神奇的。拥有水券的人或者使用它，或者出售它，而无人要的水券则由官员们拍卖。没有被水权覆盖的流水时间极短，并几乎总是由于渠道网的轻微损坏和破裂以及正常损失造成的。”

突。此外，阿里坎特的农民们也可能从其他一些来源购买所需要的水。①

在阿里坎特，灌溉社群的组织和先前讨论过的韦尔塔有显著区别。首先，在阿里坎特，整个韦尔塔只有一个灌溉社群。其次，在社群全体会议上享有投票权的农民，必须拥有1.8公顷土地，投票选举执行委员会的农民，必须拥有1.2公顷的土地；有资格进入委员会的，必须拥有3.6公顷的土地（Maass and Anderson，1986：117）。尽管农民必须拥有最低限度的土地才能参与社群事务，但是，占有较多土地的农民却不能因为占有的土地多于他人而在选举中有更大影响。执行委员会由12个代表组成，任期4年（每两年替换一半），其中有1人经选举担任委员会的主任。

全体会议每年召开一次，议程是批准预算和税收，决定执行委员会提交给全体会议讨论的有关事务。两次年会之间若发生需要讨论解决的问题，可以召开特别会议。在阿里坎特，无论是全体会议还是执行委员会，为了找到新的水源，为了与使用社群的水道在整个灌溉区域出售水的私人公司签订更有利的合约，都非常积极地工作。社群的日常开支通过向全体持有水权的人征税的方法筹集。每年有3个轮期被指定作为正常的税收征集时间，水权持有者在申请水券时必须上缴应付的税金。非常规开支的数额一直较高，也以同样的方法靠征税去筹集，除非必须支付费用的到期日与指定征税的轮期不一致。

执行委员会雇佣一位执行秘书和一批操作控制设施、把水直接发送到农民田头的工作人员。在阿里坎特，渠道巡察员开启或关闭所有

① 一家私人公司从位于阿里坎特以外约70公里处的维利纳（Villena）的深井中抽取地下水。当梯比水渠不供水时，农民们可以按小时购买维利纳的水，然后再送到社群的水渠。此外，还有一个替代方法。另有一家私人公司早已投资从塞古拉河三角洲海拔较低的地区往外抽水，再运到附近几个社群。1924年阿里坎特灌溉工程董事会出资将水渠延长25公里，把那家公司抽的水送到阿里坎特。水每天拍卖。但最高价和最低价是在全国政府特许这家公司出卖塞古拉河水的条款中事先规定的。在许多历史关头，阿里坎特灌溉者与这两家公司的关系都是紧张的，充满着冲突。

农田的进水闸门。而在巴伦西亚和木尔西亚与澳瑞辉拉，这些事情由农民们自己来做。但是阿里坎特的渠道巡察员对谁将得到水和在什么时候得到水，并无多少决定权。另有一位雇员的责任是，对留在管制流域中的水加以管理，直到这些水送达渠道巡察员。然后，渠道巡察员再负责管理指定交给他的水。

中央政府对阿里坎特灌溉事务的控制要高于其他灌溉区域。一些大型的装置，例如梯比水库可以被政府合法占有并用作增加收入的一个来源，还可成为统治者用来寻租的一条途径。虽然菲力普二世在梯比水库建成时并未想对它实施控制，但水库还是于1739年被转归皇家所有，时间长达一个世纪。当1840年水库的控制权和分配水的责任被归还给阿里坎特时，农民们在此后的25年中并未赢得选举执行官员的权利。西班牙内战也中止了农民们对灌溉组织执行官的控制权。直到1950年，农民们才又一次有权选举他们自己的官员。

值得指出的是，东西班牙灌溉者成功坚持的设计和改变他们自己制度的高度自由权，在西班牙的卡斯蒂利亚（Castilia）部分并不流行，后者的高度集权制度对西班牙国家制度的演变具有重大影响。① 到13世纪末，阿拉贡王国（the Kingdom of Aragon）（主要由巴伦西亚、阿拉贡和加泰罗尼亚几个地区组成）的议会“已经得到了立法权，甚至能在特定条件下限制国王发布法律的权力”（Veliz，1980：34）。但同一时期的卡斯蒂利亚，议会很少召集开会。就在以卡斯蒂利亚模式为基础的、高度集权的郡主制开始支配西班牙和拉丁美洲的时候，灌溉区域建立了自治权。这些地区的灌溉者为维护他们自己的权利而进行的长期努力，使他们享有了比西班牙其他部分的灌溉者更大的自治权。

① 魏特夫（Wittfogel，1957）在他对重新占领后的西班牙的灌溉制度的简要论述中，没有将西班牙北部王国的“西班牙专制”与西班牙东部较民主的制度相区别。有一段时间，人们都认为，组织健全的牧羊人协会（*mesta*）对西班牙北部王国帝王权力的增长和通过延缓明确界定土地所有权来阻碍王国的发展都负有责任（Klein，1920）。然而，纽金特和桑切斯的近期研究（Nugent and Sanchez，1980），使用了与这里所使用的完全一致的方法，对这个传统观点提出了一些实质性的质疑。

人们不能不感到疑惑的是，如果西班牙的君主是费迪南德（Ferdinand，阿拉贡国王），如果伊莎贝拉（Isabella）是以阿拉贡而不是以卡斯蒂利亚为基础建构，拉丁美洲的历史进程是否会与现在完全不同。①

玛斯和安德森对西班牙韦尔塔实行的制度与美国西部地区实行的一些制度的相对有效性进行了饶有趣味的评估。在没有计算水的成本或与治理和管理渠道有关的行政费用的情况下，他们发现，在阿里坎特实行的制度能使农民更有效地使用其他投入要素。在巴伦西亚设计的制度是西班牙的制度中效率最低的，木尔西亚-澳瑞辉拉实行的制度在效率上介于两者之间。所有这些制度都为它们所服务的农民带来了正收益，并且都被证明具有令人惊叹的存续能力。1887 年木尔西亚的历史学家迪亚兹·卡欧（Diaz Cassou）指出："木尔西亚农业社群民主的和代议制的特征已经显示出引人注目的稳定性，接连不断的全国性政治变迁并未对它功能的发挥构成严重障碍"（Maass and Anderson，1986：83）。一个世纪以后，卡欧的观点仍然是有效的。

菲律宾桑赫拉的灌溉社群

对菲律宾伊洛卡斯·诺特（Ilocs Norte）的伊洛卡诺（Ilocanos）地区现存的灌溉社群所作的最早的文献记载，可以追溯至 1630 年西班牙神职人员的文稿（H. Lewis，1980：153）。然而，迄今为止，尚未有人认真研究过在西班牙殖民时期开始之前是否存在着类似的组织。但假设现代的桑赫拉（Zanjera）制度起源于一种混合的传统，其中包括西班牙的传统，却不会是不合理的。在韦尔塔和桑赫拉之间，最引人注目的相似之处是小规模灌溉社群的灌溉者具有中心作用：他们自己决定自己的规则，选择自己的官员，保卫自己的制度，维护自己的渠道。每一个桑赫拉的内部组织都是适应自己的历史而发展起来的，因此各个

① 有关北美与南美不同的演化路径的一个饶有兴趣的描述。见 North（1986a）。

桑赫拉所使用的规则有着很大差别（Keesing，1962）。在 1979 年，伊洛卡斯·诺特岛一共有 686 种社群灌溉制度（Siy，1982：25）。①

桑赫拉是由想要建立公共灌溉系统的拥有土地的农民和通过自主组织寻求土地的人们一起建立起来的。在桑赫拉制度中所使用的技术是比较简陋的和劳动密集型的。农民们——土地所有者和佃户——在建设灌溉系统中共同设置的大量操作系统和投入的大量劳动，表明了如何建造水坝及其他工作的技术知识已经广泛地为人们所共有。由于有了这些知识，富有进取心的佃农就有可能联合起来，在原先没有被灌溉的土地上建立灌溉系统，以换取在新灌溉土地的某一特定部分进行生产的权利。

这种类型的合约，称为 biang ti daga，或“土地共享”，它们允许土地所有者保留所有权，使用权则被扩大到有赖于对灌溉系统实行持续维护的桑赫拉那里。在组成一个联合体时，每个桑赫拉的最初参加者被配送一份成员股（atar）。成员股的总量是确定的。② 成员股使每个成员享有一份投票权，并有权耕种相应的属于桑赫拉的土地。成员股还规定了成员在劳动和物资投入上应该承担的义务。每个成员股的持有人有义务在由桑赫拉宣布的每一个工作季节义务劳动一天，同时在建设中分担一份所需要的物资。这样，这一系统就演变成了一种在事先没有货币资产积累情况下，获取土地和灌溉用水长期使用权的方式。

每个桑赫拉的组织设计都有所不同，但所有以土地共享合约建立起来的桑赫拉，基本模式是相同的。把社群土地划分成 3 个或更多的部分，每个农民在每个部分都分到一小块土地。这样所有成员在相互关系中都处于基本对等的地位。他们不仅有权耕种同样面积的土地，而

① 直到 1923 年第一个政府资助的灌溉项目建成之前，社群灌溉协会是菲律宾水利管理的唯一形式。1982 年，在菲律宾有将近 5 700 个社群灌溉系统，覆盖了灌溉区域的 45%（World Bank，1982：8）。

② 如果新成员把一段新的灌溉渠道加到原来的系统上，便会发行额外的成员股。新成员可以通过新建造工作和承担整个系统的维护工作而获得股份。

且他们都在最便于灌溉的土地上和最不便于灌溉的土地上分别耕种一些土地。在降水量不足以浇灌所有土地的年份，也能够既快又公正地做出分享稀缺水资源的决定，其方法就是停止灌溉那些离灌溉系统最远的土地。

若干土地留作社群之用。其中有几块坐落在灌溉系统末端的土地，被分配给社群的官员，作为他们提供服务的报酬。这种做法不仅是对官员们提供服务给予积极的奖励，而且也是为了增强居于领导位置上的人努力让水能流到灌溉系统末端的意愿。被留下来的其他地块主要是为了保证桑赫拉自身的收入。科沃德（Coward 1979，1985）的著作对这种制度安排作了详细描述。

每个桑赫拉的成员选举一位“能人”（maestro）作为他们的执行官，此外还要选一位秘书、一位司库和一个厨师。① 在较大的组织中，还要选领班和队的领导，以便对建设活动加以管理和监督。“能人”有一项富有挑战性的工作，就是动员人们在紧急时刻、在控制设施被大水冲走时或在对渠道的日常维护中，从事那些繁重的体力劳动。由于这些艰苦的体力劳动是在季风季节或酷热的天气中进行，因此动员工作同样是很艰苦的。当然，“能人”并不单纯依靠劝说，在桑赫拉成员自己创立的规则中，内含了许多可供“能人”使用的激励或制裁措施。

为了说明治理这些制度的任务，我们将根据罗伯特·塞伊（Robert Siy，1982）的著作所提供的材料，对一种治理结构——一个由9个桑赫拉组成的联盟作一详细考察。由9个桑赫拉组成的巴卡拉-文塔联盟建造并维护着一条100米长的跨越巴卡拉-文塔河的刷形大坝。大坝坐落在距马尼拉以北500公里的吕宋岛西北角。无法预见的和毁灭性的巴卡拉-文塔河水从菲律宾东北部的省份流出。在每年的雨季，河水总是冲毁联盟用竹竿、香蕉树叶、沙和石头修建的大坝。在有些年份，大坝

① 厨师岗位看起来奇怪，但在桑赫拉的每个主要工作时期，所有工作的人都由合作社提供饭菜，这是用于鼓励参加建造灌溉系统所必需的极艰苦的劳动的一种正面激励。因此在这个系统中，厨师是非常重要的。

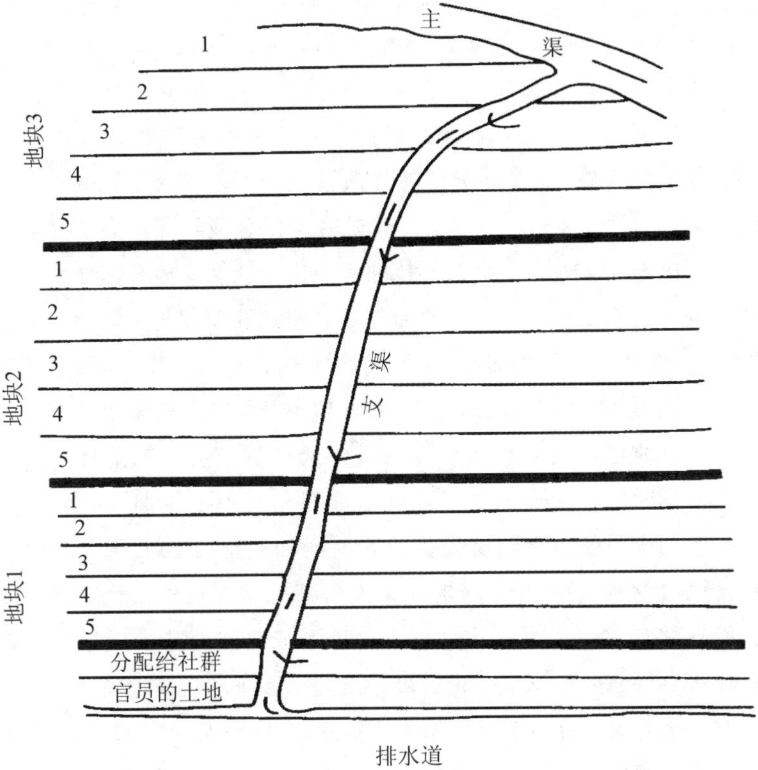

图 3.3　桑赫拉田地的典型布局（Coward，1979）

会被冲毁三或四次。

这 9 个组成联盟的桑赫拉的历史，就像联盟本身一样，没有很好地被保存下来。人们现在知道的是，这 9 个桑赫拉中的绝大多数都是独自建立的，都曾尽力建设和维护他们自己的连接巴卡拉–文塔河的渠道。巴卡拉–文塔河在历史上已经多次改道，使得一些桑赫拉多次中断水源。这 9 个桑赫拉中的两个在 19 世纪就已经联合在一起，共同修建了一座水坝和一条运河。1906 年第三个桑赫拉与这两个社群联盟签署了一份协议并加入了这个联盟。另有几个桑赫拉在 20 世纪 50 年代加入联盟。最后两个桑赫拉是在它们建立时加入联盟的（Siy，1982：76－8）。

1978 年，按照菲律宾的水法，这个联盟正式组成一个私人股份公司。水法规定，只有个人或“法人”才有资格享有水权。由于这一地区历史上有诉讼的历史（M. Cruz，Cornista，and Dayan，1987），联盟成员都想以联盟的名义去确保他们的水权，而不是以各自所在的桑赫拉的名义去这样做。9 个桑赫拉的首领组成一个董事会，其中来自发起组织联盟的一个桑赫拉“能人”，被提名担任总裁和董事会主席。1980 年，联盟中有 431 人在一个桑赫拉拥有股份，或至少拥有部分股份。许多成员同时加入了一个以上的桑赫拉。在组成联盟的 9 个桑赫拉中，最小的有 20 个成员，最大的有 73 个成员（Siy，1982：85）。每个桑赫拉对它自己的财务和内部事务负责，对联盟不承担任何资金上的义务。

董事会决定什么时候水坝应该重建或整修。重建工作通常需要花费一个星期时间，如果天气不佳则可能要超过一个星期，一般有几百人参加。每个桑赫拉都负责提供建筑材料和一个施工队（以及炊事员和相应的食物）。首先用一天时间来准备蕉叶席和毛竹，然后施工队乘坐大船在湍急的水流中开始打桩。竹桩形成水坝的基本构架，然后把蕉叶席等物围绕竹桩织成一道屏障，最后用沙子和石块加固。

在 9 个桑赫拉中，5 个拥有成员股最多的桑赫拉各提供一支施工队。另 4 个规模较小的桑赫拉组成两个施工队。施工开始后，水坝被一根“可变”标杆分成 7 个部分，它们大体上与每个施工队的规模和地形地质状况相适应。这种工作分配方式使每个队能了解到其他队的施工进度，从而能在他们中间激发出令人振作的竞争。维护主要渠道的工作也是通过这种方式来分配的。在所分配河段上的作业由每个桑赫拉自己组织。通常每个桑赫拉再把自己的成员分成几个更小的施工队，称作 *gunglos*，每个小施工队由 5 到 10 人组成。

塞伊计算了 1980 年桑赫拉的成员对他们的社群和联盟所承担的全部义务（包括出工和参加会议及庆典）。在圣多罗萨里奥（Santo Rosario）的桑赫拉，一个完整的成员股持有者在 1980 年义务出工 86 天（是当年全联盟承担义务最多的）；在尼比尼（Nibinib）的桑赫拉，一个完整的成员股持有者义务出工 32 天（是当年全联盟承担义务最少的）。整个联盟义务出工的平均数是 53 天（Siy，1982：92）。由于有的成员身份是由几位农民共同持有的，每一位劳动者的平均工作天数要少些，一年大约 39 天。

按照现在人们每周工作 5 天的标准来估算，这个数量相当于提供了两个月没有直接货币报酬的工作。① 在那一年，农民们把大约 16 000 个工作日贡献给了他们的桑赫拉或联盟。② 正如塞伊所说："几乎可以肯定地说，在发展中国家很少有农村组织能够在如此高的程度上定期动员这么多的自愿劳动者"（Siy，1982：95）。③ 鉴于工作本身的艰巨性和一定的危险性，这些义务活动的参与率之高确实是相当令人吃惊的。④ 在要求参加的 39 天活动中，人们平均缺席两天多一点，即平均参与率大约是 94%。在 9 个桑赫拉中，有 5 个对不参加义务活动的人课征罚金，这些罚金必须全额支付。只有一个桑赫拉在罚金支付上碰到了不少问题（siy，1982：98）。⑤

随着时间的推移，桑赫拉原始成员股的分割日益增加。例如，一位

---

① 我真的怀疑农民们会愿意以货币形式支付如此高的税，即使他们生活在一个完全货币化的社会。当农民支付劳动时，他知道税是怎样分配的，是否用于征收的目的。当农民支付钱时，他不能不担心钱会落入官僚们的口袋或用于其他目的。

② 塞伊（Siy）指出，这个数字低估了建造和维护工作实际投入的劳动量。因为从该系统得到所排放的水的桑赫拉成员和邻近的桑赫拉成员的家庭也为主要项目的建设支付了劳动。据塞伊估计，那些不具有直接责任的人至少额外贡献了 1 000 工劳动（siy，1982：95）。

③ 塞伊把用于系统维护的劳动称为"自愿的"贡献。但是，不参加这些劳动便极有可能受桑赫拉成员和（或）联盟的制裁，因此称其为自愿的贡献是一种误导。是否加入桑赫拉倒是自愿的。那些不想遵守规则的人会把他们的土地卖个好价，然后退出。然而，自愿加入或继续作为一名成员的代价，是放弃每年是否贡献一定量劳动的自由选择。

④ 虽然塞伊例子中的参与率非常高，但这在第三世界并不是独特的。普拉德汉描述了 150 年前在尼泊尔建造的一个同样复杂的灌溉系统——*Chattis Mauja* 系统（Pradhan，1984），它覆盖了生活在 54 个不同村庄的农民的 7 500 英亩灌溉田。一个有乡村、行政区和中央政府 3 个组织层次的联邦管理结构非正式地与其他 3 个农民管理体系一起管理灌溉系统。*Chattis Mauja* 系统在组织劳动投入方面有很强的号召力，在 1981 年，至少 3 000 个农民投入了超过 60 520 工劳动，清理主渠道的淤泥和从事其他艰巨的工作。

⑤ 然而，那些拥有不足一整个成员股的人，特别是不足四分之一股的人，似乎有较高的缺席率，但他们所贡献的物料却并不少（Siy，1982：99）。

有3个儿子的创建时期的成员，也许把他的地块平均分成3份传给他的儿子，这样这3个儿子每人也要承担三分之一份他们的父亲原先必须履行的义务。各个桑赫拉分别以不同方式来处理股份分割问题。有的桑赫拉任命专人负责成员股持有者义务的履行问题，从而使社群不必直接就分割成员股的人是否履行了义务加以监督。有的桑赫拉则要求，必须经过社群的批准才能出售成员股或容许佃农在社群土地上工作。

> 未来成员要经过“筛选”，在交易或租赁协议被批准之前，必须让未来成员对自己在桑赫拉中承担的全部义务有清楚的理解。在有些情况下，还要求新成员签署一份协定，以证实他们对桑赫拉内部规则的认同。这些内部规则通常都明确规定，犯有过错的成员可能被中止原来享有的权利，甚至被开除出桑赫拉，他们的土地则被没收（Siy，1982：121）。

由于在这个地区有大量无地人口，因此在获得土地使用权方面存在着激烈的竞争。

在这些桑赫拉中，水的分配规则不像义务履行规则那样带有很强的约束性。一般来说，在现有的耕作方式和土质情况下，灌溉系统的供水能充分满足农民的需要。当水量充沛时，水会流向所有的灌溉沟渠，任何人都可以按自己的意愿取水浇灌。当水量不足时，轮流制度就在桑赫拉之间以及桑赫拉内部的各个配水渠道中确立起来。在极端干旱时期，位处下游的桑赫拉可以连续几个晚上向渠道放水。在经过事先通知和相互协商后，下游的桑赫拉可以派遣它的施工队到上游去放置挡水物、关闭出水口，“另有一些成员则守护在周围，以确保这些临时性的控制方法免遭破坏。还有一些人则把水发送到个人的地块中去”（Siy，1982：122）。在发送水时，最需要水的地块有优先权，然后才实行通常的轮流制度。

有些位于下游的桑赫拉每年仅收获一茬作物，但在上游的桑赫拉一年有可能收获两茬作物。塞伊以非常清晰的证据表明，完全有可能通过在9个桑赫拉中重新分配水，来提高下游桑赫拉的生产率，同时又不影响上游桑赫拉的生产率（Siy，1982：122－145）。另一方面，水的分配是大体上比例于农民所贡献的劳动和物资以及所持有的成员股的。所以，3个贡献了最多的劳动和物资的桑赫拉（占总量的48%），得到了55%的水；3个贡献30%的劳动和物资的桑赫拉，得到了25%的水，3个贡献了22%的劳动和物资的桑赫拉，得到了20%的水。①

从技术效率的视角来看，这些制度的水分配方案并没有达到它可能实现的效率。但是，塞伊非常认真地指出，在设计和运作这样的制度时，除了已被放弃的产出外，还包括许多成本：

> 这种成本也许以在决定一个可接受的协议或为适应外部强加的程序进行调整时所花费的时间和精力的形式表现出来……例如，水分配方案的调整也许需要在各桑赫拉中对义务分配方案加以调整。一个最终得到了更多的水的桑赫拉，也许就会被要求在渠道的维护中奉献更大比例的劳动和物资，以满足人们关于义务应当与已经增加了的利益相适应的要求。但是，始终存在着有关桑赫拉一时无力负担更多义务的危险，这样，对他们资源的新要求也许在实际上削弱了整个组织的稳定与统一（Siy，1982：146）。

灌溉工程师用来评价灌溉系统绩效的主要标准是系统的技术有效性标准，即以水的分配能否最大限度地提高作物产量为尺度的技术意义上的效率。按照这个标准，联盟的运作是有欠缺的。但是，如果从为开展建设和维护活动而动员的人力资源这个标准来看，联盟的绩效是好的。联盟成员分配水是与他们自己设计的合法性准则相一致，而不是与由外来专家设计的准则相一致。正如我们将在第五章所看到的那样，当

① 根据塞伊的资料（Siy，1982：144 表38）整理。

外来专家在没有当地灌溉者参与的情况下独自工作时，虽然他们以获取技术效率作为制度设计的基本目标，但实际上他们常常既没有取得他们所希望的技术效率，也没有取得以一种常规方式分配水或对渠道本身加以维护所必需的较高水平的有组织行动。

由于下游桑赫拉的许多成员同时也加入了其他桑赫拉，许多土地得到了足够的甚至是超过需要的水，这就抵消了当年处于干旱状态的土地的损失。在对桑赫拉成员进行的一次调查中，下游桑赫拉的成员比上游桑赫拉的成员更有可能讲述当年的缺水状况。但是，当问到他们面对的主要灌溉问题是什么时，没有人“对水的分配方法或水分配中的公平问题提出异议”（Siy，1982：141）。65%的被调查者所提出的问题与每年的大坝毁坏给人们带来的艰辛是相连的。

长期存续的公共池塘资源自治理制度的相似处

尽管本章所描述的各种公共池塘资源场景存在着各种差别，且有些差别是实质性的，但它们在一些基本点上又具有相似之处。其中之一是它们都面临着不确定的和复杂的环境。在山区的公地里，降水地点和时间是无法预测的。在灌溉系统，不规则的降水也是不确定的一个主要来源。尽管水利建设有助于减少不确定性，但它却增加了这些系统的复杂性程度。灌溉者除了要有种植技能外，还必须要有实用的工程技能。

与由环境造成的不确定性不同的是，在这些地方，人口长期以来一直保持着稳定。人们有一个共同的过去，也期待有一个共同的未来。维护自己作为社群中一个可靠成员的信誉对每个人都很重要。他们生活在一起，年复一年地耕种着同样的土地。他们希望他们的儿子和孙子能够继承他们的土地。换句话说，他们的贴现率是低的。如果在某一时候已经为供给作了很大投资，业主或他们的家庭就可能获益。

在所有这些场景中，人们采用了大量规范来严格界定“合适的”

行为。其中许多规范使人们能在一个相互紧密依存的环境中生活，而不发生过度的冲突。并且，在一个活动场所中，拥有信守承诺、至诚相处和可以信赖的声誉是一种珍贵的资产。审慎地以长期自利作为行为导向会进一步促使人们接受合适的行为规范。在所有这些场景中，都没有参与者在财产所有权、技能、知识、种族、血统或其他可能导致群体中的人们发生强烈分化的因素上发生重大变化的情况（R. Johnson and Libecap，1982）。

当然，在各种相似之处中，最引人注目的是这些资源系统和制度所显示的非凡的坚韧性。资源系统显然是符合可持续标准的。制度安排也符合谢普斯尔关于有效制度的标准，根据他的标准，制度应按照集体选择和宪法选择的规则来设计，并随着时间的变化不断加以修改。这些案例都是特别挑选出来的，因为这些案例中的资源系统和制度一直存续了下来，而其他许多案例中的资源系统和制度最终是失败的。在一种复杂的、不确定的和相互依存的环境中，在人们不断面临着按机会主义方式行事的强烈诱惑下，保持资源系统和制度的有效是非常困难的。现在的任务是对这些资源系统和制度的持久和有效做出解释。

在这些案例中，特定操作规则之间有明显不同。所以，它们不能成为解释不同场景的基础。例如，在日本山区的公地，占用权和明文规定的义务被分配给村里已经建立的家庭单位而不是个人。在瑞士山区，占用权和明文规定的义务是由村里拥有私人财产并且保持着居民身份的男性个体继承的。在东西班牙，农民获取灌溉用水的权利是以他们继承、购买或租借的土地为基础的，而不是取决于他们与村庄的关系。在菲律宾，则是由享有长期使用权的人们的一项复杂合约来决定占用权和供给义务的。在这些案例中，确定个人在什么时候、什么地方和以什么方式才能够获取他被分配到的资源单位的规则，或确定个人必须向社群奉献多少劳动日的规定，也因情形不同有很大的不同。

虽然在这些特定场景中使用的特定规则，不能为解释存在于所有这些公共池塘资源制度的持久和有效提供基础。但是，我解释的部分内容又是建立在特定规则互不相同这一事实基础上的。特定规则的不同，反映了存在于这些场景中的物质系统、文化世界观和经济与政治关系的各自特色。没有这些不同的规则，占用者就不能利用当地公共池塘资源的优势，或者避免在某些特定情况下会发生的意想不到的困难。

在此，我不准备列举各种特定的规则，而是转向分析7项可以用来描述所有这些有效的公共池塘资源制度特征的设计原则和一项用于更大也更复杂的场景中的原则。这8项原则见表3.1。

表3.1　长期存续的公共池塘资源制度中所阐述的设计原则

1	清晰界定边界 公共池塘资源本身的边界必须予以明确规定，有权从公共池塘资源中提取一定资源单位的个人或家庭也必须予以明确规定。
2	占用和供应规则与当地条件相一致 规定占用的时间、地点、技术和（或）资源单位数量的占用规则，要与当地条件及所需劳动、物资和（或）资金的供应规则相一致。
3	集体选择的安排 绝大多数受操作规则影响的个人应该能够参与对操作规则的修改。
4	监督 积极检查公共池塘资源状况和占用者行为的监督者，或是对占用者负有责任的人，或是占用者本人。
5	分级制裁 违反操作规则的占用者很可能要受到其他占用者、有关官员或他们两者的分级制裁（制裁的程度取决于违规的内容和严重性）。
6	冲突解决机制 占用者和他们的官员能够迅速通过成本低廉的地方公共论坛来解决占用者之间或占用者与官员之间的冲突。
7	对组织权的最低限度的认可 占用者设计自己制度的权利不受外部政府威权的挑战。
8	嵌套式企业（nested enterprises） 将占用、供应、监督、强制执行、冲突解决和治理活动在一个多层次的嵌套式企业中加以组织。

所谓“设计原则”，我指的是一种实质要素或条件，它们有助于说明这些制度在维持公共池塘资源、保证占用者世世代代遵守所使用的

规则中的成功原因。设计原则表仍带有相当的推测性。我还不愿意说，这些设计原则就是在公共池塘资源场景中制度有效的必要条件。在断定其必要性之前，还需要进一步开展理论的和实证的研究。但是我愿意假设，在进一步的学术研究工作完成后，确定一组必要的设计原则，其中包括这里所提出的设计原则中的核心内容，是有可能的。①

这些设计原则对公共池塘资源及其相关制度的存续性提供了一种可信的解释。我所需要证明的是，这些设计原则能影响激励，使占用者能够自愿遵守在这些系统中设计的操作规则，监督各自对规则的遵守情况，并把公共池塘资源的制度安排一代一代地维持下去。下面我将依次对这 8 个设计原则展开讨论。

清晰界定边界

1. 公共池塘资源本身的边界必须予以明确规定，有权从公共池塘资源中提取一定资源单位的个人或家庭也必须予以明确规定。

界定公共池塘资源的边界和明确规定被授权使用这些资源的人可以看成是组织集体行动的第一步。只要资源的边界和（或）具体可以使用这些资源的人依然是不确定的，就没有人知道管理什么和为谁管理。不规定公共池塘资源的边界，不能限制“外来者”的进入，当地占有者就面临着他们经过努力创造的成果被未作任何贡献的其他人所获取的风险。起码，那些投资于公共池塘资源中的人将得不到预期的回报。最糟糕的情况是，其他人的行动可能毁掉公共池塘资源本身。因此，对任何一个与占用和供应的协调方式有最起码利益关联的占用者来说，某些团伙的占用者必须能把其他人进入和占用的权利排除在外。如果潜在的占用者很多，对资源单位的需求很高，允许这些具有破坏性的潜在占用者从公共池塘资源中任意抽取资源单位，就可能把占用

---

① 我想，说明长期存续的制度的必要和充分条件是不可能的，因为它是那些使制度得以运作的人的意志的体现。不存在一套逻辑前提确保不同类型的个人愿意并且能够使具有这样前提的制度得以运作。

者的贴现率提高到100%。贴现率越高，就越可能出现所有参与者都以过度使用公共池塘资源作为支配策略的“一次性博弈”的困境。

自从斯丽埃思-万特拉珀和毕晓普（Ciriacy-Wantrup and Bishop，1975）的著作问世后，对有关允许谁占用公共池塘资源的问题，一直作为“公共财产”制度的一个明确特征与“开放性”制度相区别。有时它给人的印象是用“公共财产”制度来代替与“开放性”制度就是成功管理的全部。把这个原则当作7个原则中的一个，而不是唯一的一个，使它的重要性更具现实感。仅仅关闭边界是不够的，有限数量的占用者仍有可能增加他们对资源单位的索取，最终或者使所有可能的租金散失，或者完全毁掉所有的资源（Clark，1980）。所以，除了关闭边界，某些限制占用和（或）强制供应的规则仍然是需要的。

占用和供应规则与当地条件相一致

2. 规定占用的时间、地点、技术和（或）资源单位数量的占用规则，要与当地条件及所需劳动、物资和（或）资金的供应规则相一致。

增加合适的占用和供应规则，有助于说明这些公共池塘资源的存续性。在所有这些案例中，规则都反映了特定资源的具体特征。西班牙4个韦尔塔坐落的位置非常邻近，但是不同韦尔塔所使用的具体规则却有相当大的区别。只有在阿里坎特，自1594年梯比水坝建成以来，水库中一直储存着大量的水，从而可以对水实行拍卖。在每星期天上午拍卖水的时候，阿里坎特灌溉者随时可以得到大量关于水库中现有水位状况的信息，因此他们知道如果购买1小时的水权，能够得到多少数量的水。在没有储备水的系统中，水严格地与土地联系在一起，用水实行的是某种形式的轮流制度。在巴伦西亚，每个农民按照确定的顺序，尽可能多地提取他所需要的水。因此，每个农民很清楚自己可以得到的水的数量，却不怎么清楚何时能够取到水。在木尔西亚和澳瑞辉拉，水更加匮乏，实行的是周期更短的轮流制度，它给灌溉者规定了打开进水闸门的时间。此外，在地形比巴伦西亚更多样化的木尔西亚和澳瑞辉拉，规则还要解决怎样让水进入土地的问题。在每一个系统中，尽管课征用于支付看水员工资和开展维护活动的水费的规则有细微差别，但是，在所有这些案例中，获得最大比例水的人都支付最高比例的费用。在这个地区，没有一种为所有灌溉系统制定的规则，能在管理这些既有广泛相似之处、又有明显区别的系统时，解决好所面临的各种特定的问题。①

集体选择的安排

3. 绝大多数受操作规则影响的个人应该能够参与对操作规则的修改。

使用这条原则的公共池塘资源制度能更好地使它们的规则适应当地环境。因为彼此之间以及与外部物质世界之间有着直接交互关系的人们，能够不断地修改规则，使之更好地适应所在场景的特定条件。按照前 3 条原则，即清晰界定边界、适合实际的规则和占用者参与集体选择，设计公共池塘资源制度的占用者如果想要使规则变迁的成本保持在一个相对较低的水平，也应该能为此设计出一套良好的规则。

但是，有了好的规则，并不能保证占用者遵守这些规则。在我们的案例研究中，占用者自己设计并最初同意了操作规则这一事实，也不能对几个世纪以来那些并未介入最初协议的个人遵守规则的行为做出恰当解释。它甚至不能对部分最初参与制定操作规则的人后来继续承诺遵守这些规则做出恰当解释。事先同意遵守规则是一个易于做出的承诺，事后能实际地遵守规则，尤其是在机会主义诱惑很强的情况下

---

① 人们有时认为，确定公共财产的规则不必像确定私人财产的规则那样，全部是具体的、详细的。例如，伦基（Runge，1986：33－34）提出，“如果公共所有制——个人有权共同使用——就是准则，那么相对说来，几乎不必对它的权利要求做出分配和界定。这也许会导致权利分配上的不明晰（至少按西方标准来看是如此），然而也减少了权利分配和界定的社会成本。”如果是指不必为个人使用划定自然边界，这样说是不错的，但这仅仅是指资源的边界。如果是指共同所有者占用资源和提供资源所必需的具体治理规则，这样说则肯定是不对的。

也能如此，才是有意义的成就。

不管规则是怎么制定出来的，如何保证规则能得到遵守，常常被那些认为唯一的方法是求助于一个无所不知并拥有全部权力的外部威权来强制执行规则的分析者们所忽视。在我们讨论的案例中，并没有一个无处不在的外部威权在日常的规则实施中发挥过任何作用。① 因此，外部强制不能用来解释现实中如此高的规则遵守率。

最近一些从重复情形中抽象出来的理论模型，确实预测说在没有外部强制的情况下人们能够通过采用权变策略来形成最优均衡，但是个人必须拥有非常具体的信息，而这在现实场景中是极少出现的（Axelrod，1981，1984；Kreps et al.，1982；T. Lewis and Cowens，1983）。在这些模型中，只要其他所有人都采用合作策略，参与者就都会采用坚定的合作策略。如果有一个人采用不合作策略，其他所有人都会立即采用不合作策略，并永远如此。有关每个人在前一轮所选择的策略的信息，被假定是可以免费获取的。既然信息已经随手可得，这些模型中便不包括监督活动。

但是，从我们研究的案例来看，很显然的是，即使在信誉是重要的、人们都认同遵守协定准则的、重复出现的情形中，信誉和共同准则本身并不足以生产出长期稳定的合作行为。不然的话，占有者就不会在监督和制裁活动上耗费资源。在所有长期存续的案例中，监督和制裁活动都有积极的资源投入。这种情况导致我们去考虑第四和第五项设计原则。

监督

4. 积极检查公共池塘资源状况和占用者行为的监督者，或是对占

① 另一方面，外部政府没有干预是非常重要的（阿里坎特是例外）。在这样的情形中，对某个体系中的某些规则实施方式不满的占用者，便不可能去找更上一级的政治家，以对政治家的支持为交易来换取政治家对现状的干预。因此，外部政府并没有去拆毁当地占用者建构在一起的组织结构。这一立场与第五章中讨论的几个案例是不同的。

用者负有责任的人，或是占用者本人。

分级制裁

5. 违反操作规则的占用者很可能要受到其他占用者、有关官员或他们两者的分级制裁（制裁程度取决于违规的内容和严重性）。

现在我们碰到了问题的关键之处，结果是令人震惊的。在这些有效的制度中，监督和制裁都不是由外部威权实行的，而是由参与者自己实施的。在这些制度中，最初的制裁轻得令人吃惊。尽管人们经常认为参与者不会在相互间的监督和制裁上花费时间和精力，但是大量证据还是表明，在所有这些场景中，参与者在一定的程度上都是这么做的。公共池塘资源的占用者已经克服了二阶困境。

为了解释在这些有效的、自主治理的公共池塘资源制度中人们对监督和制裁活动的资源投入，“准自愿遵守”这个术语可能是有用的，就像玛格丽特·利瓦伊（Margaret Levi，1988a：Ch. 3）用这个术语对绝大多数纳税人都遵守税法这一现象所做的说明一样。纳税在一定意义上是自愿行动，因为在许多场景中人们都是在没有受到直接强制的情况下选择遵守税法的。但另一方面，它又是“准自愿的，因为如果被发现不遵守税法，肯定要受到制裁”（Levi，1988a：52）。根据利瓦伊的观点：

> 只要纳税人相信（1）统治者将遵守他们的承诺，（2）其他人将遵守他们的承诺，他们就将采取准自愿遵守的策略。纳税人是策略行动者，只有当他相信其他人也会合作的时候，他才会合作。每个人对规则的遵守取决于其他人对规则的遵守。没有人愿意成为“受骗者”（Levi，1988a：53）。

利瓦伊强调，在一个重复出现的场景中，对遵守规则的承诺可能具有权变的性质。利瓦伊认为，当策略行动者认识到（1）集体的目标已经实现和（2）其他人也遵守规则时，是会愿意遵守规则的。利瓦伊并不是指出权变行为是形成长期稳定合作结局来源的第一个人。但是，在她之前所做的研究，只把权变行为看成是对强制的一种替代（Axelord，1981，1984；T. Lewis and Cowens，1983）。而利瓦伊却认为，把强制作为权变行为的一种形式，是实现准自愿遵守的一个实质性条件。在她的理论中，强制执行增强了人们对他们不是受骗者的信心。只要人们相信其他人是合作的，统治者将提供共同的利益，他们就会自愿地遵守税法。在利瓦伊的理论中，尽管没有排除其他的执行者，但强制执行一般是由外部统治者来实行的。

要解释这些案例中人们做出的承诺，我们不能求助于外部的强制执行。为了阻止那些企图违规的人，并由此使准自愿遵守者相信其他人也是遵守规则的，公共池塘资源的占用者创造了他们自己的内部强制。① 但是，正如第二章已经讨论过的那样，通常的假定一直是，参与者自己不会实行相互监督和强制执行，因为这样的行动将导致较高的个人成本，而生产出来的公益物品则是人人都可以享受的。如爱尔斯特所说："惩罚对惩罚者来说总要花费很大的成本，而从惩罚中获取的收益则广泛地分配给了所有成员"（Elster，1989：41）。但事实证明：在存在着个人监督者的情况下，相对成本与收益的配置肯定与原先的配置有所不同，或者监督成本较低，或者个人收益较高，或者两者都出现。

由于所使用的规则的作用，在许多长期存续的公共池塘资源中，监督成本是低的。例如，轮流灌溉制度通常会使两个最关注欺骗行为

---

① 在其他长期起作用的公共池塘资源系统的制度安排中，表现出很高程度的准自愿遵守。例如。契萨斯比（*Chisasibi*）的克里人设计了一套复杂的、与詹姆斯湾的渔业资源和他们狩猎区的海狸资源有关的进入规则和权力规则。费克瑞特·伯克斯（Fikret Berkes，1987：87）讲述了为什么这些资源系统和治理规则成功地存在了这么长时间："有效的社会机制确保了对社群内部共同赞成的规则的严格遵守。违反这些规则的人不仅要失去动物的喜爱（这在克里人的狩猎意识中是重要的），而且还为社会所不齿。这不是微不足道的事。从那位因疏忽未能在诱捕季节结束时撤去诱捕装置而被迫放弃他的职位的海狸捕捉头领的事件中，可以看到这一点。"

的人直接接触，对彼此交往中的欺骗行为进行监督。排在一轮将要结束位置上的灌溉者总想延长他这一轮的时间（这样也就增加了他的取水量），但他下一轮的灌溉者会在附近等待他的结束，甚至希望能提早开始他自己这一轮进水。第二个灌溉者的存在阻止了第一个灌溉者延长时间的企图，第一个灌溉者的存在则阻止了第二个灌溉者提早开始的企图。在这里，双方都没有在监督活动中投入附加的资源，监督成为他们最大限度地利用自己的取水机会这一强烈愿望的副产品。在阿兰亚实行的渔场轮换制度也具有同样的特征：欺骗者可以被那些在特定时间和场所最想阻止欺骗者的人以很低的成本所发现。

在瑞士和日本山区的公地，许多生产作业队的组织方式。也使监督成为人们使用公共池塘资源时自然引发的副产品。而简单地求之于一个外部的、“零成本的”执行者的制度分析理论，却还没有讨论过占用者设计的规则本身对由内部或外部执行者实施监督所产生的成本和效率发生重要影响的可能性。

同样，对于实施监督的占用者，如果他们工作有成绩，将会受到奖励。发现违规者的人将获得公共池塘资源优秀卫士的地位和威望，违规者则失去地位和威望。私人利益被分配给那些实施监督的人。当内部监督是由一些对其他占用者负责的专职人员实行时，有多种机制既能增加对恪尽职守者的激励，又能将玩忽职守者置于失去职位的风险之中。在西班牙的韦尔塔，一部分罚金归卫士所有；日本的看护人也可以保留他们从违规者手中罚收的清酒。①所有这些正式的卫士职位都是要对占用者负责的职位，因此，如果守护者被发现玩忽职守，就很容易被解聘。由于占用者希望继续实行相互监督，也希望继续监督守护者，所以解聘被纳入监督和制裁制度之中。一种机制未能阻止违规，并不会导致一连串违规行为的发生，因为还有其他机制在发挥

---

① 在本章未讲述的一些系统中，守护者的报酬是按收成的一定比例在每年年底支付的。这种支付方式使守护者的收入取决于系统的稳定性，因为只有保持系统尽可能高的稳定性，才有可能使农民的土地有尽可能多的产出。

作用。

因此。监督一组规则实施情况的成本和收益，并不独立于所采用的这组特定规则本身，在所有公共池塘资源场景中也不都是整齐划一的。当占用者起码能够设计自己的某些规则时（设计原则三），他们就会通过总结经验，精心制定一些可实施的而不是不可实施的规则。这就是说，他们会考虑到监督和执行的成本，以及给予监督并实施规则的人员应得的利益。

在重复出现的、占用者面对不完全信息的场景中，实施监督活动的占用者却为自己获得了有价值的信息，这些信息能改进他们决策的质量。在大多数证明权变策略可以导向一个最优的、稳定的动态均衡的理论模型中，都假定行动者具有以往历史的完全信息。他们知道其他人在前一轮决定中的选择，以及这些选择是如何影响结果的。但没有人思考过这些信息是怎样产生的。然而，在本章已经考察过的各种场景中，获取有关行为和结果的信息都是有成本的。

如果采用权变策略——只要其他人遵守规则，每个人都同意遵守规则——每个占用者都需要确定其他人是否遵守了规则，并且他们对规则的遵守是否产生了预期的收益。这样，信息对在存在着信息成本的场景中采用权变策略的必要性，便成为原先未被认识到的监督活动的“私人”收益。如果一个占用者在监督中发现某人违反了一项规则，这个发现的收益被所有使用公共池塘资源的人所分享，发现者获得的是对规则遵守比例的了解。如果监督者没有发现违规者，那就如先前所假定的那样：私人成本的支付对个人或群体没有产生任何收益。但如果有关遵守规则比例的信息不是免费提供的，那么从事监督的个人就从监督中获得了有价值的信息。一个察看水是如何被分配给其他占用者的占用者-监督者，不仅向所有人提供了公益物品，他自己也获得了未来策略抉择所必需的信息。

通过监督他人的行为，占用者-监督者掌握了在公共池塘资源场景中准自愿遵守规则的程度。如果没有发现违规行为，占用者-监督者就等于了解到其他人都是遵守规则的，没有人成为受骗者。然后对占用者-监督者来说，继续遵循准自愿遵守策略就没有风险。如果占用者-监督者发现违规行为，他可能首先去了解违规发生的特定环境，参与决定合适的制裁措施，然后再决定自己是否继续遵守规则。如果占用者-监督者发现一个通常都遵守规则、只是在某一场合偶然出了严重问题的违规者，便会坚定人们已有的认识，即总是有些基本承诺遵守规则的人会屈从于某种强烈诱惑而违反规则。

在这种情况下，占用者-监督者也许只想对违规者施以适当的制裁，一个小小的惩罚也许足以提醒违规者注意遵守规则的重要性。占用者-监督者自己未来可能也会置身于类似的局面，也会希望在那时能得到某种理解。每个人都会听说已经发生的事情，违规者自身的信誉将取决于他们未来遵守规则的情况。如果占用者-监督者认为违规者能在未来基本遵守规则，他就能无所顾虑地继续现有的遵守规则的策略选择。即使绝大多数人都遵守规则，偶发的违规事件也使占用者-监督者坚定了对监督重要性的认识。

然而，如果占用者-监督者发现有人反复违规，就可能产生对准自愿遵守的真正威胁。如果这种情况确实发生，人们可以期待占用者-监督者提高制裁强度，以制止这些违规者新的违规行为发生，并防止其他人去仿效这些违规者的做法。无论在何种情况下，占用者-监督者都拥有有关遵守规则与制裁行动的最新信息，这些信息为他确定个人在未来是否遵守规则的抉择奠定了基础。

现在让我们从一个违规者的视角来看看这种局势。这个违规者或者是被当地的守护者发现的（守护者最终会把情况告诉给每一个人），或者是被另一个占用者发现的（占用者也可能把情况告诉给每一个人）。屈从于某种诱惑违反规则而被当地监督者发现后，会有三个结果：（1）停止继续违规并把非法所得归还他人；（2）传递一个信息，即处于类似情况中的其他人也可能被抓住，这就增强了准自愿遵守规则者的信心；（3）违规者将被课以罚金，同时失去信誉。让一个初犯者重新成为准自愿遵守规则的人，也许不需要课征大量的罚金。向一个面临非常情况的人课征大量罚金，可能会引发愤恨和在未来不愿意遵守规则等不良后果。在制裁者对其他占用者的个人情况有详细了解、对过度制裁所可能造成的潜在伤害有足够认识的场景中，采用从仅课征微不足道的罚金一直到开除这样的分级惩罚，也许比向一个初犯者课征大量罚金要远为有效。

如果准自愿遵守是视其他人对规则的遵守比例而定的，那么问题就成为必须维持什么比例，才能确保遵守规则的承诺能够不断继续下去？先前的理论研究认为这个比例是100%，但是也有人认为可以少于100%（M. Taylor 1987：89－90）。假定任何一种违规（或失误）都将引发一个无休止的违规过程：每一个人都以违背他们原先协议的方式去无情地惩罚违规者（以及他们自己）。这一扳机-策略模型虽然具有稳定均衡这一诱人的理论属性，却不能用来描述在我们的案例研究（或任何一个我已经阅读过的或在现实中观察过的其他案例）中所观察到的行为。可接受的、得以使占用者继续保持他们自己准自愿遵守行为的准自愿遵守比例，在不同的场景、不同的公共池塘资源系统、不同的经济环境或其他环境中，会有所不同。在经济萧条时期，宽容违规者的可能性会很高，只要这种较高比例的违规状况是暂时的，对整个公共池塘资源的存续并不构成威胁。迈克金所研究过的20世纪30年代大萧条时期的日本村庄，就曾出现过这种情况：

> 几乎每一个村民都知道所有其他村民都在违反规则：夜晚，村民们从四面八方偷偷溜进公共林场，砍伐不允许砍伐的树木，使用被禁止使用的伐木工具。这些确实都是能够引发公地悲剧的行为，但是在良木家庄，悲剧并没有发生。通常认为，当出现可以完全搭便车的机会时。人们会普遍违反规章，不顾一切地捞取好处。良木家庄的情况则不同，违规者努力进行自我约束，使自己的行为不至于对公地造成危害，他们只是在陷入绝境时才到公共林

> 场偷伐树木。看护者或其他看到违规行为的人，出于对身陷绝境的违规者的同情和出于对问题是暂时的、并不会真正伤害整个公用林场的认定，对违规行为保持着沉默（McKean，1986：565－566）。

在其他场景中，如果单个违规行为对他人造成的伤害可能很大，并且对私人收益造成的潜在影响也很大的话，100%的守法比例便是重要的。迈克金描述过日本邹庄遭受严重旱灾时的情景（McKean，1986：565）。当时，打破堤坝取水的诱惑，不仅在一般农民中，就是在充当守护者的人当中都非常强烈，结果导致所有成年男性每晚都上堤巡察，相互监督，直到紧急情况结束。

由此可见，第四和第五项设计原则——监督和分级制裁——是一套完整设计原则中的组成部分，这些原则要一起发挥作用，才能使占用者制定或重新制定出有效的公共池塘资源制度。现在我把我在这一问题上的观点作一总结：每当公共池塘资源的占用者设计他们自己的操作规则（设计原则三），并由当地占用者或对他们负责的人去执行这些规则（设计原则四）时，他们采用了分级制裁的方法（设计原则五）；这种方法在根据当地条件（设计原则二）、确定谁有权利从公共池塘资源中抽取资源单位（设计原则一）的同时，对占用活动进行了有效的限制；而对遵守规则的承诺和监督问题则是在相互联系中解决的。那些相信通过制定规则将能有效生产更多的公共利益、相信通过实行监督（包括监督自身）能防止受骗的人们，愿意用以下方式来做一个权变式的自我承诺：

> 我保证在除最紧急情况之外的各种情况下，都遵守我们已经设计的这套规则，只要受规则影响的其他人也能做出类似的承诺并依此行事。

一旦占用者做出权变式的自我承诺,① 便有了（至少常常有了）监督其他人行为的动机，为的是使自己确信大多数人都是遵守规则的。权变式的自我承诺和相互监督这两者是相互补充、相互加强的。当占用者自己设计规则时，为了减少监督成本，更会如此。现在我们转向讨论第六个设计原则。

冲突解决机制

6. 占用者和他们的官员能够迅速通过低成本的地方公共论坛，来解决占用者之间或占用者和官员之间的冲突。

在由规则支配行为的理论模型中，建构参与者策略选择的规则是明确清晰的，并且是由外部的、洞悉一切的官员来强制执行的。在现实场景中，规则的运用却从来不是清楚明确的，即便在占用者自己是监督者和制裁者的时候也是如此。比如，像“每个灌溉者必须派一个人花一天时间在雨季开始之前帮助清理灌溉渠道”这么一个简单的规则，就可以被不同的人做出相当不同的解释。根据这一规则，谁是一个“人”，谁不是一个“人”？派一个10岁以下的孩子或70岁以上的老人去做这种繁重的体力劳动是否符合这一规则的要求？工作一“天”是指工作4个小时还是6个小时？清理紧靠自己农田的劳动是否符合这项社群义务的要求？对那些寻找机会以避开规则或破坏规则的人来说，总能找到各种方法对规则加以“解释”，从而使他们能在实际上违反规则要求的同时、在口头上还能宣称已经遵守了规则。此外，即使是愿意遵守规则的人也可能犯错误。如果某人忘记了劳动日期、没来参加劳动，那应该如何处置？如果唯一能参加这种繁重体力劳动的人病了或

① 见海萨尼和塞尔腾关于非合作博弈中自我承诺一着的讨论（Harsanyi and Sehen, 1988: 10－20）。在只要其他任何人在任何情况下都遵守规则、我也遵守规则的承诺中，我在此所建议的特定的自我承诺一着属于较不极端的。在所有长期存续的公共池塘资源制度中，尽管遵守规则的总体水平非常高，中等程度的规则破坏率仍继续发生。因此我想我关于自我承诺一着的说明还是符合实际场景中占用者承诺的情况的。

正好不在，那又该怎么办？

如果人们想长时期地遵守规则，就必须有一些机制去讨论和确定究竟什么构成违规。如果允许有些人派遣体力欠强的人参加强体力劳动进而使这些人成为搭便车者，那么派遣体力最强者去参加劳动的人就会感到自己成了受骗者，因为那些体力最强者本来可以利用那段时间生产私益物品而不是提供社群服务。如果这种情况延续下去，那么人们就只会把孩子或老人派来做那些只有强壮的成年人才能胜任的工作，这一制度就将破产。如果那些只是坦诚地犯了错误的人或因一些个人问题偶尔违反规则的人没有一种途径，能用为人们所认可的方式来对自己的过失加以补救，规则就可能被认为是欠公正的，遵守规则的比例就可能下降。

虽然冲突解决机制的存在并不能保证占用者就能够维护制度的延续，但是如果没有这样的机制，就很难设想任何一个复杂的规则体系能够延续下去。在本章早先讨论的那些案例中，这样的机制有时是相当非正式的，那些被选举作为领导的人同时也就是冲突的基本解决者。在有些案例中，例如在西班牙的韦尔塔，由于争夺非常稀缺资源而引发冲突的可能性很大，因此，一个健全的法庭机制在那里已经存在了很多世纪。

对组织权的最低限度的认可

7. 占用者设计自己制度的权利不受外部政府威权的挑战。

占用者经常设计自己的规则，但却没有为此建立正式的政府管辖权。例如，在许多近海渔场，当地渔民设计了内容广泛的规则，来确定谁能使用渔场以及可以使用什么样的设备。由于外部的政府官员对这些规则的合法性给予了起码是最低限度的认可，渔民们自己就能够执行好这些规则。但是，如果外部的政府官员认为只有他们才有权力去制定规则，那么，当地占用者想长期维持一个由规则治理的公共池塘资源体系就将是非常困难的。如果有人在某种情形下希望避开渔民们所创立的规则，他就会求助于外部政府并力图推翻当地的规则。在第五章我们将考察几个不符合这一设计原则的案例。

嵌套式企业

8. 将占用、供应、监督、强制执行、冲突解决和治理活动在一个多层次的嵌套式企业中加以组织。

所有更复杂、存续时间更长的公共池塘资源制度都满足这最后一条设计原则。例如，在西班牙的韦尔塔，灌溉者被纳入3个或4个层级的组织中，然后再被纳入当地的、地区的和国家的管辖区域之中。在菲律宾的灌溉系统联盟中有两个明显不同的层级。三级渠道上的问题与由更多群体分享的二级渠道上的问题很不相同。而这些问题又与影响整个灌溉系统的主渠道上的问题很不相同。只在一个层级上建立规则而没有其他层级上的规则，就不会产生完整的、可长期存续的制度。

在本章的最后部分，我确定了一套可以用来表示本章第一部分所描述过的长期存续的公共池塘资源制度特征的设计原则。我还试图考察了为什么利用以这些设计原则为特征的制度安排的人们会具有长期延续这些制度并维护与之相连的公共池塘资源的积极性。在本项研究的其余部分，我们将继续对这些设计原则进行讨论。下一章将要考察的是，人们是如何为自己供给新的制度来解决公共池塘资源问题的。

第四章

制度变迁分析

上一章考察了治理公共池塘资源的各种制度。在那些制度环境中，占用者已经设计出种种治理体制，它们在各种相当不确定的、变化的场景中存在了很长时期。虽然治理公共山地所涉及的特定问题不同于治理灌溉系统所涉及的问题，但是所有这些长期存续的制度安排都具有共同的特点。这些案例清楚地显示了处理复杂的公共池塘资源场景的、有效的自主治理制度的可行性（但显然并不是可能性），但是这些制度的起源却仍不得而知。瑞士阿尔卑斯山草地、日本公用山地、西班牙韦尔塔或菲律宾桑赫拉的早期占用者如何设计出存在了这么长时期的治理规则？对此过程进行重构是不可能的。我们不知道有关这些规则的建议是由谁提出的，遭到了谁的反对，变迁过程本身又是怎样的。

研究制度起源必须回答第二章所提出的供给问题。正如贝茨所指出的，作为新制度设计结果的集体利益的出现，本身就是一个二阶的集体困境（1988）。所建议的新制度“受制于它要解决的激励问题”（Bates，1988：395）。有许多问题需要回答：多少参与者？群体的内部结构如何？创新行动的成本由谁来支付？参与者拥有何种类型的有关他们境况的信息？各种参与者面临着怎样的危机和风险？参与者在制定规则时涉及到何等广泛的制度背景？这些问题在描述正在进行的制度安排行为的大量案例研究文献中，很少得到回答。一旦建立了一套规则，占用者所面对的激励就会与面对严重的占用问题和供应次优化的早期占用者完全不同。

本章将考察管理位于大洛杉矶地区南部一系列地下水流域的制度的起源。在变动频频的 20 世纪 50 年代末到 60 年代初，我和路易斯·

魏斯奇勒（Louis Weschler）在这些地区作了大量实地调查（E. Ostrom，1965；Weschler，1968）。为了获得有关地下水生产者如何组织自愿者协会、修建灌溉设施、创设特别行政区以及建立管制这些流域的复杂的公共—私人治理系统等信息，我们参加了那里的会议，阅读了内部的记录，采访了参与者。近年来，威廉·布鲁姆奎斯特（William Blomquist）扩大了对地下水流域的研究，获得了最新的信息（William Blomquist，1987a，1988a-e）。我们因此对这些地下水流域管理规则的改变有了很好的理解，也有足够时间对使用这些规则整治和管理这些地区的结果的稳定性和有效性进行评估。本章考察其中的3个流域（雷蒙德流域，西部流域，中部流域）治理规则的变迁过程，这3个流域水生产者境况的这些改变主要依赖于水权纠纷的谈判解决方案。① 该区域的地图见图4.1。

抽水竞赛

背景

在早期地质时代，发源于现在大洛杉矶地区周围群山的河流和小溪的下面是宽广、厚实、覆盖有坚硬黏土层的沙砾石带。早先的河床现在已成为深厚的、可作为地下蓄水池的储水地层。蓄水池中的水从降入山脚的和较高处山谷的雨水，以及起码从海岸平原本身的降水和水流中得到补充。

在洛杉矶这样的半干旱地区，与地面供水系统连接的地下水流域是特别有价值的。首先，与从很远地区引水的成本相比，它们是廉价的高质量水资源。1985年，从北加利福尼亚和科罗拉多河引进的水在洛杉矶都市水区的批发价是每英亩-英尺（即相当于覆盖1英亩土地的、1

① 对这里所讲述的3个流域治理和管理制度起源的详细分析，以及对其他几个设计了不同制度安排来实现自主治理的流域的分析，见威廉·布鲁姆奎斯特的报告（William Blomquist，1987a，b，1988a-c，1989，1990）。

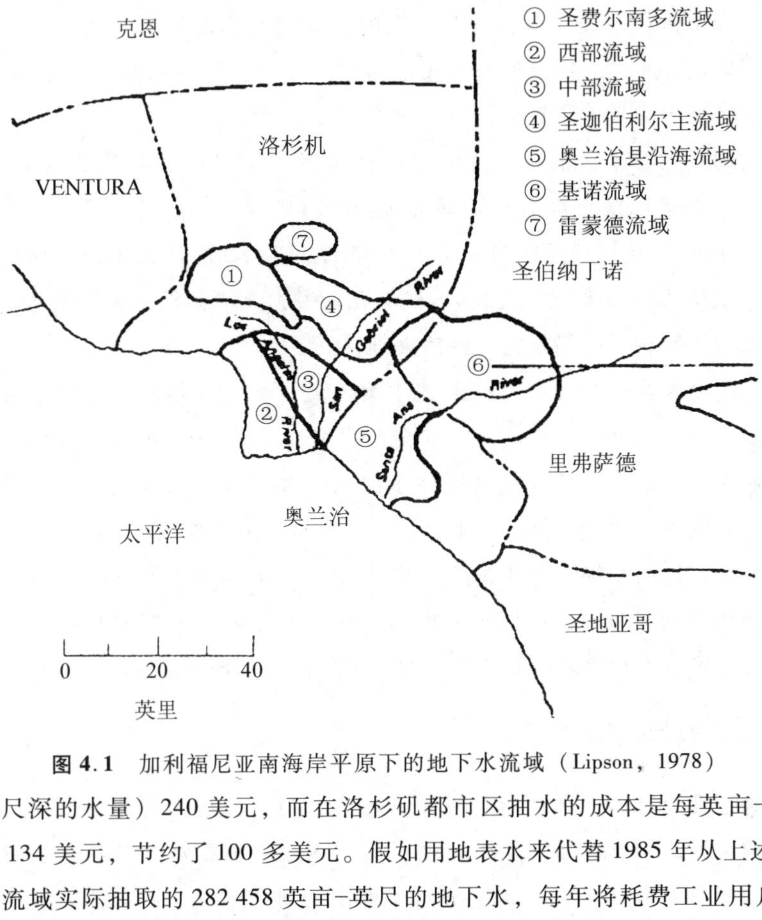

图 4.1　加利福尼亚南海岸平原下的地下水流域（Lipson，1978）

英尺深的水量）240 美元，而在洛杉矶都市区抽水的成本是每英亩-英尺 134 美元，节约了 100 多美元。假如用地表水来代替 1985 年从上述 3 个流域实际抽取的 282 458 英亩-英尺的地下水，每年将耗费工业用户、城市居民和灌溉者至少 2 800 万美元。①

然而，地下水流域作为供水资源的价值与它们所具有的作为用水高峰期供水的自然储水库这一更重大的价值相比显得无足轻重。② 每一

① 引水的实际成本大大超过南加州都市水区（MWD）收取的引入水的批发价，因为建造从科罗拉多河和从北加州引水水渠的固定投资中，相当大的部分已由财产税支付，不再影响南加州都市水区收取的批发价。

② 地下水流域水的存量也是有价值的，作为一个可扣除量，它与未来的使用无关。流域的地下水存量告诉人们的是“抽取的水越接近地表，抽水成本越低”（Nunn，1985：872）。抽水成本的节约是所有抽水者都可得到的集体利益。

个地表水供应系统必须有一定类型的短期储存以迅速满足每一天、每一周以及每一年周期性的高峰用水需求。在洛杉矶地区修建一座水塔，目前的成本大致上是每英亩-英尺 57 500 美元（Blomquist，1987a）。按有关的技术标准，最低限度的短期储水量为该地区用水总量的 16%。在西部流域地区，水的年需求量是 327 435 英亩-英尺。因此，需要 52 400 英亩-英尺的短期储水量，才能应付高峰期的用水需求。而仅一个流域的重置成本就接近 30.1 亿美元。失去大洛杉矶地区的全部地下水流域无疑将是一场重大的经济灾难。

过度抽水或污染可以摧毁地下水流域。如果每年的用水量超过平均补充量（相当于一个流域的安全产出量），储水地层的砾石和沙土就会收缩，无法再储藏与过去同样多的水。如果地下水流域位于海洋附近，它的蓄水水位将低于海平面，引起海水沿海岸线倒灌，沿海岸线的水井将因此而废弃。如果海水倒灌不止，整个地下水流域将不再能够作为供水的资源或具有储水的能力。在受其影响的人们实行制度变迁前，过度抽取地下水一直威胁着这个地区的全部地下水流域。

水权博弈的逻辑

过度抽取地下水是本章所要阐述的、制度变迁之前地下水使用权利确定方式的逻辑结果。加利福尼亚的水权是根据水生产者是上覆土地的所有者（overlying landowner，他们拥有地下水之上土地并将抽取的水用于那块土地），还是占用者（appropriator，他们把水用于其他土地）来决定的。根据这一习惯法，上覆土地所有者拥有了在他或她的土地之下的全部供水流量的沿岸权（riparian right，Nuun，1985）。在一个水特别稀缺的地区，这一习惯法并不为上覆土地所有者提供确定的权利。任何一块土地（例如，土地 A）之下的水都能被吸到邻近的土地，只要邻近土地所有者的抽水速度快于土地 A 的所有者。在卡茨诉沃金霄（Katz v. Walkinshaw）一案中，“相关权”（correlative rights）理论取代了沿岸权理论（141 Cal. 11 674：766 [1903]）。相关权理论认为，在水短缺时期，如果要求法庭对相冲突的利益做出裁定，那么法庭将会把所有上覆土地所有者作为相关的、地位相同的所有者来对待。在水稀缺时期，每一个所有者将按比例份额而不是绝对份额得到水。这一理论在圣贝纳丁诺诉里弗赛德（San Bernardino v. Riverside）一案中作了一些修正，上覆土地所有者的用水受到限制，他们只能得到可作“有益”使用的水（186 Cal. 7 [1921]）。

因此，仅仅面对其他同类人的上覆土地所有者知道，如果上法庭解决短缺时期的水权争端，他们就将按比例分享过去的用水总量。然而，在大多数地下水流域，上覆土地所有者所面对的其他用水者是被称为“占用者”的人，他们对水权有不同的要求。占用者抽取的水并不是用于这些抽水者所拥有的土地。大多数私人的和公共的水公司在法律上就归于占用者这一类，因为他们所抽取的水是由他们的客户、而不是自来水公司自己使用的。作为 1872 年成文法一部分的占用者权利理论不允许、更不鼓励上覆土地所有者抽取“过剩的水”，或将水作无益的使用。在确定占用者水权利时必须考虑的主要因素是：

1. 该占用者何时开始抽取地下水；
2. 有多少水实际上作了有益的使用；
3. 这种使用是否是持续的。

根据“先到者优先拥有权利”（first in time, first in right）的占用权理论，占用者获得的权利取决于他们抽水的历史。法庭对稀缺水资源供应所引起的冲突的解决方案将首先排斥最新加入使用的占用者，然后是比他们稍早些加入使用的占用者，依此类推。时间最长的占用者的权利将得到充分保护，不会受到新占用者的侵占。然而，即使是时间最长的占用者的权利在排序上也次于上覆土地的所有者的权利。

相关权理论和占用权理论在一个州的同时存在，导致了地下水生产者相对权利的不确定。这种不确定性因第三个习惯法理论变得复杂化。因为这一理论使地下水生产者可通过“逆向使用”（adverse use）或长期使用获得水权。就土地而言，约定权（Prescriptive Right）相对说来是简单明了的，即如果一个人占用了他人土地并使之在一段时期中（在加利福尼亚是5年）处于开放、众所周知和持续使用的状态，原来的土地所有者没有就驱逐占领者作任何努力，那么原来的土地所有者便失去了对土地的所有权。

就地下水而言，占有地下水并不意味着可以开放地或逆向地使用水。任何新的占用者都可以合法使用过剩的水。过剩的水是地下水流域“安全产出”的一部分，但对上覆土地的所有者和时间较长的占用者不再具有有益的用途。一个流域的安全产出量是流域长期、平均的水供应量。如果水都具有有益用途，就不存在过剩的水。一个占用者为了取得绝对的约定权，必须公开、持续地使用非过剩水超过5年。一旦取得了这一权利，它的水权就将优先于上覆土地所有者和占用者。占用者的同一行为——公开并持续地从流域取水——可能导致他们获得优于上覆土地所有者权利的权利，或在稀缺时期获得优于排在上覆土地的所有者权利之后的新占用者权利的权利。这些结果之间的关键差异，是法庭是否裁定在起诉前5年就已经存在过剩的水。由于所有的水生产者都缺乏有关流域安全产出和其他生产者抽水率的信息，因此在决策时，就没有人知道抽水率是多少或过剩的水是否存在。

这些流域的情形是以公共池塘资源具有开放性为特征的。因为关于谁能抽取地下水以及抽取多少并没有明确的限定。在这样的情形下，两种强大的压力鼓励抽水者采用低效率战略。第一种压力来自抽水成本的外部性（pumping-cost externality）。第二种压力来自策略的外部效应（strategic externality）（Negri，1989）。由于地下水位的下降，抽水成本随抽水上扬高度的增加而增加，因此每一个人的抽水都增加其他人的抽水成本。无人对个人的行动承担总体成本。这就导致了每一个抽水者对地下水的过度使用。尼格瑞（Negri）对进入开放地下水流域中策略的外部效应作了恰当的描述（Negri，1989：9）。

由于产权没有得到界定，进入不受限制，占有原则支配着储量的所有权。占有原则使（抽水者）对他们所抽取的那部分地下水拥有了排他的权利。一个抽水者今天不抽取的水至少会有一部分被竞争对手所抽取。今天不抽取的明天就不能占有。由此产生的担心，削弱了抽水者为了未来抽水而减少今天抽水的动机。

这两种动机互相强化，加剧了抽水竞赛。在这种情形下，如果没有制度变革，各行其是的抽水者对地下水的过度使用将会极为严重。这种过度使用可能毁坏资源本身。

现行制度不仅影响抽水竞赛的激烈程度，而且影响不同参与者进行制度创新的相对动机。按照加利福尼亚现有的权利法律结构，上覆土地所有者比占用者有更强动机去采取法律行动，以防止占用者得到约定权。然而，何时开始提起诉讼，太早或太迟都有风险。这里，上覆土地所有者面临着两种可能性：

（1）如果在所有“过剩”水占用完之前提起诉讼，法庭就会裁定：被告所侵占的的确是过剩的水。上覆土地所有者要承担全部诉讼成本，却得不到任何制止抽水竞赛的补救方案。

（2）如果提起诉讼的时间太迟，那么只要法庭裁定：被告所侵占的并不是过剩水，占用者就得到了约定权。换句话说，不管提起诉讼的成本由谁承担，上覆土地所有者在他的权利被侵占前都无法成功地保护自己的权利。而在他的权利被侵占后很短时间内，上覆土地所有者可能已经因占用者获得了约定权而失去了他寻求保护的权利（Blomquist，1988a：19）。

流域实际供水量和各方抽水量的不确定性，加大了相互抵触的水权条款所引起的不确定性。为了确定地下水是否过剩，人们必须知道流域水的供应量和需求量。但是取得这两类信息的成本很大。在提起诉讼期间，可以要求法庭任命一位管水人进行流域的地质考察，确定水的供给，并获得以往所有生产者的用水资料。当水的供给与需求是以这种方式来确定时，成本将由诉讼所涉及的所有水生产者分担。但是这仍不能解决提起诉讼前就已存在的不确定性。在以往的案例中，显示潜在问题的资料——如降水量表——并没有被法庭采用作为水短缺的充分证据，以否认过剩水的存在、捍卫上覆土地所有者的权利不受新的占用者的侵占（San Bernardino v. Riverside，186 Gal. 7［1921］）。

给定这些复杂的不确定性，就不难对20世纪前50年大洛杉矶地区地下水抽取者的行为加以解释。为了得到任何类型的水权，地下水抽取者就要不停抽水并加以有益的使用。而在不确定的法律环境中，律师对生产者的忠告就是：尽可能多地抽取所需要的水，以后再作辩解（Krieger，1955）。这样，在洛杉矶地区的每一个地下水流域都发生了抽水竞赛。

这种激励的存在，不能不使20世纪40年代和50年代的许多水生产者和地方政府官员担心，所有流域的地下水都会被过度抽取，靠近海洋的流域——西部流域和中部流域——将成为海的一部分。然而，到了20世纪60年代，所有海岸流域都停止了抽水竞赛。除奥兰治县（Orange County）依然依靠收取抽水税进行管制外，① 水权最终在这些流域得到了确立。

为获取地表水、对生产水征收抽水税和通过各种人工方法对流域的水资源进行补充，整个地区建立了特别水区。沿海岸建造了一系列注水井，保护淡水不受海水侵蚀，并使沿海岸各行政区能够参照地面水库的使用规则来规范地下水流域的使用。换句话说，各种私人的和公共的水生产者摆脱了荒唐的抽水竞赛，改变了他们所面对的整个激

① 有关奥兰治县定居地的讨论见 Louis Weschler（1968）和 William Blomquist（1988d）。在20世纪30年代初，奥兰治县的生产者强烈反对用法律解决水权问题和建立奥兰治县水行政区，并以此来管理抽水税的征收和用各种方式向流域补水的想法。布鲁姆奎斯特（Blomquist 1988e）还讨论了在圣费尔南多流域因洛杉矶市强烈的“美国西南部印第安人村落的权利意识”（pueblo rights）而建立的一套不同的水权。

励结构。在发展的许多阶段，都有公共论坛在发挥作用。最初的进展是在法庭指令的影响下取得的。在关键阶段，举行了选举和公开听证会。然而，抽水竞赛的解决方案并不是由外部当局强加给竞赛的参与者的，而是由参与者通过公共论坛把限制强加于他们自己。由于通过诉讼界定水权涉及到除奥兰治县外流域的各个部分，我们将首先讨论转变抽水竞赛的策略。

诉讼博弈

雷蒙德流域的谈判①

雷蒙德流域（Raymond Basin）是一个只有40平方英里地表面积的小流域，位于内陆地区，不受海水的侵蚀。早在20世纪初，雷蒙德流域就已经是一个高度发达的地区。近期研究显示，自1913年以来，该流域的水生产量一直稳步上升。帕萨迪纳（Pasadena）、马德类山脉（Sierra Madre）、阿卡迪亚（Arcadia）、阿尔泰迪纳（Altadena）、拉加拿大-弗林特里奇（La Canada-Flintridge）、南帕萨迪纳（South Pasadena）、圣马利诺（San Marino）和蒙里维亚（Monrovia）等城镇位于流域的地面。阿尔汉布拉（Alhambra）位于流域的边界。帕萨迪纳是该流域最大的水生产者——它的生产量相当于其他30个水生产者产量的总和。因此，帕萨迪纳虽然尚未达到，但也接近于这一特权集团中的支配地位（Olson，1965）。按照奥尔森的模型，如果雷蒙德流域的水生产者已经形成了一个特权集团，那么所有与停止抽水竞赛相关的成本都将由帕萨迪纳来承担。根据奥尔森模型所作的预测与帕萨迪纳的某些行为（但不是全部行为）是一致的。

帕萨迪纳市在特权集团中连续多年都采用了支配者策略。例如，

① 本段给出的信息基于布鲁姆奎斯特的研究（Blomquist 1988a）。

从1914年到1923年，这个城市靠把截留的洪水排放到圣迦伯利尔（San Gabriel）山脚砾石带的方法，补充流域的水量，帕萨迪纳市和其他地下水生产者便可使用这些渗入流域的水。20世纪20年代末，在成立南加州都市水区（Metropolitan Water District of Southern California，MWD）的过程中，帕萨迪纳市是主要参与者。该行政区最终建立了一个水渠，把水从250英里以外的科罗拉多河引到洛杉矶。

然而，到30年代，帕萨迪纳市不再愿意单独采取那些使不承担成本的人也大大受益的行动。帕萨迪纳市试图与其他水生产者通过谈判形成一个使所有水生产者共同减少从流域抽取地下水数量的民间解决方案，但没有成功。1937年，帕萨迪纳市向法庭起诉阿尔汉布拉市和其他30个水生产者。① 这个案子交由加利福尼亚州公共事务部水资源局，以确定该流域的地质结构，安全抽水量，以及是否存在过剩的水量。

处理过程需要大量时间和开支。直到1943年仲裁人员才完成了报告草案，成本共计53 000美元。仲裁人员发现，每年从流域的抽水量是29 400英亩-英尺，而流域的安全抽水量是21 900英亩-英尺，每年的过度抽取量为7 500英亩-英尺。仲裁人建议各方减少抽水量，使每年的抽水量不超过流域的安全抽水线。

各方所面临的问题于是有了一个公正的、权威的意见。但如果他们不能就他们自己的解决方案达成一致，他们还将处于新的“违约状态”（default condition，E. Estrum，1986a）。在提起诉讼前不能达到一致，意味着回到抽水竞赛。在法庭介入后不能达到一致，则意味着将由法官决定哪一方必须削减多少抽水量，而各方完全不清楚法官将如何裁决。例如，法官也许给予上覆土地所有者绝对优先的权利，再把21 900英亩-英尺水量中的剩余部分作为“过剩”水量，按使用年份的

① 帕萨迪纳市在逻辑上是诉讼的发起者。该市拥有大片土地，使用那里的地上水，并且也是该流域地下水的占用者。

早晚分派给各地下水的占用者；也有可能法官会认定过剩水量并不存在。在这种情况下，年限较长的占用者或许会被授予约定权，而上覆土地所有者将承担抽水量削减的主要部分。

水生产者所面临的交易可简单表达如图 4.2。假定上覆土地所有者抽水 12 000 英亩-英尺，占用者（可能成为长期使用者）抽水 18 000 英亩-英尺，决策前的抽水总量为 30 000 英亩-英尺。每一个人都同意把用水量减至 22 000 英亩-英尺。上覆土地所有者所作的最坏情况分析是：法官可能宣布，提起诉讼前 5 年不存在过剩水量，占用者因而对他们所抽取的全部水量获得了优先权，他们将能使用 18 000 英亩-英尺水量，只留下 4 000 英亩-英尺水量给上覆土地所有者。B 点表示上覆土地所有者可能面临的最坏情况。

同样，占用者也可作最坏情况分析，假定法官将判土地所有者抽取 12 000 英亩-英尺水量，再把 10 000 英亩-英尺水量作为“过剩水量”，按使用年限长短分派给占用者。A 点就是从占用者角度来看最坏的解决方案。对于所有参与者，在利益受到完全保护和受到最大损失

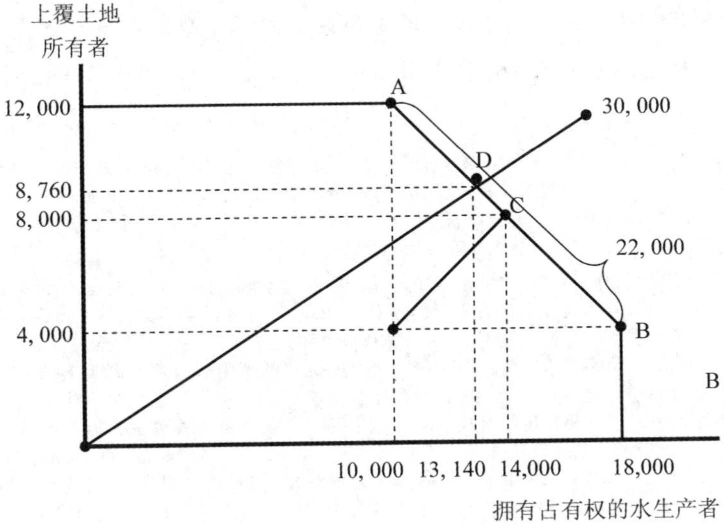

图 4.2　土地所有者和占用者的谈判格局

之间（从A点到B点的连线）的任何变动都是重要的。但是由于法律条文互相矛盾，法庭辩论将持续很长时间，诉讼费用会相当高。

在帕萨迪纳市的诉讼案中，各方在法庭的影响下举行了一些认真的谈判。6个月内，他们起草了一个协约，诉讼所涉及的32个抽水者中的30个签署了协约。不同寻常的是，谈判是由代表16位用水者的律师肯尼思·赖特（Kenneth Wright）推进的。又过了6个月，没有签约的用水者中的一个也签署了协约，另一个用水者——加利福尼亚-密歇根土地和水公司——则始终不同意这一协议，并对以协议为基础的法庭最终判决提出了抗议。

签约者一致认为，抽水量超过安全抽水线已有很长时间了，有必要将整个流域的抽水量降到安全抽水线之下。他们提出，每一个水生产者的地下水抽取量一直是不受限制的、连续的和开放的，并且由于过度抽取，与其他抽水者所要求的权利是相违背的。因此，每一个水生产者的权利都与其他水生产者的权利相对抗。于是各方采用“互相约定”（mutual prescription）这一术语作为谈判的基础。签约各方同意按比例分担削减后的抽水量，而不再通过法律程序裁定谁享有优先权。① 削减后按比例划分的抽水量由D点表示。② 每一个水生产者按比例分得

① 按比例削减是符合赖恩哈德·塞尔腾一般公正原则解决方案的一个例子（Selten，1978b）。把一定的英亩-英尺水（s）分配给一定的人（n）是根据一个标准进行的。每一个群体成员（i）的分配权数（W_i）由历史的用水率决定，所分到的水（S_i）要满足下列条件：$S_1/W_1 = S_2/W_2 = \cdots = S_n/W_n$。

② 饶有兴趣的是，在雷蒙德流域，继而在西部流域、中部流域和圣迦布里埃尔使用的程序所导致的问题“解决方案”与纳什（Nash，1950）推荐的结局（点C）虽不一样但很接近。在所有南加州地下水诉讼案中，互相约定尚未作为唯一的解决问题的概念。例如。在圣费尔南多流域，洛杉矶市被授予并始终坚持捍卫着它那至高无上的水权。加州审判庭试图使各方接受一个互相约定的解决方案的最初努力被加州最高法院推翻。加州最高法院发现，互相约定的解决方案实质上是一个公正的解决方案，但并不是可用于这类情形的唯一公正的解决方案（City of Los Angeles v. City of San Fernando，Superior Court Case No. 650073，1968，）（Blomquist，1988e）。在契诺（Chino）流域的水生产者也协商了一个与互相约定方案很相似的水权分配方案，但把因使用一个机械的公式而会引发的各种问题也考虑了进去（Lipson，1978）。我很高兴能有机会与劳·戈登纳讨论这一结果的内在逻辑。

的份额进而也得到保证（因为未来会有所变化），并对那些因削减抽水量受到最不利影响的水生产者做出一项安排，使他们有权与那些愿意根据情况逐年出售水权的人进行交换。

为听取加利福尼亚-密歇根土地和水公司的反对意见，举行了一次简短的开庭，指派加利福尼亚州公共事物部水资源局作为管水机构——官方的监督员——监督协议的实施。经过深思熟虑的法官没有向各方强加自己的看法，① 而是以协议为基础，于1944年12月23日签署了最终裁决。② 最终裁决宣布，在未来任何争端中，各方权利均享有同等的持续期，并禁止各方得到比所要求的更多权利。这一裁决继续保持了管水机构在实施法庭裁决条款和监督水权交换中的作用。除了水权交换中的租约安排外，只要在管水机构登了记，裁定的水权可以全部租让或出售。管水机构管理成本的三分之二由抽水方支付，其余由加利福尼亚州支付。该案被上诉到加利福尼亚州高级法院，州法院支持原判决。③ 美国最高法院也拒绝复审此案。

抽水各方通过自主协商，以比通过法律程序解决更快的速度和更低的成本结束了抽水竞赛的局面。④抽水各方还获得了分享该流域安全抽水量的稳固的、市场化的权利。水权交易市场得到了开发，大多数较小的水权持有者将他们的权利出售给供水公司，因为这些水权在供水公司那里具有更高的价值。现在该流域还有17个活跃的水生产者，他们几乎全是市政府的或私人的供水公司。只有3个上覆土地所有者继续在那里抽水。该流域那些没有从外地引水的地区于1953年组建了一个市政引水股份公司。并于1955年开始从外地

---

① 在这样一桩案例中，法官的处境是很微妙的。所提出的解决方案确实是激进的，没有以任何现有的水权理论为基础。如果他接受了一项他不能证明是合法的协商解决方案，他的意见便会被上一级法院所否决。另一方面，也不存在可作为他决策基础的、明确的解决方案。他与诉讼当事人一样，都处在不确定的情形中。

② 见 *City of Pasadena v. City of Alhambra et al.*, Superior Court Case C－1323.

③ 见 Cal. 2d 908. 207 P. 2a 17（1949）.

④ 该案被提起上诉，一个费钱费时的上诉程序将是无法避免的。

引水。

西部流域的谈判

西部流域地表面积170平方英里，比雷蒙德流域要大得多。从英格尔沃德市（the City of Inglewood）到帕洛斯佛得斯半岛（Palos Verdes Peninsula），直接与海接邻。西部流域的形势并不像雷蒙德流域那样有利于水生产者的谈判。西部流域水生产者面临的主要有利局面是，邻近高地的水生产者已经承担了制度创新的成本，为在被许多潜在诉讼案证明是公平的加州法律环境中达成谈判解决方案设计了一套规则。西部流域水生产者面临的不利局面则包括：（1）大量的水生产者（在诉讼案中提到名的就有500个）；（2）没有一个占支配地位的生产者；（3）受海水侵蚀的风险很不对称（海边的生产者要远远先于内陆的生产者丧失他们的水井）。不过这个群体的规模在某种程度上被该流域地下水生产的集中度所抵消：19个生产者抽取的水量占了西部流域总抽水量的85%。①

西部流域地下水过度抽取问题的发生比雷蒙德流域要晚10年。第二次世界大战期间的重工业化加剧了不断增加的过度抽取地下水问题，尤其是，这一地区有许多石油公司，他们的用水量一直在增长着。20世纪40年代初，坐落在海岸的水井开始盐化。然而该流域的许多水生产者仍然相信这些水井的盐化仅仅是发生在沿海岸线地带的一个"局部性"问题的征兆，而不会是一个将影响他们未来的较普遍的问题。1943年，沿海各市多次会晤讨论水井盐化问题发展的重要性。他们都认为需要有更多的信息才能对该地下水流域的结构有一个实际的共同认识。这些市与美国地质调查局（United States Geological Survey）和洛杉矶县洪水控制区（Los Angeles County Flood

① 因此，19个生产者中的N个可结成一个有效联盟来控制该流域大多数水的生产，有关最小有效群体理论见Schelling（1978）。

Control District）签署了一个合作协议，开始对该流域地下水的供给进行研究。①

1944 年完成的研究报告给出了一幅可怕的图景：沿海水井已被海水侵蚀。调查人员发现，该流域的任何地方都不存在阻挡海水前进的任何壁垒。整个流域面临着被毁坏的威胁。虽然研究报告只是为该流域的自然边界和问题的严重程度提供了一个总体看法，而没有给出安全抽水量和目前抽水水平的准确情况，但是，抽水者要想坚持把沿海水井的盐化仅仅作为一个局部问题来看待，已不再可能。

1944 年 12 月，所有主要的水生产者举行会晤，建立了一个特别委员会考虑下一步措施。这个委员会提出了三项重要建议：

1. 有关水生产者建立一个常设机构，继续讨论他们共同的问题和可能采取的联合行动；

2. 对该地区的替代水资源进行技术调查；

3. 水生产者考虑采取与雷蒙德流域类似的行动，以减少地下水的抽取并在所有水生产者中定量分配西部流域有限的供水（Ways and Means Committee，1945：16）。

三项建议全部得到落实。西部流域水协会在几个月内成立。② 这个协会举办了一个经常性的开放式论坛，③ 使西部流域的水生产者，地方、区域和州的各种公共机构的代表能就所要采取的主要行动进行讨论。通过这个协会，人们获得了有关流域可能得到的各种技术信息。大量的协会会议

---

① 用于那个目的的 25 000 美元中的一半来自联邦基金，四分之一由县支付，剩下的四分之一在 9 个签约的社群中按比例分配。

② 虽然在本章中没有充分讨论西部流域水协会的结构和运作特征，但该协会活动的重要性是决不可忽视的。协会正式投票规则防止了任何潜在的子群体支配协会的决策。由于协会是自愿组成的。在达成一致意见前，协会不采取任何行动。因为在许多不同论坛同时进行着各种活动，主要的水生产者可以在每季度的例会、执行委员会会议和协会工作委员会会议上协调行动，监督公共官员的工作（和其他水生产者），该协会运作特征的详细讨论见 E. Ostrom（1965）。

③ 档案公开政策对我的研究也有巨大价值。当我还是年轻的研究生时，就参观过档案馆并获准阅读和复印了那里保存的信件、记录、报告等。

记录，协会行政委员会会议和大多数协会工作委员会会议记录都被保存着。这些会议记录对协会的所有会员都是公开的，也对其他希望获得有关以往决策、技术资料和研究成本收益替代方案的人士公开。从1946年到1954年，协会向所有会员发送每周通讯。通讯的箴言是："无论是令人愉快的还是不愉快的，都应让人们知情"（Fossette and Fossette，1986：57）。信息的公开和传送增强了所有参与者的互相理解和合作。

协会的第一个正式行动是1946年3月聘请了一位有名的工程师，哈罗德·康克林（Harold Conkling），去考察是否有可能为流域找到另外一个补充水源。康克林建议成立一个地方引水行政区，从南加州MWD引水。获得地表水实质上意味着地下水不再作为该地区的主要水源，但问题是谁有权使用流域的蓄水。

1945年10月，三方占用者加利福尼亚水公司、托伦斯市（the City of Torrance）和帕洛斯佛得斯水公司，提起了西部流域诉讼案。曾经在雷蒙德流域诉讼案中作为帕萨迪纳市律师的肯尼思·赖特，又作为加利福尼亚水公司的律师，就雷蒙德流域所使用的互相约定这一概念对西部流域的生产者作了好几次讲解。虽然西部流域诉讼案的提交者和其他许多水生产者都非常支持所有水生产者按比例削减抽水量这一思想，但仍有几个主要的水生产者坚决反对这样的计划。

长期占用地下水并拥有上覆土地的多明戈茨水公司（Dominguez Water Corporation）就是强烈的反对者之一。这家公司是该流域最大的水生产者，① 没有该公司的参加，其他公司不可能达成削减计划。英格尔沃德市最初也反对这一诉讼案，反对以西部水协会名义提出的任何行动措施。英格尔沃德的律师告诉市政官员，该市作为地下水长期占用者的地位将使其不受削减计划的影响。然而，在雷蒙德流域的削减方案得到加利福尼亚州最高法院批准后，在海岸附近拥有一些水井的

① 1945年，多明戈茨（Dominguez）水协会从流域抽水超过10 000英亩-英尺，约占总抽水量的15%。

英格尔沃德市改变了观点，成为寻求解决方案的积极参与者。①

位于内陆的霍桑市（the City of Hawthorne）是另一种类型，那里的人民相信他们的供水量是受到保护的。霍桑市许多年来一直采取拖延策略。因此，尽管西部流域案的上诉者把雷蒙德流域案作为解决问题的典范，但在西部流域的水生产者中是否能用谈判方式解决他们自己的问题达成一致，依然是不确定的。然而一旦提起诉讼，即使水生产者不自行达成一致，法庭也能做出判决。这样，提起诉讼就再次改变了不履行责任的状态。

该诉讼案提交给了加利福尼亚公共事务部水资源局。他们为确定500多个水生产者的抽水量以及一个大而复杂的流域的地质结构与流入水量花了4年时间。当仲裁人报告完成时，雷蒙德流域案中以抽水各方协议为基础的法庭决定已在加州最高法院获得通过。西部流域水生产者因此意识到，互相约定这一思想能够抵御私人公司在法律上的挑战。

然而，仲裁人的发现和建议引起了震动。仲裁人发现，该流域自

---

① 立场变化的原因都有记录，因为一旦市政官员认识到他们所面临的危险，便不得不建议英格尔沃德市的市民也加入西部流域引水区，以获得MWD引入的水。3年前，该市市长曾坚决反对这一行动。人们不断要求他就他内心的改变做出说明。1950年9月26日的（英市日报）（Inglewood Daily News）刊登了他的声明：

“人们多次要我说明为什么我现在支持MWD，站到了自己1947年观点的对立面。这是一个很合理的问题，我觉得回答这一问题是我的义务……

“1945年10月24日，最高法院受理的一个诉讼案要求最高法院决定西部流域所有水生产者的权利，把可利用的地下水公正地在水生产者中分配。

“立案时，你们的市议会聘用了斯蒂沃特（Stewart），肖（shaw），墨菲（Murphy）的法律事务所在这次行动中捍卫英市的权利。……我援引小阿尔文·B·肖（Arvin B. shaw Jr.）给市议会信中的一段话：‘我认为，给予英市优惠地位是有合理依据的，因为作为多年的地下水占用者，在水权的分配上本该是有优先权。’

“在加州水公司诉讼案之前的一些时间，洛杉矶县的另一个案子‘雷蒙德流域案’正在等待判决。那个案子与我们的这个案子在实质上有许多相同之处。……最高法院判决中具有实质意义的和相关的部分，就是公共流域的所有用水者都必须受到完全同等的对待。

“5月10日，举行了由威廉·任肖、水工程师、F. R. 合作社、行政官员、我自己与阿尔文·肖一起参加的一个讨论会。……肖提供了许多确凿的信息。我在他的同意下引用了一封机密信件中的一段话：‘然而，在我看来，最高法院在帕萨迪纳案中的判决表明你们不可能获得优先权，西部流域所有的使用者，包括占用者的权利都是平等的；即在实质上，都要按比例削减水的生产，直到产出量降到流域的安全产出点以下。’”

1920年以来就存在过度抽取地下水的问题，而该流域地下水的安全抽取量只是每年30 000英亩-英尺。仲裁人建议将抽水量削减至安全线。但到1952年，地下水年抽取总量已达90 000英亩-英尺。甚至共同削减的支持者也强烈反对将抽水量削减三分之二的方案。引入的水刚开始涓涓流入。如果削减三分之二的抽水量，许多水生产者将不可能满足客户的需求。用注水井进行的早期试验提供了一些令人鼓舞的东西：流域的供水将有可能增加。供水的增加降低了把抽水量削减至安全线水平的必要性。然而情况又一次改变。如果水生产者不能实现自己的解决方案，法庭将会下令削减三分之二抽水量。

西部流域水协会为此举行了严肃的谈判。协会设立了一个由6名律师和5名工程师组成的法律解决委员会。这一委员会的设立微妙而又重要地改变了协会内部的谈判格局。虽然这11名成员继续代表各自所在公司的利益，但同时又对协会全体成员负责。协会要求委员会根据当时的情况削减抽水量。委员会每季度必须就工作的进展情况向协会全体成员汇报。如果委员会只是简单地推行顽抗策略，找不到达成一项可作为解决方案之基础的协议的途径，就会受到有名望的同事的公开批评。① 委员会成员要就全体各方削减抽水量达成一项协议，首先必须解决的问题是确定削减多少抽水量。

要把抽水量降到仲裁人建议的30 000英亩-英尺至90 000英亩-英尺之间，谈判者需要找到一种方法。如果谈判后的解决方案没有优于仲裁人的建议，一些诉讼当事人宁愿进行法庭辩论，以求法官的判决能将他们的权利要求置于其他人之上。委员会中的工程师要决定一个最大削减量，这个量应使抽水各方在近期能够接受，又不会给经济带

① 该委员会成功的一个重要因素是任命了考斯格罗夫（T. B. Cosgrove）；他是多明戈茨公司和其他有关公司的律师。在被任命到和解委员会之前，他强烈反对起诉，明确坚持把多明戈茨公司的权利放在流域其他水生产者之上。没有多明戈茨公司的参加，无人愿意削减抽水量。考斯格罗夫来到委员会后起了积极作用。到协议起草时，他把策略改变为与水生产者合作的策略。委员会的一个成员认为，事实上是他起草了过渡性协议。他对委员会贡献杰出，受到好评（West Basin Water Association，minutes，August 26，1954）。结果，考斯格罗夫为他的公司争取到的水权要少于他若坚持反对立场可能得到的。

来严重损害。工程师们的结论是，如果允许有像雷蒙德流域那样的水权交换，削减25%到30%将不会给任何水生产者造成严重的经济损失。

接着，委员会要寻找一个特殊方案，它以互相约定的思想为基础，按比例将抽水量削减25%到30%。由于在1949年又有340个抽水方加入此案，一种可能的方案就是按1949年的资料，而不是按提起诉讼前1944年的资料来确定份额。利用仲裁人掌握的历史资料，委员会编排了1944年与1949年对照的各方“约定权”的估计数。① 1944年的估计总值是44 387英亩-英尺，而1949年为63 728英亩-英尺。委员会提议以1949年的资料为基础来协商一个各方能迅速批准的临时协议，以期在短时间内实施削减计划。一位委员会成员是这样解释的：

> 按现在90 000英亩-英尺的使用量，……按历史上1949年63 000英亩-英尺的使用量，或按水资源局的要求削减一半的量，在当前，削减到1949年的水平或许是更容易接受的……按照这个协议各方能有足够的水满足高峰期的用水需求，也有时间按削减量进行调整……没有人会放弃已经获得的约定权（West Basin Water Association, Legal Settlement Committee minutes, February 25, 1953: 4）。

这一临时协议是作为权变合约起草的。换句话说，一个签署了协议，答应把抽水量降到他自己1949年约定权水平的水生产者，在代表了至少80%的1949年约定权抽水总量的水生产者尚未签署协议并将协议递交法庭、得到法庭批准前，不会履行自己的承诺。一个签约者只有在大多数其他大的水生产者履行承诺后，才履行采取“合作行动”的承诺。

① 他们后来把“1949年的约定权”定义为“每一个使用者在1949年10月1日以前任何连续的5年内为有益的用途而生产的自来水的最高产量，并在1949年10月1日前任何连续5年内没有放弃过地下水的使用”（interim, p. 2）。选择1944年的取水量进行比较，是因为许多生产者认为1945年提起诉讼可导致以在此之前刚结束的那年为依据来决定水权。

因此，没有人会成为“受骗者”。水生产者削减抽水量联合产生的影响使情况发生了重大变化。到1954年11月，代表了1949年约定权抽水总量82.5%的机构签署了协议，并在法庭备了案。法庭任命仲裁人继续作为官方的地下水管理机构来确保各条款的实施。

谈判和为达成这一临时协议采取法律行动的威胁整整持续了2年，① 但最后，使用西部流域地下水的基本规则还是发生了重大改变。流域的水位迅速上升了许多年，只有拒绝签署协议的霍桑市的地下水位状况是例外。

该临时协议使用了7年。在此期间，水生产者采用其他策略来扩大当地的供水和向流域注水，并试图说服未签约者同意削减抽水量。有两个重要的机构没有签约。一个是加州水公司，它是诉讼案的三个发起者之一，并为这桩诉讼案承担了大量费用。由于它单独生产便能保证水的供应，该公司原以为诉讼案会保护它的利益，因此1944年以后该公司没有增加它的抽水量。选择以1949年而非1944年的抽水量为基础来确定抽水的权利，意味着那些在4年期间增加了抽水量的水生产者相应增加了他们的权利，而加州水公司却从它原有的比例额上倒退了。②

① 有关私人事务如处理离婚的谈判程序的讨论见 Mnookin and Kornhauser（1979）。这些程序也受法律的影响。

② 由于从未编撰过权威性的1944年报表，要确定在流域地下水使用权的争夺中谁赢谁输是困难的。不管怎样，用水权的转移并不太大。通过仲裁人的报告和最终协议的规定，我对该流域最大的35个生产者的相对状况作了如下估计：

	1944年估计的水权	%	1949年约定的水权	%
上覆土地的所有者				
12家工业公司	16 135	36	25 876	41
8家大农户	2 061	5	1 628	3
	18 196	41	27 504	44
占用者				
9个公共行政区或自治市	9 764	22	14 375	23
6家私人公用事业公司	16 179	37	20 889	33
	25 943	59	35 264	56
总计	44 139	100	62 768	100

加州水公司从略高于5%的估计水权到略低于5%的约定权。在考斯格罗夫负责律师委员会之前一直反对解决方案的多明戈茨水公司的估计水权为18%，规定水权下滑到15%。

加州水公司尽管拒绝签署这一临时协议，却仍自愿限制它的地下水抽取量，它并没有抽取比协议分配给它的更多的地下水。加州水公司拒绝签约的结果是使地下水管理机构的服务费用转到了那些按协议比例获得了更多权利的水生产者身上。该公司的行为没有给其他水生产者造成实际的损害，也没有妨碍以这一临时协议为基础形成最终解决方案的努力。

霍桑市却增加了它的抽水量。到 1960 年，霍桑市的抽水量超过 2 250 英亩-英尺，高于临时协议给它的额度。在临时协议实施期间，霍桑市因每年抽取了比分配给它的更多的地下水而节约了至少 10 万美元。随着霍桑市抽水量的增加，该市的地下抽水槽继续下降。地下水管理机构 1960—1961 年的报告显示，霍桑的地下水位比周围地区低 30 - 40 英尺（California, State of, 1960—1961 年）。附近的水生产者因此受到重大损害。就在霍桑市继续使用最廉价的水资源时，其他签约者却不得不以较高成本从外地引水。① 霍桑市行为的经济成本分散到所有以较高成本引水的签约者身上。

然而，在霍桑的领导人看来，问题似乎是完全不同的。他们不是把流域视为所有抽水者共同所有的，而把向市政供水的需求视为优先于向工业供水的需求。在他们看来，临时协议有利于工业抽水者，攫取了一些本该给予公用事业的水权。霍桑向其他城市寻求支持。然而沿海的社群早已受害于海水的侵蚀。按霍桑官员的说法，这些社群愿以任何年份的抽水量为基础进行削减，以减少海水侵蚀。但霍桑认为这些沿海城市是在放弃他们的权利。

在 1957 和 1958 年期间，法律解决委员会每周或隔周开一次会，为最终协议做准备。追溯这么大的一个群体的所有水权交易所产生的技术性问题，

---

① 埃尔塞刚多市（City of El Segundo）和标准石油公司（Standard Oil）从位于霍桑市西部到海岸的水井中抽取地下水。他们的抽水地经常在以加速度向霍桑地下抽水槽逼近的海水进入通道上。标准石油公司在 1952 年就大幅度降低了地下水抽取量，因为它害怕海水会很快把从霍桑到大海的水井全部吞噬。根据临时协议，标准石油公司抽取了它“水权”三分之二的水量。埃尔塞刚多市出于同样原因，在那段时间也没有抽取它们水权规定的全部水量。位于霍桑市以北和内地之间的英格尔沃德市虽没有直接受海水侵蚀的威胁，但由于水位降低。抽水成本大大增加。

大大延缓了最终协议的制定过程。另有些重大问题也值得考虑。一些临时协议的签约者反对任何把抽水量降至安全线的最终协议，其他签约者则希望等待建立海水壁垒的试验能够使防止海水侵蚀成为现实。临时协议没有得到全体签署，也使许多人担心霍桑市或其他未签约者上诉。由于在雷蒙德流域案中上诉加州最高法院的成本很高，因此谈判者希望避免对他们的解决方案提起上诉。由于临时协议对地下水流域提供了部分实际的保护，许多签约者相信他们有时间制定出一个使所有各方都满意的协议。

协会派出特使到霍桑市，催促市政官员思考他们对临时协议的态度。① 1958 年协会任命霍桑市市长进入协会执行委员会，希望他能够改变其他市政官员的态度。然而，企图与霍桑市达成一致的努力并没有成功。1960 年 2 月，"判决协议与条款"的最终稿被递交到西部流域水协会。该流域最大的水生产者多明戈茨水公司随带已签署的协议文本对最终协议给予了完全的支持。埃尔塞刚多市和钱斯勒-坎菲尔德中途石油公司（Chanslor-Canfield Midway Oil）也立即表示对最终协议的支持（WBWA minutes，February 25，1960：8）。3 个月后，占裁定水权32.5% 的 20 个水生产者签署了协议（WBWA minutes，February 25，1960：15）。争取其余抽水方签约用了一年多时间。到 1961 年初夏，占裁定水权 82% 的水生产者签署了协议。至此，法律解决委员会认为更多的签约已不再可能。

1961 年 7 月 21 日，在提起诉讼 16 年之后，举行了一个短暂的审判，所提出的协议被递交到法庭。1961 年 8 月，根据递交给法庭的协议开始判决。1961 年 10 月 1 日起，该案涉及的所有各方被"永久地禁止和限制从该流域抽取或用不同方法获得任何超出其裁定权利以外的水"（Judgment，*California Water Company et al*. v. *City of Compton et al.*，Civil Case No. 506806，Superior Court of the State of California in and for the

① 例如，1957 年 9 月，来自托伦斯、英格尔沃德和埃尔塞刚多的官员与霍桑市的代表会晤，"争取说服霍桑市成为削减抽水的过渡协议和请愿书的一个成员"。报道会议的英格尔沃德官员说："霍桑市的官员表示过他们会考虑此事，但新闻报道却暗示该市加入协议的可能性很小"（WBWA Executive Committee，minutes，July 12，1957：4）。

County of Los Angeles. Sec. 5)。99 个水生产者共拥有抽取 64 065 英亩-英尺水量的裁定权利。① 霍桑市和所有未签约者一样，被法庭下令按协议条款减少地下水的抽取量。

在法庭判决之后的协会会议上，来自霍桑的一位市议员起身向协会祝贺他们的“胜利”，但是他警告他们，霍桑市已计划通过美国的任何法庭与这一判决作斗争。该市聘用了一个由精于水法的律师所组成的法律事务所。起初，协会承担了支持判决、反对霍桑市上诉的费用。1962 年，补水区（Replenishment District）成立，它承担了维护判决的费用，而协会依然维持与律师的联系。在听取了霍桑市的上诉后，地区上诉庭认为审判庭的做法是合适的，并肯定了判决。在加州最高法院拒绝对地区上诉庭的决定进行复查后，加州水公司案在它提起诉讼 18 年后结案了。

没有人真正知道涉及到如此多方、持续了如此长时间的西部流域诉讼案的确切耗费，最多的估计数是 300 万美元（Blomquist，1987a：39）。这个数一方面 10 倍于雷蒙德流域的谈判费用；另一方面只有用地表水来做为该流域短期水储备所需费用的十分之一。将诉讼费用分摊到 50 年偿付（就像人们通常在建筑设施建设时所做的那样），雷蒙德流域的每年每英亩-英尺水权的裁定成本是 50 美分，而这一成本在西部流域为 2.50 美元（Blomquist，1987a：39）。1985 年，水权的监督成本在雷蒙德流域是每年每英亩-英尺 3 美元，而西部流域为 2.40 美元。②

西部流域水权的裁定只是该流域水生产者为对该流域进行治理所采取的一个漫长系列中的一个步骤，接下去的一些步骤将在以后讨论。雷蒙德流域和西部流域的做法受到中部流域抽水者的密切关注。那里的水生产者也在进行法庭诉讼的背景下，就他们各自的水权进行谈判。中部流域比西部流域更大、更复杂。他们作了重大努力，了解西部流域

① 在该流域都有了引入水之后，许多小生产者放弃了他们的水权。当签署了临时协议、形成了活跃的水权市场后，其他小生产者把他们的水权卖给了较大的生产者。

② 1985 年雷蒙德流域管水机构的总支出是 112 471 美元，西部流域是 151 800 美元（Watermaster report for 1985）。

案的难度，采用能减少签约时间和成本的解决问题的程序。这些努力取得了成功。下面我们简要地讨论一下中部流域的谈判过程。①

中部流域的诉讼案

过度抽取地下水在中部流域始于1942年，大大晚于雷蒙德流域和西部流域。20世纪50年代，大约有750人在那里凿井取水。中部流域地域广大，地表面积为277平方英里。大多数中部流域位于内陆地区，其在西部边界的下游邻居——西部流域保护着他们免受海水侵蚀。因此中部流域的水生产者就有可能把水位抽到低于西部流域的水平而不会立即产生不利影响。但在中部地区的南部也有一小块靠着海。早在1950年，海水就沿着那里的边界开始侵蚀。

在西部流域的催促下，中部流域的水生产者于1950年组织了中部流域水协会，其组织结构与西部相似。西部流域水协会兼职的执行主任又成为新组成的中部流域水协会的兼职执行主任。② 一些西部流域的

① 对圣迦布里埃尔流域的整个过程的描述见 Blomquist（1990）。那个流域的参与者采用了在中部流域案中发明的几个成本节约型策略。布鲁姆奎斯特刚完成了另外3个流域——圣费尔南多、契诺和莫哈韦——的研究，那里的法律和环境条件相当不同。在莫哈韦，各方利益的不对称远远超过其他任何案例，至今也未能达成解决方案。关于莫哈韦案的讨论见第五章。洛杉矶市在圣费尔南多流域有用水的特权，在那里，法庭对调整水权的最后判决，与在互相因袭基础上调整用水权的流域很不相同。契诺流域的解决方案是生产者根据所有其他流域的经验共同达成的。

② 卡尔·福斯特（Carl Fossette）是2个协会的执行主任，也是圣迦布里埃尔上游水协会的主任，他在帮助所有这些互相连结的流域的水生产者改变影响他们行为的制度结构中发挥了不可磨灭的作用。他的重要性由若干因素造成：（1）他最终拥有的互相重叠的职位的数量。除了作为3个民间水协会的执行主任外，他最后成为西部流域市政引水区、中部流域市政引水区和圣迦布里埃尔市政引水区以及中、西部流域补水区的总经理。（2）他活动的持续时间。对他的第一个任命是在1946年，此后一直在所有3个流域发挥着积极作用，直到1974年。甚至在67岁退休后，他依然在他曾作为1980—1982年期间的副主席的南加州MWD的董事会，作为代表中部流域的一名董事继续发挥积极作用（Fossette and Fossette。1986：iv）。（3）他对于冲突的容忍和他对解决冲突的承诺。福斯特能始终处在艰难的谈判过程中而不发脾气。协会的会议记录记载了他通过不断努力把对立的各方争取到一起，在非正式的环境中尝试建立起互相合作的关系。（4）他对包括加州立法机构在内的外部机构代表西部、中部和圣加布里埃尔的水生产者利益的能力。福斯特成为这些流域提出的、需要得到全国、全地区或全加州公共机构支持的提议的主要倡导者。

水生产者在中部流域的活动也相当积极。协会中讨论的问题很快集中到在中部流域通过谈判确定水权的重要性。然而，中部流域的水生产者希望避免因使用法庭要求的仲裁程序而造成的长期拖延和高昂成本，避免涉及流域内所有很小的水生产者。

因此，中部流域水协会不是立即就水权问题向法庭提起诉讼，而是聘用了一家对中部地下水流域很有研究的私人工程公司对该流域当前的情形和以往的抽水情况进行调查。此外，他们通过重大的努力，就他们在 1962 年求助法庭之前要达成何种类型的谈判解决方案取得了一致意见。一项由占有 79% 水权的各方签署的临时协议，在提起诉讼后仅 10 个月就得到了法庭的批准。水生产者同意按比例削减 20% 的抽水量，同意按西部流域协议的模式并考虑中部流域的特殊情况，建立一套工作规则。1962 年 10 月，地下水管理机构成立。各水生产者一下子自愿削减了近 45 000 英亩-英尺的抽水量（Fossette and Fossette，1986：182）。由占有水权 75% 以上抽水方签署的一项最终解决方案于 1965 年 10 月得到法庭批准，1966 年 10 月起生效——距提起诉讼仅有 4 年。整个诉讼案的估计费用为 45 万美元。

以上 3 个流域的诉讼和谈判过程涉及不同问题，遵循不同路径。在雷蒙德流域，抽水者数量相对较少，其中一方——帕萨迪纳市——比西部流域和中部流域的任何参与方都更处于支配地位。帕萨迪纳市抽取了该流域几乎一半的水量，但它也不能无视其他水生产者的行为，因为其他水生产者的行为将会给共同的未来带来不利影响。然而，在该流域禁止抽水将给帕萨迪纳市带来很大危险，因此帕萨迪纳不惜花大钱来促成一项解决方案。在未能就自愿削减抽水量达成一致后，帕萨迪纳市诉诸法律并承担了多于他按比例应该承担的费用。这样，在水生产者尚未习惯于抽取超过安全线以上的水量之前，便通过获得外部的供水和控制流域内部的抽水，使该流域的所有水生产者都有可能在削减抽水量的同时仍然满足该地区人口增长对供水的需求。在雷蒙德流域，诉讼当事人利益的不对称主要表现在作为上覆土地所有者和仅作为占用者的不同的法律地位。通过设计出互相约定这一新的法律概念，抽水各方找到了平等地承担削减抽取地下水成本的基础。所有抽水者都能在高峰期继续使用流域的地下水，或将详细规定的水权出售给愿意为之支付更高代价的抽水者。①

西部流域的谈判者有雷蒙德流域所不曾有的3个不利因素：(1) 涉及大量的抽水者；(2) 缺乏一个支配方；(3) 内陆抽水者和沿海抽水者面临不同风险。因此，谈判过程的时间更长，费用更大，要解决的问题涉及内陆抽水者与沿海抽水者之间的重大冲突。以互相约定作为协议的基础，减少了可能加剧冲突的其他潜在的利益不对称。一旦有了最终判决，所有各方按比例承担了削减抽水量的成本。然而，整个过程的时间太长，以至不能在把抽水量削减至安全抽水线的同时保证自二次大战以来不断增长的城市人口的用水。如后面将要讨论的，该地区的抽水者不得不寻找其他机制来增加水的供应，因为对抽水量的控制使该地区水的供求无法达到平衡。

中部流域的抽水者在达成协议的过程中，有一些有利条件。该流域非常大，却只有一小块沿海地区，抽水者便有可能有把握地关注着其他流域的处理过程，而不急于解决自己的抽水问题。他们的下游邻居则担心，中部流域若不解决过度抽水问题，最终将使西部流域因保护地下水带来的好处化为泡影。他们是在他们下游邻居的催促下开始处理自己的问题的。并在必须削减20%的抽水量之前就开始了行动并在诉诸法院前聘用一家私人公司收集了大多数所需信息。中部流域的抽水者在以雷蒙德流域和西部流域所使用的同一原则为基础、达成协商解决方案的过程中，节约了大量的时间和费用。

各方对谈判解决方案的遵守

自雷蒙德流域案判决以来，45年过去了；西部流域和中部流域签

① 在通过诉讼来分配各方用水份额的整个南加州流域，都出现了水权市场。在所有这些案例中，农业使用者慢慢地把他们的水权出售给自来水公司或公用事业公司，使他们得以避免建造昂贵的地面储水设施。对可交易水权优点的讨论，见 R. Smith (1988)。

署临时协议至今也分别有35年和27年了。这些年来，3个协议的有关各方已经经历了许多需要对是否遵守协议做出决定的时刻。由于地下水所具有的价值，对所有抽水者来说，在过去全部的107年中的不同时刻，不遵守协议的诱惑一定是相当大的。然而，违约的程度却并不显著。

各流域地下水管理机构具有广泛的监督权和处罚权。监督活动是清楚的、公开的。各方每年要汇报各自的抽水量，并收到列有所有各方（或新加入方）抽水量的报告。这些记录的可信度是高的。有几个机构交叉检查这些记录。地下水管理机构还有权校对所有的测量表，从而减少了欺骗的可能性。由于信息是准确的，也易于得到，每一个抽水者都知道其他人的抽水量，也明白自己的抽水量为其他人所知。这些各方都可得到的信息差不多就成了“众所周知之事”，因此常常成为求解二难困境的重复博弈的一个必要假设（Aumann，1976）。

地下水管理机构并没有把自己作为一个政策机构，而试图做一个中立的监督机构。因为任何拥有法定水权的人都能诉诸法庭，以迫使各方强制执行法庭决定，所以不需要地下水管理机构来惩罚违约者。正如地下水管理机构的一个官员1960年所说：

> 我们的政策是不采取任何积极行动反对任何一方，因为这会将我们置于行动的主动一方。我们的政策是通报违约方，由他们自己采取积极行动。我们希望尽可能地保持中立，以获得尽可能多的自愿合作。①

例如，在西部流域协议的实施初期，莫尼塔水公司（the Moneta Water Company）就开始抽取多于它所分得的水。2年后，该公司的过度抽水问题变得非常突出。地下水管理机构除了在所有报告的表格中列出莫

① 埃莉诺·奥斯特罗姆于1960年11月17日访谈了管水机构的约翰·乔汉姆斯（John Johams）。

尼塔公司的年抽水量，还在年度报告中以数页篇幅报道该公司近期的动态。这些材料公布后不久，莫尼塔公司便开始遵守法庭判决。结果，除了几起孤立的事件外，地下水管理机构并没有实行正式制裁，只是以这种方式处理违约事件，就使原有的诉讼当事人都削减了抽水量。霍桑市也把抽水量削减到最终判决所规定的数额。然而，对那些没有购买水权便企图抽水的新打井者，依然有必要采取法律行动。指控立案了，没有水权却热衷于抽取地下水的被告，最终通过购买获得了水权。①

准自愿执行所有法庭最终判决的比率非常高。虽然每一个抽水者都可能不断企图抽取多于法律裁定的水，但他们也都希望限制整个流域的全部抽水量，以便能够长期使用地下水资源的存量和流量。在地下水管理机构积极、可靠、中立地执行监督的情况下，没有抽水者敢奢望既能过度抽水，又能在下一个水年（water year）结束时不被任何人发觉自己的违约行为。由于每一方都在同一组织中与另一方就共同的策略进行沟通，连续违规不仅要招致名誉损失和非正式的制裁，而且很可能要招致法律制裁。由于抽水者受到制约，并且几乎所有的抽水者都自觉同意水权的初始分配，基本制度被大多数参与者认为是公平的。此外，参与者一直控制着监督制度，以确保这一制度始终是公平的、可靠的、起积极作用的。地下水管理机构预算的三分之二来自水权拥有者，如果他们不满意管理机构的工作，就可以请求法庭任命另一个管理机构。②

企业家博弈

就在西部流域的临时协议签署后不久、中部流域的诉讼案提起之前，西部流域的水生产者就认识到，诉讼不是对流域实行长期规制的充分手段。他们花了 5 年时间，创立了一个新的公共企业，并与周围的

① 见 *Dominguez Water Corporation v. American Plant Growers, Inc.* Case 668 965, Superior Court, State of California, County of Los Angeles。

② 雷蒙德流域的各方近几年变换了他们的管水机构，因此这一威胁是可信的。

公共企业订立了一系列协议，把西部流域和中部流域作为互相连结的流域来管理。在建立新行政区和与现有机构达成协议中解决问题和谈判协商的过程表明，怎样才能将公共企业作为转变共同使用公共池塘资源各方激励结构的一种策略。把一个新企业的各必要部分组合在一起的过程是极其复杂的，在此只能给出一个概略的描述，但是我将尽力给出水生产者所面临的问题，给出他们在特定政治环境中为解决这些问题所采取的步骤。

诉讼案留下几个没有解决的问题。首先，水生产者一直不愿意把生产量削减到安全线水平。虽然削减生产立即改善了地下水状况，但这并不足以达成该流域最后的管制规则。人们必须或者加速向两个流域补水，或者进一步削减生产。如果能够增加补水率，不断地抽了再注，就有可能像使用地表水储量一样使用地下水储量。①

第二个未解决的相关问题是，海水沿西部流域漫长的西部边界和中部流域较短的南部边界侵蚀地下水。20 世纪 60 年代初，来自西部流域和洛杉矶县洪水控制区的水工程师开始试验建立抵御海水的淡水壁垒。一半由当地资金资助、一半由加州资助的最初一项实验证明，沿海岸修建一系列能利用压力向地下水流域注入淡水的水井，在技术上和经济上都是可行的。淡水所堆积而成的锥状地形能进一步防止海水侵蚀，大多数淡水在以后需要时便可抽取出来。如果能沿整个海岸筑建这样的壁垒，对流域的人工补水将大大增加，海水的威胁将得到消除。一旦有了技术和经济的现实性，剩下的问题就是由谁支付修建淡水壁垒的费用以及如何支付等。

第三个相关问题集中于如何对西部流域和中部流域的管理加以界定。这个问题尚不涉及雷蒙德流域，因为它是丘陵流域，相对独立。一旦西部流域的水生产者削减抽水量，而中部流域的水生产者继续大量

---

① 在地面储水设施中，可以经常把储水池抽干再灌满而不会损害设施结构本身。提高和降低地下水流域水位的自由度则大大小于使用地面储水池的自由度。

抽水，西部流域的地下水就会向东流入中部流域，中部流域的地下水则不再向西流入西部流域。水流“自然”方向的改变使两个流域的水生产者都认识到，这两个流域是多么紧密地关联在一起。沿海岸建筑的壁垒不仅保护了西部流域，而且保护了中部流域；而在中部流域的渗水带补水将比在西部流域的任何地区补水都更有效。在那一地带补水能提高中部流域的水位，若加上中部流域削减的抽水量，就将增加流往西部流域的水量。

现有公共机构中没有一个具有解决这些问题的权力或相应的责任。中西部流域的水生产者也不愿意求助任何现有的大型机构，因为他们担心会失去对决策的控制，使境况更糟。① 1954 年秋，西部流域水协会主席向南加州资源保护协会主席建议，由加州供水行业的所有部门派代表开会讨论为解决地下水的一些关键问题所需的立法。45 个机构的代表于 1954 年 9 月召开会议，“起草了一个公平有效的地下水法案”，以便在 1955 年的议会上作介绍（罗斯克兰斯［W. S. Rosecrans］给中部流域供水协会的信）。从这 45 个机构中产生了一个“12 人委员会”来起草法案。②

对立法提案的讨论主要集中于两类变革。第一类变革是为了加快未来对地下水问题的判决。由于缺乏有关水生产者使用地下水的大量历史资料，西部流域案中的仲裁人用了 7 年时间准备一份报告。为了在未来不再出现这种情况，委员会起草了法案，要求年抽水量多于 25 英亩-英尺的企业每年向州有关机构报告年度的抽水量。这一立法不可能

① 洛杉矶县洪水控制区和南加州都市水区也包括在可能性中。这 2 个区都认为在该地区的地下水流域实行管制对他们是有利的。西部流域和中部流域的水生产者希望与这些大机构合作，但不想完全依赖他们。

② 这个群体具有广泛代表性。该过程的一位观察员这样评论说，“12 人委员会由工程师、律师和灌溉区代表、引水区代表、农业局代表、城市代表、私人公用事业公司代表以及加利福尼亚州代表组成。在这个群体中有各种观点，所提出的很有益的问题也具有多样性。这个委员会不是为特定的地区或团体推荐解决方案，而是关注在所涉及范围中的跨部门问题”（James K. Krieger：Progress in Ground Water Replenishment，mimeograph，April 15，1955：2）。

加快解决西部流域案，但却为加快中部流域和圣迦伯利尔流域案的判决提供了一些必要信息。

立法提案所涉及的第二类变革是对一个新型行政区的授权，这个行政区主要以行政区域内的“抽水税”或根据抽水量收取的规费作为财政收入，承担广泛的补水责任。最终的立法草案与西部流域或中部流域水生产者自行起草的法案是不同的。① 考虑到其他地区的需求和现有的供水机构，西部流域和中部流域水生产者的法案在1955年提交州立法机构后，都很快获得了批准。

新的补水区法授权南加州的公民在具备了下述条件后创立一个新的行政区：（1）获得所提议建立的行政区域内至少10%选民的联署；（2）对新行政区的收税权提出特别限制；（3）新行政区域内的水资源局认为新行政区将使所在区域内的各方受益；（4）在为建立新行政区举行的特别选举中得到大多数选民支持。新行政区一经成立，便被授予各种权利，通过抽水税和在给定范围内的财产税取得预算收入，并采取行动向地下水流域补水。法案包括了一个旨在“避免现有机构和补水区重复类似工作”的独特条款（加利福尼亚水规，第60231部分）。这一条款是这样写的：

> 当现有机构有设备和能力完成行政区所应担负的工作时，行政区将通过调查，确定把这些工作承包给现有机构所要支付的费用（California Water Code，sec. 60231）。

---

① 活跃于西部流域和中部流域的“12人委员会”中的一位成员路易斯·亚历山大在给西部流域水协会的报告中这样说：“提案原来的思想是只评估抽水量，……不据此征税。……但加州的农户坚决要按抽水量征税……现在的提案是这两种观点的折衷”（West Basin Water Association, minutes, April 2, 1955: 8）。协会主席召开了一个全协会的特别会议，在12人委员会批准最后提案文稿前对两段立法草案再进行讨论。在那次会议上，虽然人们向他和其他12人委员会成员提了许多问题，批评他们没有满足协会成员的全部要求，但协会成员最后依然一致通过了对提案草案的支持。

换句话说，一个新的补水机构应就承包服务合同的成本进行调查，而不是立即为所要承担的工作拥有自己的生产性人员。① 该法案为新行政区提供了一个总体“宪法”。每一个特定地区的水生产者再使用这一总体框架，建立一个所在地区的特殊“宪法”。西部流域的水生产者首先提出，要单独在协会内成立一个工作委员会，为创建行政区起草一个特别提案。

遵循宪法程序必须解决以下基本问题：（1）建造壁垒的淡水来源，（2）新行政区的准确边界，（3）如何划分内部的选举区，以及（4）授予行政区多大的收税权。西部流域的水生产者希望能从由洛杉矶市经营的一家位于沿海的污水处理厂——亥伯龙水处理厂（Hyperion water-treatment plant）那里购买水权。如果这在技术上是可靠的，他们将得到低成本的水资源而不必再与强大的南加州都市水区（Metropolitan Water District of Southern California，MWD）进行谈判。经过不少试验，证明至少在短期内，使用购买的水权在技术上是不可行的。该委员会不得不重新开始委派两个协会的委员“与 MWD 接洽……寻求具有充足供水量的公司的可靠承诺……并要求一定数量的工程人员对所需成本进行估计”（Report by Allan Harris，West Basin Association，minutes，March 22，1956：6）。

一旦西部流域水生产者意识到他们必须使用 MWD 的水来建筑壁垒，便开始与中部流域就建立一个包括两个流域的大行政区进行频繁会晤。当两个协会最初开始讨论时，两个流域之间的差别是非常明显的。西部流域面积较小、人口较少，评估的价值较低，在一个联合的行政区中便可能受中部地区的支配。1955 年西部流域水生产者签署了一项临时协议，把水的生产量限制在每年 60 000 英亩-英尺，而中部流域

① 詹姆斯·克里格（James Krieger）是这样解释这一条款的：“某些现有的公共机构以为，他们有完成补水的设施，但没有手段筹款购买用于补充的水。他们觉得，他们应该得到许可去做此事，而不应该让新的公共组织接替他们的职能”（Progress in Ground Water Replenishment，mimeograph，April 15，1955：6）。

水生产者则抽水 110 000 英亩-英尺，并还在增加每年的抽水量。在西部水协会会议上，设计提案的工作委员会主席列举了支持和反对形成一个包括两个流域的行政区的理由。

赞成组织一个包括两个流域的行政区的理由

1. 两个流域具有同样的目的：补充地下水供应。

2. 有较多的资金来源；因此，税率和根据抽水量收取的规费可能较低。

3. 大行政区将拥有较大的政治实力，在与上游的圣迦伯利尔流域区和州内各种团体打交道时会更加有效。

4. 长滩港（The Long Beach Harbor）为海水侵入西部流域提供了一条潜在的路径，因而可能会被包括在行政区中。但是把长滩的任何部分包括在仅由西部流域组成的行政区中的可能性却并不大。

5. 在一个较大行政区的补水工程中，穿过中部流域到达西部流域断层的地下水流量可能会更大。

6. 一个较大行政区的行政管理成本较低。

反对组织一个包括两个流域的行政区的理由

1. 补充水的注入在西部流域是一项独特的、必要的工作。若组成一个大行政区，中部流域便会控制西部流域的补水工程，也许不会继续在沿海采用水井注水的方法。

2. 西部流域削减了抽水，中部流域则不然。

3. 最终削减抽水量的程度在两个流域可能不一致。

4. 西部流域将放弃对地方税率和根据抽水量收取的规费的控制。

5. 一个地方行政区便可提起诉讼，确保中部流域的补水经费。①

① 换句话说，如果行政区只包括西部流域，那么西部流域的生产者就可能起诉中部流域的生产者，向他们施加削减生产量的压力。如果中部流域的生产者控制了行政区，便不会让行政区发起法律诉讼来反对他们。

6. 在中部流域大量补水可能会为西部流域免费供水（West Basin Association, minutes, November 17, 1955: 9－10）

西部流域水生产者在自然条件上处在不利地位，因为他们位于地下水“水管”的末端。他们担心，他们在自然条件上的不利地位会因成立一个新的公共机构而加剧，因为在这个公共机构中，他们在政治上也要受支配。西部流域委员会主席致委员会的信就概括了西部流域水生产者的希望和担心：

> 如果决定成立包括两个流域在内的补水区，那么我们希望新行政区的董事会要在道义上对政策负责。政策应该保证在西部流域筑建一个防止海水侵蚀的有效壁垒；在中部流域削减抽水量，确保地下水不断流入西部流域；把新行政区划分成5个部分，每个部分都包括两个流域的领地，以防止西部流域代表在董事会中与中部流域代表的对立（letter from R. R. Thorburn to the Replenishment District Boundary Committee, October 27, 1955: 2）。

此后不久，两个协会的成员就协会的合作达成了一致意见，认为一个较大的行政区所带来的利益将超过成本。西部流域水生产者得到保证，他们将不会受他们东部邻居的支配。接着，两个协会的一个联合委员会与所有将最终管理两个流域的公共机构开始了一系列相对艰难的谈判。①

这些谈判的结果形成了一个7页的提议，由委员会于1958年8月

① 这些机构中每一个对新行政区的支持者都有进行实质性威胁的权力，因为所提议的行政区边界必须得到自然资源部的批准。行政区本身必须得到投票人的批准。每一阶段上重要的反对意见都会大大增加获得支持的成本，使批准的可能性受到威胁。在谈判阶段必须解决的问题是补水费用的分配。例如。洛杉矶市强烈反对为建造壁垒向洛杉矶居民征收财产税，因为他们在这些年中已为引水承受了较高的税负，而其他城市的付税人却因水成本的大大降低而受益。通过在洛杉矶县供水控制区中划定不包括洛杉矶市在内的“受益区”，由受益区支付建造壁垒的费用的方法，使费用分配方案得到所有各方的满意。

交两个协会批准。这个提案宣布了建立新企业的关键因素，提出成立一个新补水区的目的是：（1）排除海水侵蚀，（2）对地下水流域补水，（3）把流域的抽水量削减至安全线（West Basin Water Association and Central Basin Water Association, "Proposal Submitted by the Joint Committee on Water Replenishment District," mimeograph, July 30, 1958: 1）。提案指出，为了实现这些目的，"行政区将负责筹资购买淡水，用于阻止海水的侵蚀和补充地下水供应"（同上，p. 3）。

提案解释了补水区与所有可能把补水区视为竞争对手的现有机构之间的关系，说明了将从MWD购买的水量和被洛杉矶洪水控制区分流或注入的水量。提案指出，新行政区"将不具有用从价税形成的基金购买用于灌注的淡水的权力，在成立行政区的请求中将明确限制行政区的税收权"（同上，p. 6）。提案估计，为了从MWD购买165 000英亩-英尺的水——相当于每年过度抽取的水，每英亩-英尺需要征税6美元。提案的结论部分提出，新行政区将是"一个由5个董事会成员和最低限度的工作人员所组成的行政管理机构"（同上，p. 7）。

提案实际上是为一个多重机构管理制度开展合作项目而制定的一部"宪法"。虽然在用于确定就有关自然问题进行集体选择的决策准则时，这些宪法文件不必使用"宪法"这个正式名称，但提案因附在递交给洛杉矶监事会（为获得对特别选举的批准）和加州水资源部（为获得对行政区边界的批准）的正式上诉状上，而成为一种正式的宪法文件。当这一宪法被两个民间协会批准后，它所规定的所有正式步骤在几个月内便全部完成。在1959年11月的选举中，中部和西部流域补水区以4比1的比率获得了支持（Los Angeles Times, November 18, 1959）。

多中心的公共企业博弈

1959年，中西部流域补水区的创立戏剧般地改变了水生产者及其代表所面临的激励结构。补水区是一个由水生产者创建（由居住在该地区的公民许可）的企业，具有税收、上诉和提供集体产品的公共权力。虽然补水区在管理西部流域和中部流域中发挥了积极作用，两个民间水协会仍继续热情地投入所有的政策决策活动。

补水区只是积极投入该管理项目的6个机构中的一个公共企业。因此，不是以中央政府的授权，而是以多中心的公共企业体系形成一个非常复杂的管理制度。这一多中心的管理制度在两个流域重新恢复了地下水位，在沿两个流域受海水侵蚀的海岸建立了淡水壁垒，如今又全力消除因抽水形成的凹槽和其他阻止流域地表水有效使用的自然障碍。

这个体制的总体成本相当低。① 表4.1所列举的是布鲁姆奎斯特以不变价计算的、这些流域的管理系统所分期偿付的费用和每年支出的成本，与此相对应的是用地表水存量置换地下水所分期偿付的成本。各流域的总体成本都大大低于流域受破坏情况下的成本。当然，如果水生产者在危机早期就能谈判解决他们的水权，不必为拖延的谈判支付高额成本的话，那么总体成本还会更低。中部流域水生产者因从雷蒙德流域和中部流域的同伴那里得到了经验，以较低的成本达成了解决方案。

表4.1　流域管理成本和对3个流域实行管理所节约的费用（美元）

成　　本	雷蒙德	西部	中部
1985年抽取每英亩-英尺地下水所需的流域管理成本	3.50	77.40	13.77
每英亩-英尺水的流域平均管理成本	184.65	235.71	224.85
若全部用引入水替换地下水，每英亩-英尺的估计成本	748.68	739.30	739.94

资料来源：参见 Blomquist（1987a. Figure 9）。

由于发现体制起源的文件是如此困难，在讨论中，我一直试图把重点放在这些体制的起源而不是体制的当前运作上。然而我仍然相信，

① 在邻近的奥兰治县，成本也少于总的运作成本。那里的生产者没有为水权发生争论，也没有控制对地下水的过度抽取，只是制定了一项补水计划。因此他们管理的重点都放在“供给方”（Blomguist，1987a）。

简要地描述目前管理着西部流域和中部流域的公共企业中的多中心关系的类型确实是重要的。

在各种关系中处于核心地位的是中西部流域补水区。该补水区根据在本区的抽水量收费，因此有权对两个流域采取集体行动。然而要把水引入这些流域，补水区必须同其他几个公共行政区发生联系。20 世纪 60 年代末以前，补水区补注水的供应依赖于一个垄断的供水者，MWD。1966 年，MWD 单方面宣布改变价格结构，使补水成本大大增加。补水区和两个协会一起与 MWD 进行了艰难的谈判，希望他们重新考虑价格的变动。然而谈判没有成功。补水区接着与洛杉矶县环境卫生区开始谈判，从一个特别建造的废水处理工厂那里以较低成本获得可靠的供水。① 有了这个替代的供水来源，意味着补水区有了持续供水的保证，成本也远低于引水成本。例如，1987 年补水区向有关管制机构申请将再生水的购买从每年 30 000 英亩-英尺增加到 50 000 英亩-英尺，平均成本只有每英亩-英尺 8 美元，而从 MWD 购买水的价格高达 153 美元（2entral and West Basin Water Replenishment District 1987：44－56）。

考虑到补水工作的实际运作，补水区与洛杉矶县洪水控制区（1987 年改组为洛杉矶县公共事务部）开始了一项交换协议。根据这一协议，补水区只留下最精干的工作人员（一个执行主任和一个秘书），不聘用自己的技术人员。由于补水区可以与其他类似的单位接洽，也可以雇人自行开展补水工作，因此洛杉矶县在提供补水服务方面，并没有完全的垄断权。② 有一次，补水区对洛杉矶县承担的一些建筑工作很不满意，便使用交易权，坚持把其中一个壁垒的部分设计工作承包给一家私人公司。

---

① 谈判经过极有趣，说明了一个多中心的公共企业制度的生命力和创造力。有关其早期经过的详细讨论见 E. Ostrom（1965），后期发展见中、西部补水区最近的报告。

② 读者也许会奇怪为什么一个洪水控制区首先会进入提供补水服务的行业。1915 年洛杉矶洪水控制区成立时，在洪水控制和水资源保护方面有很大的权力。一旦洛杉矶县的大多数河流归入了洪水控制区，它便强调水资源的保护，以维持它作为公共领域的一个大型工程公司的地位。

加利福尼亚水资源部的地下水管理机构通过监督生产者的抽水量，向补水区和生产者提供了重要的服务。这个机构三分之二的预算来自水生产者。如果成本太高，水生产者可向法庭提起上诉，要求任命其他机构——公共的或私人的——作为他们的地下水管理机构。① 补水区和地下水管理机构还就减少他们工作的重复程度达成了合作协议。地下水使用者上交给补水区作为纳税依据的抽水量记录，对地下水管理机构也是开放的。管理制度是由不同领域各方的谈判和讨价还价过程支配的，而不是像一个单一公司内部的管理制度那样，完全受层级关系支配。严格的多数决定程序很少支配这一制度下的任何决策。

除了公共行政区，民间水协会在各流域依然非常活跃。他们要求公共机构官员经常向协会的例会作报告。参加这些民间机构和公共机构的技术人员常常提出难题，要求他们做出回答。这些技术人员都有独立的信息来源，并不满意那些几乎不提供任何信息的程式化的回答。许多人在当选为公共行政区官员后，依然在以后的很多年积极参加水协会活动，他们在公共机构的任职是长期的，常常能在四分之一世纪的时间内作为个人或作为官员发挥积极作用。

对公共企业之间关系模式的简要概括，说明了没有中央规制机构的治理制度在公共领域是如何得以发展的。在所有提及的流域，都有民间和政府两个方面的活动。一些学者把明确界定的公共池塘资源流量的权利分配特征归结为“私有化”。在水生产者所拥有的水权完全与土地所有权相分离并得到很好界定的情况下，这些流域的水权市场得到了发展，水权频繁地转移。但这只是事情的一部分。没有人“拥有”自己的流域。流域由一组多中心的、目的明确的政府企业进行管理，而私人水公司和民间生产者协会则积极参与了政府企业的治理活动。这个系统既不是中央拥有的，也不是中央管制的。

---

① 该地区有几个私人公司成为其他流域的管水机构；因此水资源部并未被授予提供这项服务的垄断权。

虽然这些地下水生产者所面临问题的解决既不涉及中央规制机构，也不涉及私人产权制度，但它确实与创造一种体现了第三章所讨论的一整套设计原则的制度安排有关：通过诉讼，人们明确界定了管理的边界；把这套制度一并考察，[①] 可以看到占用和供应的规则与当地条件实现了一致；那些民间协会和特别行政区提供了集体选择的制度安排，使大多数抽水者能在需要时积极参与规则的修订；法庭任命的地下水管理机构具有规则执行情况和地下水状况的准确信息；用于鼓励遵守规则的非正式制裁，一般来说是温和的，正式制裁只是在必要时使用；法庭经常性的司法控制和民间水协会的例会提供了解决冲突的机制；加州的法律结构认可抽水者和其他人建立组织的权力，各组织单元又被置于较大的组织之中。由于这些体制所显示的稳定性，由于参与者对所设计的原则的遵从，我相信这些公共池塘资源制度是有效的，将长期存续下去。

制度供给分析

本章已经描述了解决二阶的集体困境的一些努力。抽水竞赛是来自抽水的法律权利没有受到限制的地下水流域抽水者所面临的一阶困境。每一个抽水者的首选策略是从私人营利角度出发抽取尽可能多的地下水，而不顾由此带来的对水位和水质的长期影响。所有这些地下水流域的经历表明，即使水位下降（增加了每人的抽水成本）和海水侵蚀（威胁流域自身的长期存在），抽水竞赛也可能持续很多年。在这些流域，过度抽取地下水的情况竟持续了几十年。对这段时期的这些行为及其结果的最好解释，就是卷入抽水竞赛的每个人都把从私人营利角度出发抽取尽可能多的地下水、而不顾给他们自己和其他人带来

① 拥有最大抽水权的也支付最高的抽水税，这些税再用于流域补水和支付监督协议的开支。从一个干燥地区的有效供水制度条款中受益的财产所有者，支付低财产税来支持合理的行政结构。由于规则是按流域逐个制订的，非常适合每个地下水流域的特殊情况。

的后果作为支配策略。

以上说法得到了最初实证研究的支持。这就很容易理解为什么理论家们会预言，处于这种局势中的个人不会对新制度的设计、协商和供给有过多的投入。如果抽水者不会限制他们的地下水生产，他们为什么要投资于新制度的供给呢？提供新制度的努力于是被简单地描述为二阶困境，它并不比一阶困境更有解决的可能。然而，有关地下水使用者不会对新制度供给扩大投入的预测却未能得到这些实证研究的支持。

这些地下水的抽取者在制度供给上给予了大量投入。他们创建了新的民间协会。他们为分配抽水量而提起的诉讼支付了大笔费用。他们起草了法案，把它介绍给州立法机构，并在其他水生产者那里寻求到了足够的支持，使法案得以通过。他们创立了特别行政区，向所有在该流域抽取的地下水收税，也向所有该流域地下水之上的财产收税。他们花费了似乎是无穷无尽的时间向他们自己提供有关流域地质结构的信息，以及各种热点问题、各方打算和未来可能性的信息。

在一个促进型政治体制中渐进、连续和自主转化的制度变迁

加利福尼亚州是一个地方自治州，为减少地方制度供给的成本，那里建立了许多全州性的制度设施。这些地下水抽取者就是在这样一个州，渐进而连续地对新制度供给进行了大量的投资。对制度变迁的投资并不是在一个单一步骤中完成的。相反，这个在所有流域发生的制度变迁过程由许多小步骤组成，其初始成本并不高。当不知道其他人在干什么时，参与者没有必要同时采取行动。因为制度变迁过程是渐进的和连续的，在任何人需要进行更大投资之前，初步成功已经取得，初始投资的中期收益已显现出来。制度变迁的每一步都改变了激励结构，而这种结构正是未来决策的依据。

邻近流域的占用者也有同样问题，一种情形下的参与者可以从情形相似的参与者的经历中学到不少东西，而不同流域参与者的大量接触保证了各方对进展结果的交流。在一些重要时刻，还建立了流域间

协调的论坛，以增强有关各流域内部和各流域之间所达成的协议的信息交流能力。①

每一个流域都建立了一个民间协会，为面对面地讨论共同问题和未来可能采取的共同策略提供了论坛。由于法律结构的不确定，水公司和公用事业的法律顾问曾不断告诫他们的委托人：只要有利可图就要尽量多抽水，捍卫水权的事可放到以后考虑。论坛使决策结构发生了变化：从互不沟通的独立决策转变为在互相交流各自选择基础上的决策。虽然讨论本身并不足以改变参与者的抽水策略，但讨论确实导致了诉讼，使参与者就限制他们的抽水量达成了一个可强制实施的协议。

此外，民间协会为获得有关流域地质结构的信息并把信息同时向所有抽水者公布提供了一种机制。在就信息进行投资之前，没有人清楚地了解整个流域的边界、需求模式和水位，人们仅仅知道自己井里的水位在下降；也没有人了解海水侵蚀的程度或整个流域的抽水总量。这些民间机构还为分担昂贵的技术研究成本和分享技术研究成果提供了一套机制。通过自愿分担提供信息——一种公益物品——的成本，参与者意识到，存在着通过自愿的合作行动实现某些共同目标的可能性。协会的会费适中，大致按从流域抽水的数量分配。② 通过花费时间参加会议，会员们得到了有关流域情况的信息，以及有关其他参与者是否会在未来采取不同策略的信息。

除了民间协会提供了一套分担成本的机制外，加利福尼亚州也提供了有助于减少成本的设施。其中一个贡献是：维系了一种个人拥有提起诉讼权利的法庭制度，使已界定的抽水量成为稳定的、可转让的权利。加州甚至补贴了三分之一的诉讼费，以鼓励充分利用水资源和在必要时解决水权争端。在整个过程中，加州水资源部以及美国地质

① 这里所描述的过程与复杂技术发展过程中的“边干边学”非常相似；参见 Rosenberg（1982）。Nelson and Winter（1982）。在各种规则之间进行选择的过程是一个动态过程，很可能在路径依赖方面与技术变革相似（Arthur，1989；David，1985）。

② 这是萨格腾公平原则的另一个应用。

测绘局也都提供了技术上的协助。

已经融入在州宪法和立法条款中的地方自治的一般惯例，也有助于减少现有规则体系的转换成本。由个人组成的团体要推荐一个使新型特别行政区合法化的新组织法是相对容易的，但是在州内有大量反对意见的情况下，州立法机构很少会支持这样的提案。然而，当一个地区中的人与可能会受影响的其他人讨论了提案，这种有组织的立法常常会几乎一致地获得通过。

换句话说，这些用于控制地下水的微观制度选择规则鼓励对自主组织的投资和对地方制度的供给。面临相似问题的相似个人，在完全不同的政治制度下也许就完全不可能向自己提供用于转型的微观制度。但是由中央政府采取积极行动来规制占用和供给活动与政府只是积极提供微观制度变迁的论坛和规则之间的差异，却常常是模糊不清的。

重构制度变迁的分析框架

为理解这些地下水流域渐进、连续和自主转化的制度变迁过程，我建议制度分析家们应该重新考虑将制度供给问题理论化的方法。这种分析套路涉及若干微妙而又重复的变化，即要考虑到制度的规则及其起源和变迁。其中一个重要步骤就是假定所有反复出现的状态都是在一组制度规则的作用下形成的。制度规则说明的是，哪些行动或结果是所要求的或所允许的，哪些行动或结果是被禁止的（E. Ostrom，1986a）。作为一项规则，对这 3 个义务作用词（deontic operators）——禁止、要求、允许——中的任何一个都必须给予明确的阐述。① 在这个规则的定义中，我们使用所有 3 个义务作用词。②

① 所有规则的句法都是相同的：（要求、禁止或允许）在特定位置上、具有特定属性的、特定的人，在特定条件下采取某种行动。

② 关于义务逻辑基础的介绍，见 Von Wright（1951，1963）。3 个义务作用词的情态动词形式是这样的：不必（禁止）、必须（要求）和可以（允许）。约翰·康芒斯（John R. Commons 继续使用这些情态动词来描述工作规则的基本结构（Commons，1959）。

一些分析家们把规则这一概念限定为仅仅是对所要求或禁止的行动和结果的规定。① 根据这一狭义的定义，一些反复出现的状态是受规则支配的，而另一些反复出现的状态则不受规则支配。但是，把这3个义务作用词都包括在规则的定义中，就一定能够找到导致一种情形的一套规则。在考虑哪些行动或结果与这种情形有关时，有两个问题必须搞清楚：(1) 这个行动或结果（或它的反义）是所要求的吗？(2) 这个行动或结果（或它的反义）是所禁止的吗？任何行动或结果（或它的反义）如果既不是所要求的，也不是所禁止的，那就是所允许的。因此，不存在禁止或要求某种行为的规则在逻辑上等同于存在着允许某种行为的规则。霍布斯的自然状态就是一种没有出现任何禁止或要求某种行为或结果的状态。霍布斯的自然状态因而在逻辑上等同于存在着允许任何人采取任何或所有他所希望的行动，而无需顾忌对其他人的影响这样一种规则的状态。

回答以上两个有关重复出现情形的完全结构化的问题通常是可能的。因此，对任何这样一种情形，人们都能找到一组与之相关的现有规则。现有规则在改变前会继续发生作用。在霍布斯自然状态中的现有规则可以被看作是一套弃权规则，在那里所有事都是允许的（Gardner and E. Ostrom，1990）。同样，不禁止或不要求采取任何行动的公共池塘资源在逻辑上就等同于允许每一个人采取任何和所有行动的公共池塘资源情形。支配这种情形的规则都是弃权规则。

一旦人们假定所有重复出现的情形都可以用一套现有规则来描述，那么就有可能扩大制度供给的概念使之包括新制度的起源和现有制度的变迁。制度起源和制度变迁常常被认为是根本不同的。②按照这个观点，起源可被描述为这样一种情形，即人们从没有规则的情形转变到有一组规则的情形。按照这种说法，制度起源便是一种

① 例如，关于为什么允许不应包括在确定规则的义务作用词内的讨论。见 Shimanoff（1980：43—46）。

② 这是我先前研究的突出特征（E. Ostrom，1985 b）。

重大的、一步完成的转变，而制度变迁则包括了现有规则的渐进变化。①新制度供给因此被认为是非渐进的、成本昂贵的，而现有制度的变迁则被认为是渐进的、成本不那么昂贵的。

当制度起源和制度变迁都被认为至少是一种现有规则的替代方案时，② 就能使用同样理论对它们进行分析。任何影响这一组参与者、他们的策略、他们对结果的控制、他们所拥有的信息和他们收益的规则变迁，都是一种制度变迁（E. Ostrom，1986a）。从一种规则到另一种规则的变迁，一种政治制度到另一种政治制度的变迁，一种层次的规则到另一种层次的规则的变迁，成本是很不相同的；规则变迁在不同时期因参与者和条件的不同，成本也很不相同。任何一种制度变迁的成本是否昂贵，不是简单地由是否创造了一种新的制度性协议决定的，而要取决于许多变量（在第六章讨论）。

新制度性协议的创造有时可能相当容易，不需要什么成本。例如，在前面讨论的案例中，为了讨论共同面临的问题而创造新的民间协会并不要求任何参与者给予大量投资。另一方面，创立中西部流域补水区则需要时间和资金的大量投入。转变现有规则的成本也可能非常昂贵。例如，为改变上覆土地所有者和占用地下水的水生产者的水权诉讼案，就花费了大量资金和许多年的时间。在这些案例中，所有这些规则的改变都是制度变迁的关键方面。每一种变迁都要以先前的规则为基础。一些只需较低转换成本就能完成的规则变迁，使参与者在接触到成本较高的替代方案之前就能从集体行动中受益。所有的制度转换成本还受政治制度环境的影响。在制度变

① 见 Buchanan（1975：59），他把宪法起源的特征描述为“跃出无政府的丛林”。

② 前文注中说，所有规则的句法都是相同的：（要求、禁止或允许）在特定位置上、具有特定属性的、特定的人，在特定条件下采取某种行动。一条规则的句法的任何变化，都构成一条规则的变化。规则是能够改变的，但因此改变的环境所产生的结果却不一定变。按照我和戈登纳共同确定的用法（Gardner and E. Ostrom，1990），我使用“改革”（reform）这个术语来表示规则的一种变更，这种变更所产生的新的结果要优于规则改变前所产生的结果。

迁之后的数十年内，所创立的新制度框架就是极大地改变了参与者动机和行为及其结果的重大投资的体现。而每一次制度变迁又成为下一次变迁的基础。

在把制度变迁视为一个重大步骤的情形中，被假设为二阶困境的结构也许有、也许没有在把制度变迁视为连续和渐进过程时所具有的那种困境的结构。解决一个大的二阶或三阶问题中的一小部分的净收益也许就足够高，它的分配可以使一些不愿独立提供一阶问题解决方案的参与者，自愿提供二阶问题的初始集体收益。解决二阶和三阶的一些初始问题，有助于参与者进一步解决二阶和三阶上比较困难的问题，以及一阶的问题。

在对概念作了上述修改后，接下去就有可能发展一个统一的制度变迁理论，而不是把制度来源作为一个理论，把制度改革作为另一个理论。宪法选择和集体选择的过程都要产生影响相互关联情形中当事人行为的规则(见图 2.2)。宪法选择和集体选择过程本身也是由规则来构造的。在宪法选择中，人们要决定是否改变有关确定谁有资格和如何进行未来集体选择的规则。同样，在集体选择中，人们要决定是否改变有关确定谁有资格和如何进行未来运作选择的一整套现行规则。

集体选择过程的结果常常被概念化为“政策空间”，但是，包含在政策空间中的是什么却不明确。当在集体选择的论坛中决定预算时，政策空间可能包括了有关要求、禁止或允许什么人在什么期间、为什么目的、花费多少钱的一整套规定。当决定规则时，政策空间则可能包括了有关要求、禁止或允许什么人去采取何种行动，或去影响与特定领域相关的何种结果的一整套规定。

在两种过程中，人们将现有规则的预期收益和成本的净流量与替代规则的预期收益和成本的净流量加以比较。因此为了解释制度变迁，有必要对规则变迁论坛中的参与者是如何看待和评价保持现有规则的净收益与进行某种变革后的净收益加以考察。在第六章，我将进一步讨论这些思想，并提出适用于改变构建集体选择规则或操作选择规则的制度变迁理论的基础。但在此之前，考察第五章所讨论的失败案例也是重要的，以便这些假设能够符合制度变迁失败的情形。

第五章

制度失败和制度脆弱性分析

至此所给出的经验性案例均为成功的案例。由于相当多的政策文献都以假设制度失败为特征，因此给出成功的案例是重要的。现在将考察制度完全失败的若干案例，以及由资源占用者所设计的制度处于极其脆弱状况的几个案例。

在土耳其阿兰亚附近的地方，渔民们曾建立了自己的一套规则来管制近海渔场。但在土耳其的另外两个渔场，勃德拉姆（Bodrum）和伊兹米尔湾（the Bay of Izmir），渔民们未能建立起有效的规则体系，过度捕捞和租金散失的问题非常严重。在加利福尼亚州的圣贝纳诺丁县，地下水的抽取者在向法庭提起诉讼和建立了特别行政区后，过度抽水的局面依然没有改变。第四章所描述的制度安排帮助附近流域解决了公共池塘资源问题，却不能有效地用于非流域地区。

在世界的另一个地方，斯里兰卡的渔民曾设计出一种颇有创造性的制度，轮流在近海渔场捕鱼。但是，他们却未能实施另一项阻止新捕鱼者进入的规则。轮流制持续地把不确定环境中的风险分散到所有参与者身上。然而由于捕鱼者太多，租金散失使当地渔民的利润不断下降。[①]

在斯里兰卡的内陆地区，中央政府和捐助国投入了大量资金重建主要的灌溉系统。为了成功地运作这些系统，需要农民们积极合作，来规划和管理水的利用，使浪费降到最低限度。但是，尽管国家官员多次改变灌溉系统的行政结构，却无法就减少水资源过度使用的用水分配

① 租金散失的定义见第二章“占用问题”部分。

实施规则得到农民的合作。斯里兰卡农民这种不愿投入时间和努力去提高集中管理体制运作效率的情况，以不同形式在南亚和东南亚重复出现。在某些情形下，中央集权的改革体制结构的努力甚至导致了更糟糕的问题。然而，一项从基层开始组织农民的实验项目，虽没有详细的组织计划，却使斯里兰卡一个大型灌溉系统中的问题出现了转机。

最后一个被考察的例子不是制度失败的例子，而是渔民们设计的、对进入和利用近海渔场资源的活动进行管制的地方性规则，其合法性或有效性没有得到全国政府认可的一个例子。在新斯科舍（Nova Scotia）和纽芬兰（Newfoundland），许多当地居民设计出他们自己的规则来决定谁能使用当地的渔场资源，以及如何使渔场资源有好的产出。最近，加拿大全国政府在东部沿海地区的渔业管制中发挥了积极作用，试图对整个沿海地区实行统一的渔业政策。然而，沿海地区有两种完全不同的渔场：（1）深海渔场，是进入开放的公共池塘资源，（2）近海渔场，当地渔民已建立了非正式规则，控制进入和使用。一个大规模的政府机构对进入深海渔场加以限制确实是需要的。但是全国政府却无意利用熟知当地渔场的渔民们的世代经验来建立一个与地方规则相容的规则体系，这种做法也许会在没有建立起必要而有效的替代规则的情况下，摧毁一套有效的公共池塘资源制度。

公共池塘资源问题不断的土耳其近海渔场

勃德拉姆位于爱琴海阿兰亚以西400公里处。占用勃德拉姆海场的渔民大大多于阿兰亚的渔民。1983年，在勃德拉姆渔场有100条装有舱内动力的小渔船，11条拖网渔船，2条围网渔船，9条海底围网渔船，船上渔民将近400人（Berkes，1986b：68）。20世纪70年代前，勃德拉姆一直是一个成功的近海渔场。费科莱特·伯尔克斯（Fikret Berkes）报道说，20世纪70年代土耳其政府鼓励勃德拉姆的一些渔民建造更大的拖网渔轮，“几乎不实施3海里的限制，这引起了使用小渔船的渔民的极大愤怒”（Berkes，1986b：79）。①

拖网渔轮早期经营的成功吸引其他人进入当地渔场，一直到所有船队的收入都低于该地区的捕鱼成本。如伯尔克斯所指出的，勃德拉姆就是“教科书中渔场租金散失的典型例子”（Berkes，1986b：79）。虽然全年的捕鱼总量依然大致相同，单位投入的捕鱼量却急剧下降。在勃德拉姆作业的大型渔轮的渔民已不再能仅仅依靠那里的捕鱼维持生计，开始驶往靠近梅尔辛（Mersin）的虾场作业。但是迅速增加的旅游者的购买量仍然吸引了许多业余渔民和特许渔船进入渔场。

在20世纪70年代，当地渔业合作社竭力调停小渔船、新进入者和拖网船之间的冲突，但没有成功。1983年，合作社消失了，6个有着不同利益的渔民团体为占用同一个渔场相互竞争，他们是：

> （1）小规模的沿海作业的渔民，（2）包括拖网船和海滩围网船的大规模作业船队，（3）半职业化的渔民，他们捕鱼主要是供自己食用，偶尔也出售一些剩余的鱼，（4）大量非熟练的娱乐性捕鱼者，（5）因捕捞海绵而持有执照的鱼叉捕鱼者，但他们也在公开市场上售鱼，（6）特许船只的捕鱼者，他们为委托人捕鱼，偶尔也出售剩余的鱼（Berkes，1986b：74）。

位于爱琴海沿岸以北的伊兹米尔湾的大型渔场也存在同样问题。1983年，居住在这一地区的1 800个渔民，使用700条装有舱内动力的小渔船，30条海底围网渔船和27条围网渔船。与勃德拉姆一样，伊兹米尔湾也有不同利益的子集团。但由于伊兹米尔是一个大的城市中心（一个100万以上人口的都市区），对鲜鱼的需求很大，问题因此变得更加复杂。结果是，渔场投资过度，太多的渔民追捕太少的鱼。

① 中央政府鼓励甚至资助“现代”渔船的做法，在其他许多地方的沿海和近海渔民中也引起了同样的冲突。有关在墨西哥发生的这一问题见McGoodwin（1980）。达斯古珀特则描述了印度的现代渔船是如何无视沿海传统渔民的历史权利的（Dasgupta，1982：17）。

在伊兹米尔，拖网渔船并不是问题之所在，因为拖网渔船很难在如此拥挤的环境中作业，土耳其的海岸卫士又不停地在主要港口巡逻。这里的公共池塘资源问题是由以下一些因素造成的：快速牟取经济收益的机会成本；渔民人数众多；渔民内部划分为相互冲突的不同利益集团；缺乏能够设计出地方规则和冲突解决机制的、超越于各利益集团之上的制度机制。在伊兹米尔有两个大型渔业合作社，分别代表不同的利益集团。附近还有几个其他渔业合作社，也代表不同的利益集团。每一个集团“与至少一个其他集团，在某些情况下与多于一个的其他集团”有冲突。相应的，“也不存在适当分配渔场资源、减少冲突或限制渔场作业密度的操作规则”（Berkes，1986b：75）。

土耳其的总体制度框架可被称为“善意忽略”（benign neglect）。国家立法要求渔民领取执照，但不限制发照数。在产卵季节，捕鱼受到限制，使用的设备也受到限制，并且通过采用禁止拖网渔船在3海里以内和在海湾内捕鱼的方法把近海捕鱼与远海捕鱼区分开来。负责制定渔业规则的农业部没有雇佣任何代理人来强制实施规则。强制实施规则的责任由海岸卫士、渔村警察和内务部承担。但除了在大海湾，其他的3海里海域都没有强制实施这些规则，这与对拖网渔船的鼓励和融资上的支持一起，成为勃德拉姆制度失败的根源。

伊兹米尔湾和勃德拉姆的渔民未能通过自主组织防止租金散失不是由单一原因所能解释的。从内部看，存在着几个利益和机会极不相同的大集团。由于他们所使用的技术各不相同，限制某种技术的任何规则都会使某个集团的所得超过另一个集团，而不会给所有集团带来同等的利益。克服规模差异和技术差异的成本很高。在一个不提供可达成低成本的和可实施协议的论坛的政治体制中，对付自主组织的潜在高成本是一件非常困难的事。

公共池塘资源问题不断的加利福尼亚地下水流域

虽然南加州的大多数地下水抽取者解决了因有限地下水供给而引

发的冲突，防止了地下水流域过度抽水局面的继续存在，但是这一经验尚不具有普遍性。位于第四章所描述的地下水流域东北部的圣贝纳丁诺县，即便通过诉之于法庭和创建水行政区来分配水权，过度抽水的局面依然继续存在。那里人采用的制度变迁策略似乎与第四章所描述的非常相似，为什么却无法成功地设计出一套可行的制度安排来管理他们的流域呢？

规模和复杂程度有明显的不同。圣贝纳丁诺是美国最大的一个县，面积超过美国的9个州。新泽西州、夏威夷州、康涅狄格州、特拉华州和罗得岛州加在一起的面积与它相似（Blomquist，1989：2）。该县近83%位于莫哈韦沙漠（Mojave Desert）。共有15个不同的地下水流域，有的是相互连接的，有的则完全独立。一些流域的水来自莫哈韦河，这条河主要从地下流经该县的大部分地区；而其他流域水量的补充仅靠当地的降水。在第二次世界大战前该地区人口稀少，但在战后时期，人口急剧增长。

20世纪50年代，报道了一些流域过度抽取地下水的情况。50年代末，加州水资源部开始计划费瑟河（Feather River）工程，把水从水资源丰富的加州北部地区引入缺水的加州南部地区。州政府鼓励希望得到水的地区成立水机构，以便于与州政府联系未来的供水。莫哈韦水机构就是在这种背景下成立的。先是通过州的法律，然后在1960年举行选举，以征收土地税来支付建造引水管道的投资支出中的分摊份额。在帮助支付了引水管道的建造费之后，莫哈韦水机构管辖地区的居民实际能得到的引进地表水是每年50 800英亩-英尺，同时还得支付送水系统运作的边际成本和水本身的费用。

一些介入建立莫哈韦水机构的人把这个机构看成是与南加州都市水区相似的水批发商，把建立这个机构看作是对当地缺水的成长地区保证供水的一种策略。作为一个水批发商，该机构在为该地区获得供水来源方面确能起到重要作用，但在对这个地域广大、内部有许多水文结构不同的子地区的管理方面却非如此。作为一个保险的策略，该机构的首要活动是收税，以确保该地区最终有资格得到引进水。如果这一观点占了主导地位，那么创建了莫哈韦水机构之后的下一步工作就是成立各种小型的私人和公共的企业解决水权问题，制订各子地区的管理计划，建立一种与洛杉矶县相似的多中心管理体制。

但其他人却把该机构视为整个区域最主要的管水机构。这些人包括了最初入选该机构顾问委员会的大多数官员。该机构成立后不久，便聘用了曾介入西部流域和中部流域诉讼案的杰出的水权律师詹姆斯·克里格（James Krieger）来发起一项法律行动，解决整个区域的水权问题。1966 年当他向圣贝纳丁诺县高级法院提交诉讼时，几个关键问题均未达成一致：

1. 该区域是一个有着同一条地下河的区域，是一系列相互连结的地下水流域，还是由一个河流系统、几个相互连结的地下水流域和几个独立的地下水流域组合而成的？

2. 在这个区域中，过度抽取地下水是一个普遍性问题，还只是一个局部性问题？

3. 所有地下水抽取者的地位应该相等，还是某些抽水者应该拥有优先权？

4. 行政解决方案应该首先由机构工作人员同大多数设在该地区海拔较高部分的大抽水者一起制订，还是应该让大多数设在该地区海拔较低部分的小抽水者也一同参与？

5. 水权是否应该与尚未开发地区的土地所有权相分离？

这些问题中的每一个都可能引起不同观点间的无休止辩论。但是克里格和莫哈韦水机构的工作人员却认为，每一个问题都只有一个合理答案。他们把整个区域作为只有一个地下水流域并有着保存完好的过度抽水记录的历史资料的区域。他们把所有的抽水者作为相同权利的持有者，试图尽可能快地将水权与土地所有权相分离，与那些年抽水量在 500 英亩-英尺以上的抽水者达成一项契约性协议。然而，他们对问题的看法并没有得到广泛认同。例如，1964 年加州水资源部出版了一份报告，援引法庭判决，否认在这一区域两个大的子流域存在过度抽取地下水的情况；而莫哈韦水机构在同年宣布莫哈韦河流域的过度抽水是“无可置疑的事实”（Blominguist，1989：63，113）。

在那里，没有成立任何民间水协会来促进这些问题的讨论，也始终没有就这些问题达成过一致意见。大抽水者和小抽水者之间的冲突，拥护发展政策者和拥护无增长政策者之间的冲突，工业和农业之间的冲突，当地专家和“外来”专家之间的冲突，任命官员和当选官员之间的冲突都出现了。基本意见的不一致导致了尖锐的政治冲突，其中包括几个选举的撤销，地方报纸上盖过对水门事件报道的头版新闻，以及 1974 年最终中止诉讼（Blominguist，1989：55－57）。自那以来，再没有采取过任何行动限制地下水的抽取。

在过去的 10 年中，该区域经历了大规模的发展，过度抽水问题已被所有机构记录在案。没有任何人找到一个解决水权分配问题的有效途径，甚至找不到解决购买地表供水问题的有效途径。以莫哈韦水机构名义分到的每年 50 800 英亩-英尺的费瑟河水被南加州地区的其他人使用了，那些人有组织地购进水，或马上使用，或根据地下水管理计划储存起来。莫哈韦却尚未有人找到一个可接受的建立分配制度的计划，也没有人找到一个为使当地居民能以边际成本获得分配在他们名下的水的融资方式。

把解决这一大而复杂的区域性难题的努力首先置于在整个区域范围内使用同一种方案的做法，并未能使参与者设计出有效的制度安排来解决所面临的各种问题。与勃德拉姆和伊兹米尔湾的大型渔场不同，莫哈韦地区的人们是有可能在制度安排上进行重大转变的。然而，他们所进行的转变并没有给予他们同时处理所涉及的不同问题的有效工具。甚至在人们能够实行自主治理时，也未能保证就所有问题达成解决方案。对所面临的问题有不同看法、没有规划出能把复杂问题分解为几个部分的机制、也没有认识到不同利益的正当性的人们，即使拥有了解决问题的制度手段，也不可能解决他们的问题。①

斯里兰卡渔场

保罗·亚历山大（Paul Alexander）笔下的马维尔（Mawelle）渔村位于斯里兰卡的南端（1977，1982）。村里住着近300名锡兰族渔民，他们用三种不同方法捕鱼：（1）用大型的海滩围网船捕获大群的鲍鱼和相似鱼种，（2）使用“传统”渔网和钓鱼线的小型传统渔船捕捉鲍类鱼、乌贼和停留在礁石中的鱼，（3）远离大陆架以金枪鱼为对象的深海捕鱼。马维尔的大多数渔民来自卡拉维等级（Karave caste），② 使用海滩围网捕鱼。这是我们将重点考察的情况。

海滩围网（也称madella或“大网”）是一种半英里长的网。鱼多时，一网一次能捕1吨鱼。9月、10月是捕鱼的高峰期，这一期间的捕鱼量相当于全年的三分之一（Alexander，1982：134）。海滩围网每5年必须更换一次，更换成本是一般渔民年收入的3倍。海滩围网只能在比较硬的沙滩上使用。在马维尔沙滩，每次只能同时使用2张网。如果马维尔渔民总共只拥有20－30张网，大多数网的使用便能达到最佳状态；③ 然而，他们拥有100张海滩围网，在1971年平均每张网只使用7次，这是严重的过度资本化的有力证据。

马维尔也是租金散失的另一个经典案例。但这个案例与一般案例有很大不同。在勃德拉姆和伊兹米尔湾，渔民们无法建立任何有效的

---

① 布鲁姆奎斯特相当详细地描述了这个案例（William Blomquist，1989），他的观点和分析使我受惠不少。

② 卡拉维等级（Karave caste）是当地以具有创业精神和通过贸易和其他方式获取财富为导向而著称的社会阶层：“等级制度不是反对把经济收益转化为社会升迁的一个重大障碍。……卡拉维所缺乏的是在其他等级制度中存在的子等级”（Alexander，1982：233）。

③ 有关这些网使用方法的描述见后。

规则来限制进入或使用当地渔场。马维尔的渔民曾设计出相当漂亮的规则对进入海滩和使用海滩围网进行管制，但是他们也未能将控制围网使用数的进入规则维持下去。当一些渔民试图通过政府官员来强制实行全国立法中有关限制围网使用数的条款时，另一些渔民则说服官员不要实施那项条款。在我们讨论有关进入规则的实施之前，先看一下马维尔渔民所设计的渔场作业规则体系。

马维尔渔场实际使用的作业规则包括列出所有的渔网并对它们进行排序。每一张渔网的所有者都知道排在他前面的一张网和排在他后面的一张网。海滩被分为两个撒网点，一个在港口这边，另一个在礁石那边（见图5.1）。一张网可以首先于这一天接着他前一张网使用后的任何时间，在港口这边布网。如表5.1所示，一旦一张网首先开始在港口这边作业，下一次就要移到礁石那边。“然后，他可以于这一天的任何时间在他后一张网使用后，立即在礁石那边布网”（Alexander，1982：145）。

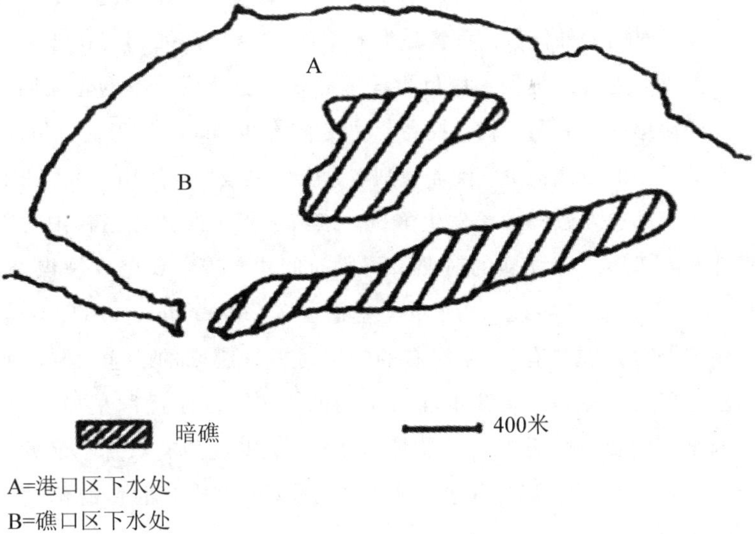

图5.1　马维尔港口（Alexander，1982：17）

表 5.1　马维尔的下网顺序

日　期	港口一侧				礁石一侧			
	黎明 →				黎明 →			
周一	B	C	D	E	A	Z	Y	X
周二	C	D	E	F	B	A	Z	Y
周三	D	E	F	G	C	B	A	Z
周四	E	F	G	H	D	C	B	A
周五	F	G	H	I	E	D	C	B

注：该表根据亚历山大（Alexander 1982）的表 7.1 编成，格式化地表示在每个点最初撒的 4 张网（网用英文字母代表）。在实践中，网的使用数量每天都在变化，两边撒网的数量也可能不相等。

对于为什么使用这套复杂的授权规则而不简单地采用轮流作业规则，马维尔渔民的解释是一致的，即为了将捕大网的机会均等化。有 4 个环境的或技术的考虑影响均等进入问题：（1）在港口这边一网能捕很多鱼，而礁石那边的鱼经常较少；（2）每天早晨的第一网很可能是当天最大的一网，早晨的鱼价也是最高的；（3）天气影响一天中撒网的次数，为每天捕鱼规定时间的任何做法都将是低效率的；（4）海滩围网作业需要大量劳动投入：先准备渔网，用后再放置起来；若使用简单的轮流制，一轮只允许使用一次渔网，就会提高劳动成本（Alexander，1982：146）。

有关顺序的争执很少，除非规则本身受到挑战。亚历山大在那里的 2 年间，从未见过因撒网顺序发生争执。这与马维尔及类似渔村中的高暴力事件发生率形成了强烈的对照：那段时间中，有“3 个人被谋杀了，还有 17 件袭击事件导致了严重的人身伤害”（Alexander，1982：8）。

轮流制度是在只有 20 张左右的围网时发展起来的。这一制度使所有的围网所有者获得了可观的相对平均的收入。由于围网是如此昂贵，拖一网至少需要 8 个男人，一张网便由 8 个人共同所有。直至最近，每一个所有者都从事他那份工作，并平均分享每网捕获的鱼的价值。股份在村民中买卖：

> 股份可自由买进、卖出，可作为各种形式的抵押证券。在过去，它们常常是最有价值的遗产，有时也作为陪嫁品。虽然股份可以自由转让，即围网的其他持股者对预期的股份出售并没有法律上的否决权，但在实际上他们有很强的否决权。因为股东们必须在一起密切工作。很少有人会在其他持股者强烈反对的情况下购买一股份额（Alexander，1982：143）。

20 世纪 30 年代末之前，马维尔的渔业主要是养家糊口和为冬季市场提供鱼干。出售鱼干的收益比较低。但是，人口压力、市场机会以及内部规则与外部规则的关系，使形势发生了显著变化。

马维尔的人口在 1901 年到 1931 年期间增长了 70%，在海滩作业的家庭中，人口增长是不均衡的（Alexander，1982：204）。这种不均衡增长的原因来自早期的劳力短缺，海滩作业家庭的一家之主往往鼓动女婿入赘马维尔，为家庭的渔网投资八分之一股份。到 1931 年左右，入赘者的第二代开始结婚，希望分享渔季的收成。由于能否进入海滩捕鱼与 8 股份额制度有关，儿子们很希望能在新网投资中获得一个份额。亚历山大清楚地阐述了这里的逻辑：

> 如果有 20 张网，投资一股份额将得到年捕获量的 1/160。如果他死了，他的两个儿子共同分享他的份额，每人只能得到年捕获量的 1/320。如果每人参与购置一张新网，就能得到 1/168（Alexander，1982：206）。

1933 年，法律要求全国的海滩围网进行登记。在份额制度是主要所有权形式的南部海岸，“政府将任何地点的围网数量限制在 1933 年使用量的水平，并制定了配置沿海进入权的标准”（Alexander，1982：206）。那一年有 32 张网登记。登记显示几乎所有渔民都拥有一张网的一个份额，法律允许没有渔场作业继承权的可向已登记的围网持股者购买份额。这就把渔场向原先在马维尔海滩围网的有限家庭以外的人开放。如果把围网数量限制在 1933 年水平的法律条款得以强制实施，对原有家庭关系以外的人开放渔场并不会影响围网的数量。不幸的是，没有对围网加以限制。

40 年代初，建造了一条连接马维尔到交易中心的新路，在附近还建造了一个制冰厂，卖鱼协会的销售努力使鲜鱼的市场需求和市场价值大幅度提高。1938 到 1941 年，鱼价涨了 4 倍（Alexander，1982：210）。增加新网的要求因此变得非常强烈。1945 年左右，有 71 张网投入运作。起初，大多数网都获得了很高的利润，即使每一追加份额的边际产量是负的。① 从 1935 年到 1945 年，每一股围网的平均价格也大大

---

① 图 5.2 是对所发生的事情进行思考的一个方法。鱼价提高前，使用每一张追加的网的边际收益和平均收益用 MR_1 和 AR_1 表示。由于造一张网的边际成本是统一的，渔民可选择对应于边际收益与边际成本相等的数量点，即建造 X_1 张网来使他们的经济收益最大化。由于在价格上涨前租金已经散失，所造的网可能已接近对应于平均收益与边际成本相等的点 X_2。随着价格的大幅度上涨。边际收益和平均收益曲线也大幅度向上移动。实现最优经济收益会要求选择建造 X_3 张网，但渔民们建造的新网会超过这一点，达到比如说 X_4。由于渔民们仍希望在渔网上投资更多的股份，租金可能会完全散失。在点 X_5，租金完全散失。这样，利润的诱惑（即使边际收益是负的）也会吸引更多的渔民进入。这个分析来自与吉米·沃克（Jimmy Walker）的非常有益的讨论。

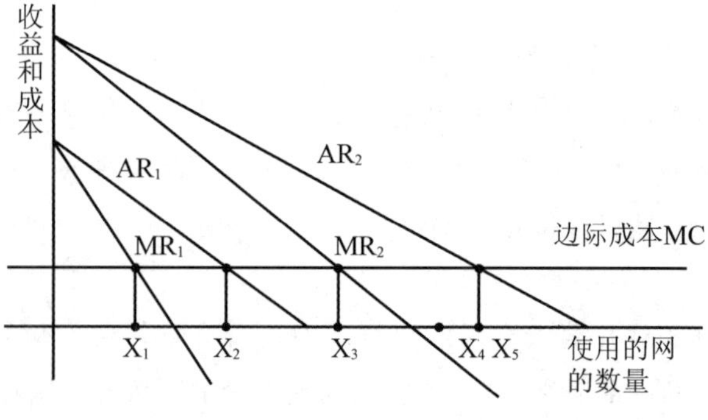

图 5.2　渔场租金的散失

保罗·亚力山大在阅读本文初稿时对这一解释的评论是：他“会更为重视政治动机和不同渔网收益的显著差异，以解释为什么当边际收益为负并可能被渔民所意识到时，进入仍会发生”（私人通信，August 2，1988）。

上涨，并继续上涨了 20 年，直到重新跌到一个较低的水平（Alexander，1982：227）。

新的企业家开始购买多于一张网的股份，并雇佣工薪劳动者为他干活。由于购买了许多网的股份，作业顺序发生了对他很有利的分布，每一年都可得到利润回报。另一方面，一个只拥有一股份额的贫穷渔民，却只能当他轮到在有限的旺汛季节下网时，才有利润收益。早些年，每一个渔民每年都能在旺汛季节撒一网。到了 1971 年，这种机会平均每 3 年才轮到一次。在其余 2 年，每股收益都低于满足生存水平所必需的收入。贫穷的单股持有者开始把股份卖给他人。一个在 5 张网上各持有一股的渔民，在每一序列上都有一个机会，因此每年都有中等利润，但他必须进行大量投资以适当地分散风险。亚历山大计算过一个人的最佳持股数是 6. 5 股。1971 年，占渔民总数 58% 的 95 个渔民持股份额不超过 5 份。

这样，在围网数量大大增加的同时所有权形式也发生了变化。在原来的体制中，只有渔村的长期居民才能拥有股份，持股者属于同一家族，每人只在一张网上持一股并随网作业。到 1971 年，许多所有者已不是同一家族的成员，他们在许多网上拥有股份，雇佣工资劳动者随他的网作业。以后，渔村中一些小帮派的头子购买股份，不仅为了获利，而且也是为他的忠实爪牙提供工作。

在那段时间里，人们作了许多努力，来实施 1933 年限制围网数量的法律条款。他们分别于 1940 年、1942 年和 1945 年向设在哈姆班托塔（Hambantota）的政府机构递交过申请，但没有被接受。1946 年的申请终于被接受了。该机构同意把未来使用的围网限制在 77 张，而不是所有登记的围网都可投入使用（Alexander，1982：213）。1946 年的申请不仅受到只拥有单个股份、积极支持以往申请的渔民的支持，而且受到渔村里原来反对这种限制的 3 个最大的股份持有者的支持。

该政府机构的决定虽没有完全制止，但有效地减缓了新网的建造。那些给予政府权力部门大量好处的企业家依然能经常增加新网。在

1946 年后的 20 年内共增加了 7 张新网，而 1946 年前的 10 年共增加了 39 张。1964 年，一个新的企业家——戴比德·马哈蒂亚（Dabid Mahattea）——进入了海滩围网渔业，完全打破了暂时制止新进入者进入的局面。马哈蒂亚发现购买现有拖网的股份很困难，就找到了当地的议员——一名斯里兰卡自由党成员，要求允许他建几张新网。这位议员请行政区税务局官员考虑这一要求。区税务局考虑到围网已经太多，最初拒绝了他的要求。到了围网的年度登记日，马哈蒂亚帮派中的 4 个成员拿着从邻村借来的围网来到登记处。在渔村发生重大冲突后，区税务局官员下令让这些网登记。支持反对党候选人的另一个帮派头子也加注了几张网，那位反对党候选人在同意新增的围网可以在 1965 年登记后，赢得了选举。这两个帮派头子共新建了 24 张围网，而原来作业的围网是 84 张。

起初，其他渔民精心设计了一个计谋，成功地把新网排除在作业之外。其做法是不让第 85 张围网撒网。因为一旦第 85 张撒了网，后面 23 张就会跟上。正好，拥有第一张网和第 84 张网的股份的是同一个家庭。在第 83 张网完成作业后，那个家庭不是撒第 84 张网，而是撒第 1 张网。这样开始了新的一轮。那个家庭把自己的一张网（第 84 张）和新登记的网（第 85 张到第 108 张）全部排除在作业之外。这一策略得到所有拥有有限股份的渔民和一个没有参与增加新网的帮派头子的广泛支持。“由于当时捕到的鱼量不多，新网的所有者没有加以强烈的反对。但是当其他渔民在下一轮重复这一计谋时，他们便声明要加以对抗”（Alexander，1982：225）。

到了 1966 年，又轮到第 83 张网。接着第一张网和第 85 张网同时开始作业，两伙渔民在海上打开了。装有第一张网的船翻了。“所有 3 个帮派的成员聚集在海滩上，只来了 3 个事先受到戴比德·马哈蒂亚警告的乘吉普车的武装警察，他们制止了一场暴乱”（Alexander，1982：225－226）。警察们在那儿呆了几周，确保新增加的 24 张网也能按顺序作业。全国政府接着下了管制令，把围网数冻结在 108 张。从 1966 年到1971年亚历山大在那里进行研究工作时，在正式的单子上没有增加新网。亚历山大说，围网的实际数量降到99张，因为一些网在帮派间的冲突中被焚烧了。

亚历山大对这一租金散失过程的关键步骤作了如此出色的记录，使我能够对这一案例加以较详细的描述。这个案例的问题不是因为忽略，案例中的渔民们知道增加围网的后果；也不是人们没有能力设计并实施适合当地情况的规则，原来的排序规则早已成功地实行了许多年。它说明的是在一个变动的局部环境中，当资源的占用者没有强制实施新规则的自主权时所会发生的情况。①

在1948年独立前，英国人认可渔村头子（vidana arrachi）的地位，只派一个官员（patabandi arrachi）负责所有渔业方面的工作。渔村的头子通常是当地的土地所有者任命的，他们负责村里的各种活动，并因此不断地增加自己的财富。同时他们也代表村子做些事。1965年，这个职位被取消了，在公务员系列中设立了一个新的职位来掌管村民的行政事务。新上任的官员处于特别软弱的地位。他们来自其他地区，如果当地有政治关系的居民提出反对，他们就得调任其他职位。亚历山大在那里进行实地调查时，这个职位连续调换了4个人，没有任何人的任期超过1个月。负责渔业事务的职位依然存在，但最近几任的实际工作是进行围网的年度登记。

斯里兰卡有全面的收入再分配制度，这一制度要求中央政府的官员经常与公民直接接触。马维尔是一个相对封闭的村子，村民们依然觉得他们日常生活的许多方面必须征得位于哈姆班托塔的中央政府的准许：

> 他们必须到区税务局拿稻米配给簿，到警察局领卖酒执照。

① 不管一套规则在一组环境的和经济的条件下运作得多么好，重要的变化——如资源价格增长了4倍——都是对旧的那套规则是否能继续产生有效的和公平的结果的一个重大挑战。

> 购买从水泥到诸如用于婚礼的额外食品的各种商品的批条都是由政府机构签发的。渔业部控制着渔竿和渔船马达的销售，一批消费品如稻米、调味品、棉布、煤油都是在国营商店出售的。在每一种情况下村民们都会碰上商品短缺、排长队和盛气凌人的办事员。然而，尽管商品和服务都是集中控制，政府机构还是很少与村庄接触（Alexander，1982：31）。

当选的官员和地方村民之间形成了一种特殊的政治关系。官员把重要的权力转给帮派头子，作为他们在选举中给予支持的回报。村庄内部的关系则充斥着利用公款牟取私利的争斗。

无论是英国人还是斯里兰卡政府都没有提供各地方讨论或决定宪法选择和集体选择的论坛。村民们自己的轮流作业规则是在经济剧变之前的1933年编成的。那些剧变改变了对所有人的激励结构，村民们失去了他们的权利，不再可能改变自己的规则以适应鱼价的迅速变动。国家颁布了限制进入的法律，却无法加以实施。国家官员们不再执行限制围网数量的进入规则，而是屈从于在选举中投赞成票的许诺（也许还有贿赂），干扰、阻止当地大多数渔民极其盼望的国家管制规则的实施。在阻止新进入的任何努力中，都有一些参与者或潜在参与者非常希望在对其他人加以限制时搭上便车。如果这些参与者对地方政府采取“迂回战术”，那么即使大多数渔民强烈要求严格执行规则，规则的实施也可能被中断。

沿斯里兰卡南部海岸的大多数围网作业原来都是采用与这里所描述相似的股份制。与交易中心较近的渔村很早就陷入租金散失的困境。大多数渔村是由一个企业家购买了当地海滩围网的全部股份，以一个公司在那里进行海滩围网作业。所有者雇佣工资劳动者，得到利润的全部索取权。如果渔村里有许多个雇主，按此运作应该是有效的。在有大量劳动供给而围网作业的经营者处于劳动力买方垄断地位的渔村，雇主会把工资压到尽可能低的水平。这种制度分配的后果通常不是人们所希望的。私人所有制也许曾是沿海唯一可行的制度方法。这不是因为私人所有制是“唯一的方法”，而是因为外部体制不允许地方自行决定规则和实施规则。防止实施反政治特权规则的外部干预，削弱了以公有产权方式解决问题的可行性。

斯里兰卡水利开发工程

在斯里兰卡，为干旱区兴修水利已投入了几百亿美元。早在公元前，那个地区就修建了大量的灌溉工程，12 世纪前一直因此享有盛名。从 12 世纪起，靠灌溉工程在那里生存的人们不知何故开始移居到这个岛国的其他地方。19 世纪，英国人首先开始在曾经建有大大小小的水库——在那里称作水箱（tank）——的废墟上重筑堤坝，重筑水箱下长长延伸的带状水渠系统。独立以后，斯里兰卡政府在外国援助组织的协助下，继续对灌溉工程进行大量投资。

近几十年来，尤其是 1950 年以来，斯里兰卡稻米产量一直稳步上升。引进各种高产稻米品种是其中的原因之一，① 但灌溉土地的数量是影响稻米产量的最重要的因素（Madduma Bandara，1984：298－301）。② 虽然稻米产量稳步上升，但还是大大低于灌溉工程计划者的预期。实际灌溉的土地数接近计划数的工程很少。对这些工程系统几乎没有进行过最终评价，但对原有的加勒亚（Gal Oya）工程所做的详细的成本-收益分析仍然显示，工程的贴现成本高于贴现利润近 2.77 亿卢比（Harriss，1984：318）。在另一个重要工程——尤达瓦拉乌工程（Uda Walawe）中，实际灌溉面积只有工程筹资时计划的三分之一。大多数土地在有了灌溉用水后的产量，只是计划者预期产量的二分之一。

---

① 到 1972 年，只有中国台湾、日本和韩国的稻米产量增长得更快（N. T. Uphoff，私人通信）。

② 在有的村庄，高产品种的引进并不与更高的产出相连，而是与更低的产出相连（Byme，1986）。

稻米产量令人失望的原因之一是，工程所计划的农民用于稻田的水量与工程实际绩效之间存在着矛盾。为了理解这种矛盾，需要考察用水量与稻米产量之间的关系。稻米产量取决于在稻米生长期是否有大量可靠的供水。与小麦等谷物不同，大多数稻米品种的产量对缺水高度敏感而对水量过多相对不敏感（Levin，1980：52－53）。长期保持稻田的充足水量可减少农民艰苦的插秧工作量。因此，农民必然会通过合法的或不合法的途径取得所能得到的任何数量的水，而根本不会节约水。

另一方面，虽然水是一种稀缺、昂贵的生产要素，但政府很少要求农民为他们所得到的水支付总体成本甚至任何成本。当要求有超额产出时，把水从灌溉系统的上游地区转一部分到下游地区并不会减少上游的产出，政府却会同时减少上游地区的谷物生产任务。这种再分配会大大增加下游的稻米产量。因此，如果让农民自由选择，他们将会使用比从经济角度衡量要多得多的水，以减少自己的劳动投入（即使在劳动力大量过剩的地区也是如此）。结果是，灌溉系统地区的全部农业产出大大低于灌溉工程师根据“最优用水模型”计算的预期产量。

斯里兰卡主要灌溉工程地区实际用水量的估计数是每公顷稻田12－15英尺：其中5－6英尺用于稻谷主要生长期，那时的降水可增加灌溉；7－9英尺用于非主要生长期，那时只有很少降水或没有降水。有记载的水的最有效利用发生在水利部管理的一个控制严密的小型示范工程：总用水量为每公顷8.4－10.2英尺。斯里兰卡最大的灌溉工程——马哈维利（Mahaweli）开发工程1969年的工程计划，是根据收获两季稻谷每公顷用水8.3英尺的假设，预测所能灌溉的土地数量。当1977年对该项目进行再评估时，计划者以每公顷用水量7.5英尺的假定对所能灌溉的土地数量进行了再估计（Harriss，1984：319）。总之，工程的技术性计划是基于两点假设：水是稀缺产品，应该对水实施严格的分配规则。但是，这两点假设都不合适（Ascher and Healy，1990；Lundqvist，1986）。

要使用水量接近工程计划中的数字，要求有一个高水平的、农民自己的组织，按严格的自律原则来分配水渠的灌溉用水。中央政府为此所作的努力并未从根本上改变对参与者的激励和他们的行为。参与者行为的主导模式是：无论任何时候、无论采取合法的或非法的手段，只要有可能，就要获取稻田可容纳的最大限量的水；不积极参与旨在要求他们接受用水限量的任何活动。许多农民当时所面对的激励结构是，重新实施一种短期的、"个人主义"的策略，而不对采取集体行动所必需的组织建构进行长期投入。在这种系统中，不仅上游的灌溉者对下游灌溉者造成了严重的损害，而且总体上缺乏可靠规则也极大地增加了所有灌溉者的生产成本和交易成本。

为了说明这个问题，我将对20世纪20年代英国殖民统治时期所完成的科林迪奥亚（Kirindi Oya）工程中参与者的激励和行为模式作一描述。在描述了那个工程的某些恶性循环后，我还将说明，在其他一些工程中类似的激励模式是怎样产生的。

在干旱地区，贫穷农民的集体福利取决于他们能否为灌溉系统的管理设计出一套有效和可行的规则，以增加产出、获得更多的食品和收入。但是在这个系统中的农民的确受制于一种体制，这种体制在没有外来帮助的情况下，不可能促使他们建立一种改进的、规则决定的体制。在目前的情形中，中央政府官员也同样受制于这种体制，不可能打破把他们和他们本应服务的农民置于其中的恶性循环。①

1876年，位于科林迪奥亚河左岸伊拉盖拉（Ellagala）的一条残损堤坝被修复了，一个新的定居区建立了。30年后，在河的右岸以同样方案修复了一条堤坝，并以同样方式为水箱注水，开辟了更多的定居区。修建阶段于1920年结束。灌溉系统向近2 500公顷的土地供水。系

① 这不意味着参与者永远被这套激励结构所限制，即使由社会和政治结构所形成的这些激励结构是很难改变的。在一个有着丰富而悠久的、采用当地各种制度成功进行灌溉的历史的国家中，产生如此的恶性循环是特别痛心的（Gunasekera，1981；Leach，1961，1980）。

统内大多数灌溉者是穷苦佃户：他们依赖于该地区的大土地所有者。但许多主要的大地主却居住在其他地区，并不依靠该地区的土地为生（Fladby，1983）。

干旱地区的降水量是每年50－75英寸，与西班牙巴伦西亚10英寸的年降水量和大洛杉矶地区14英寸的年降水量相比，这个降水量是相当大的。然而与其他热带地区相比，50－75英寸的年降水量又是少的。更重要的是，降水主要集中在10－12月，那时干旱的河床变成了湍急的河流，但几天后又全都干了（Gunasekera，1981）。在4月和5月还有一个短的雨季。英国人修复的灌溉系统结构相对简单，几乎没有常规的水闸，雨季的降水被积存在堤坝后面。水库的水量决定了下一个农业年能够耕作的土地的数量，一个较小水箱的水所能覆盖的土地与被灌溉的土地正好相等。

英国人所建立的管理结构是为灌溉系统的运作而设计的，这个灌溉系统把在矮浅的堤坝里积聚起来的一个雨季的水一下子排放出去。到了下一个雨季，堤坝内又积聚了水，然后再放掉。整个灌溉系统的农民不得不作好准备在一个短暂的时期内用水，不然就错过了那一季的种植时机。① 在英国人的统治下，水利部规定了固定的放水日期，为了保证两季的收成和堤坝与水渠的维护工作，每年的这个日期应该是不变的。固定日期的概念与英国水利部的总体看法有关，“英国水利部的总的看法是，灌溉系统应该按照标准的规划来运作，以尽可能少地受各种事件和个人品质的影响”（Harriss，1977：367）。

---

① 里奇（Leach）描述了20世纪50年代在一个依赖于小得多的重新修建的堤坝的村庄里所实行的制度：“每当在以往耕作的土地上开始耕种时，整个村庄必须严格遵守事先决定的工作计划，因为当水库出水闸门打开时，全部田地都会进水；当水闸关闭时，整个田地都干了。在干燥的土地上，是无法耕地的。但一旦进了水。土地柔软了，各处必须同时开始耕地。因此，为了避免因水分蒸发造成的损失，耕过的地必须播种，尽可能少的延误才会有好的收成。因此，对开闸日、完成播种日、播种的稻谷品种、收割准备完毕日和稻田排水日都必须达成一致。1954年强制实行了一种规则，乡村耕作官员在每一个耕种季节开始时召开全村会议，同与会村民一起把各种日期正式规定下来”（Leach．1980：108）。里奇说，当他在那里时，这个严格的制度是得到遵守的。

从1920年到1958年，科林迪奥亚灌溉系统受双重行政结构管理。在原则上，水箱和主要水渠的维护及注入水箱的河水的分配是由水利部管辖的。水利部所属部门的一位官员，是唯一有权命令灌溉系统的监工把水从水箱排放到10英里水渠的人。两个“看水人”或“放水工”再负责打开或关闭由简易厚木板做成的连接11条子渠道的主要水门，并报告主要渠道的情况。所有这些官员都从水利部领取固定薪金。

另一条责任线从农民耕作的土地开始。最下级的官员是监管员（Vel vidane）。在英国殖民统治的早期，这个职位是任命的，有相当大的权力和威望。① 监管员这个职位首先被视为是大地主的职位。许多耕作者是佃户，他们并不参与监管员的选举。监管员负责报告耕作的进展，可以对不按地主所同意的规则用水的耕作者实行惩罚。耕作者产量的一部分支付给监管员作为薪金。“在理论上。监管员负责现场处理问题。有权对未能均衡分配水等任何浪费水的做法实行惩罚，来确保节约用水”（Harriss，1977：369）。然而，不同灌溉系统的做法各不相同。一些监管员“受大地主的影响，工作常常是拖拉的，有偏差的”（Harriss，1977：369），一些监管员则以努力执行严格和公平的规则而著称。虽然，选举是在地方举行的，监管员却要对受雇于税务部的政府协理员（AGA）负责。有关收成状况的报告由监管员上报政府协理员。

水经常短缺。希望保住收成的税务部和希望按常规维护堤坝和水渠的水利部之间产生了严重的冲突。来自税务部的政府协理员经常要求推迟放水时间，以防止毁坏第一季收成，减少来自土地产量的税收。但是这种延搁却常常遭致第二季收成的损失和灌溉系统毁坏的积累。两个政府机构间的冲突也可能被大地主操纵，他们利用政府协理员对耕作而非灌溉系统维护的关心，结局会有点儿更有利于税务部。

---

① 英国政府对他们应该建立何种类型的行政制度和司法制度很没把握。在他们统治时期，建立并多次重建了与水利相关的行政和冲突解决机制。每一变化争论的关键问题是，应该给予“本地”法庭或行政官员多少授权。罗伯茨对1856—1871年英国在锡兰的统治作了出色的评论（Roberts，1980）。

约翰·哈里斯说，当一个强硬的政府协理员把土地耕种放在首位时，使灌溉系统发挥作用是可能的。20年代早期，有一个政府协理员曾做得相当成功：

> 他能抗住有权有势的地主的压力，就晚稻耕作问题坚定地使用他的权力，同时他也能灵活地运用监管员制度，使水得到最佳利用。耕作按时进行。因为监管员系统确实是一种整个地区的监督机构（HLarriss，1977：369）。①

监管员的薪金不是固定收入，而是作物收成中的一部分。因此，当排水的预报与土地耕作的安排吻合时，监管员就有强烈动机去迫使农民遵守规则，保证两季作物的丰收。

独立后10年，英国统治留下的制度并未有任何变化。1958年国民政府进行了民主化的制度变革。农业耕作不再由税务部负责，最终转由农业服务部负责。农业服务部也不对大型灌溉工程实行直接监督，只对小型灌溉项目提供监督和协助。新建立的耕作委员会的行政秘书代替了监管员。开始时，每个地区“水会议”的参加者由土地所有者变为全体耕作者，为期3年的耕作委员会由会议选举。每一个耕作委员会分别开会，为年度的每一个耕种季节安排耕种日程。② 这种安排大大增加了灌溉系统的适应性，但也削弱了不同灌溉渠道之间的协作，而

---

① 《1863至1896年的政府协理员》是爱德华·埃里奥特（Edward Elliott）的一份报告。这份报告揭示了一些英国政府协理员（在从事其他工作的同时）对监管一批较小的灌溉系统所作出的重要努力的新的必要性。在罗伯茨（Roberts，1980：200）所引用的埃里奥特1871年的报告中说：“每一年都表明，个人不断增加的对代理助理工作的关注对由村庄来从事灌溉工作是必要的。简单地要求村里的头儿来做所有工作似乎很好，但是结果却不怎么样，除非代理助理积极关注他们的努力，鼓励和支持他们。如果村民们明白这些，知道一旦他们同意承担工作，每一个人都必须有所贡献。不允许任何人规避责任，那么所有人都会愉快地组合起来去完成工作。但是经常不断的监督和大量的视察仍是必要的。”

② 这种类型的水的会议在斯里兰卡已经存在了好几个世纪（Gunasekera，1981）。厄普霍夫讨论了这些制度（Uphoff，1983）。

这在税务部负责整个系统的耕作事务时却是不难办到的。由于大多数水渠没有排列成行，排水常常不只是在几个主要时期进行，而要延续整个季节，渗漏的水量也因此增加了。

行政秘书负责强制实施用水规则，但他的强制力却不如监管员。行政秘书的薪金是固定的，在各地区按每英亩土地征收，不管土地有无耕种。因此，对行政秘书的激励与对监管员的激励不同：行政秘书的职位不再正式地由一小群大地主所持有；他的权力比监管员的权力要小；不管水的分配和使用是如何地无效率，他的薪金是固定的。另一方面，他的职位又在某种程度上依赖于他所监管的那部分农民是否满意。农民不满意，他就不能重新当选。他不再就他的工作直接对外部机构负责，也不再就收成情况和灌溉工作向外部机构提供信息。

大地主在科林迪奥亚的一些耕种委员会中常常占有主要职位，通过内部影响或寻求外部干预获取水分配中的特权。在水利部，一个技术助理同时负责科林迪奥亚右岸和左岸的发展。他手下有一个维修监管和两个管水员——这点人员对监管 11 个主要排水口和许多小的排水口，以及 2 500 多英亩土地上的灌溉活动，是远远不够的（Harriss，1977：371）。

从有效性出发，灌溉系统必须在没有地区层协调的情况下运作。管水员的任务是开水门、关水门和报告水渠的受损情况。在任何情况下，他们都不能强行限制任何农民获取的水量。农民很容易堵住水渠，迫使水改道流向自己的土地。灌溉者之间的争端时常依靠暴力来解决。从非正式地堵塞水渠中获利的农民不会被邻近受害的农民所放过（Harriss，1977：374）。

从 1973 年到 1977 年，耕作委员会成员由农业部长任命，这意味着地方的国会议员有效地控制着任命（Fladby 1983；N. T. Uphoff，私人通信）。20 世纪 70 年代中期，实际上已不存在对偷水的控制。虽然上报了 200 起偷水事件，却没有一个受到正式追究。在灌溉系统的下游，“约 80 英亩稻田是通过不合法水渠灌溉的，水渠非常醒目地接在主渠道上的，中断了最远处灌溉地上的耕种……这种情形一直持续了15年”（Harriss，1977：372）。因此，那些处在灌溉系统末端的土地是最无供水保障的，这在许多灌溉系统都一样。①

在采访时，几位行政秘书说，当灌溉者不上缴作为他们薪水来源的从亩税时，他们通常会上报偷水事件。但是，他们至今仍未要求采取官方行动反对灌溉者偷水（Harriss，1977：372－373）。自1958年以来，尚未对灌溉率作过评估。灌溉系统总工程师的结论是：“现在这里没有法”（Harriss，1977：373）。

到1977年，耕作委员会全部取消，他们的职能移交给被任命的负责耕作的官员，原有的至少有一些公共投入、完全集中化的体制改变了。1980年开始了温和的变革，选举产生了一位地区领导人，但这个职位相当不正常。虽然这个领导人由农民选举并由农民支付薪酬，但却要听从负责耕作的官员的命令。结果，至少在某些村子，除了农民自己，没有其他人能分配水或能协调人们的行动（Fladby，1983：102，191－195）。

在科林迪奥亚工程中，没有一个参与者愿意做其他任何事，一切服从于主导的策略。对于农民个人，唯一合理的做法是像灌溉系统中的其他人一样，尽可能多地偷水浇灌自己的土地，因为不会受任何惩罚。② 对于大地主，与国家领导人保持密切的政治联系是确保他们的非法行为得到保护的一种方法。对于政治家，则通过干涉灌溉程序，为支

---

① 在斯里兰卡某些地方的早期土地保有制度大大降低了水库首端和尾端之间的冲突，至少较小的水库是如此。水库灌溉的土地是这样设计和分配的：每一个农民被分到的土地有一块在灌溉区接近水源的三分之一区域，一块在中间区域，一块在最后的区域。这样，所有农民都希望找到一些途径使水到达灌溉系统的最后部分。当因缺水需要削减用水时，就相对容易决定不浇灌最后的三分之一土地。每个人参与分担风险，决定灌溉哪一块地的机制与地块设计结合在一起（Leach，1961，1980）。

② 费莱德比（Fladby）是这样描述20世纪80年代初科林迪奥亚交互作用的模式的：“在次要的农业季节，水是最稀缺的。用水很像19世纪初大国的外交博弈：没有规则是不可违背的，同盟形成了，每一个行动都伴随着一个对立的行动，长期唯一的指导准则就是自我利益。政府的作用就像一个只有某些正式权力却无实施手段、无效的跨国组织”（Fladby．1983：191）。

持他们的人提供好处。①

由于斯里兰卡官员——尤其是水利工程师——的总体人事结构，水利部工作人员很少会把他们的精力和时间投入到加强诸如科林迪奥亚工程那样的灌溉系统的运作与维护中。招聘人员主要基于学历和考试成绩；提升几乎完全根据资历；非专业人员和专业人员的级别几乎没有交叉；对水利工程师的评价是从民用工程专业的角度进行的，评价标准在很大程度上是公共工程设计和建造的标准，而不是公共工程运作和维护的标准；从事工程建筑的工程师要比搞运作和维修的工程师挣更多的钱。

在对人事制度进行了详细分析之后，迈克尔·莫尔（Miclaael Moore）总结出阻碍有效供水管理的几个方面：（1）招聘模式“阻碍了公务员和耕作者之间有效的社会交往”，也阻碍了“对供水管理特别重要的内部沟通和工作关系”；（2）笔试成绩与良好的工作绩效无关；（3）“在总体上，缺乏对良好工作绩效的激励”；（4）“漫不经心的工作态度导致绩效下降”，官僚作风一直延续着（M. Moore，1979：103）。最为重要的是，水利部官员工作负担过重、工资过低。

可悲的是，同样的问题也困扰着斯里兰卡的其他一些工程，困扰着亚洲和第三世界的其他地方。② 斯里兰卡近来修建的灌溉工程依然是长长的渠道，几乎没有控制结构。测量向不同水渠分配的水量极其困难，测量到达水渠末端的水量也极其困难（M. Moore，1980：3－4）。并且，水渠控制结构几乎没有一个是容易操纵的。在重新查看了近期

① 克雷格描述了国会议员和行政区管理体制之间关系的日益明显的党派性质（Crang，1986）。

② 考瑞（A. T. Corey，1986）的报告指出：计划为新定居者的900 000英亩土地开发或改进水供应的巨大的马哈维利（Malulweli）工程已超过20亿，面临严重问题（Jayawarden，e，1986）。在这些问题中，考瑞指出与H产粮区有关的问题有：（1）他们在那里调查的那年，该地区的119个分配地块中，只有83个有水。（2）在这83个有水的地块中，只有49个是从指定的工程渠道中得到水的；其余的水是通过私自截留得到的。（3）那里实行的轮流供水制度是很随意的。（4）未经许可开缺口把一个水沟的水全部放走，即使下游农民向政府报告这些情况，依然会因害怕报复而担心政府采取进一步行动（Corey，1986：158－159；Lundqvist，1986）。

的状况后，哈里斯告诉我们："水门丢失了，构架损坏了，水渠被侵占者接到了别处"（Harriss，1984：322）。当问及为什么不阻止这些公然的侵犯行为时，2位年轻的助理技术员回答说："因为害怕受到攻击"（Harriss，1984：322）。甚至一位勇敢的助理技术员也感到，只要侵犯者不大可能受到惩罚，阻止对水渠的侵犯就是徒劳的：

> 调查由警察负责，他们通常把偷水当作微不足道的小事，不像处理其他案子那样积极。并且，法庭审理中的拖拉和对破坏灌溉设施人的罚款很少，使法律制裁失去效力（Harriss，1984：322）。

而与党的官员有一定联系的灌溉者也许根本不会受到起诉。

定居区的人员多种多样，他们来自不同的区域、阶层、家庭集团，但所有的人原来都是穷人，他们的房子、基本收入的补充，以及社会服务的提供都依赖于灌溉工程。定居者的招收和选择也使农民组织的问题复杂化。选择定居者的主要标准有：（1）没有土地；（2）有一个大家庭，可增加劳动力供给（Harriss，1984：325）。根据法律，指派给新定居者的土地可以从上一代传到下一代。虽然，人们可以理解为什么要避免土地拥有的极度分散，但这样做的结果却是加剧了家庭内部兄弟姐妹之间的竞争，迫使青年男子去别处寻找发展机会。在一些工程中，留在家庭农场工作的青年男子的比例降至10%－15%（Harfiss 1984：328）。稻田耕作一直是劳动密集型的。如果家庭劳力短缺，用水控制杂草以减少对劳动的需求，从个别家庭的经济角度考虑，似乎是说得通的。即使是得到补贴的水，也比失业劳动力的实际边际成本更昂贵。但对一个有着大量过剩劳动力的发展中国家，对昂贵的灌溉用水给予补贴，并以这种方法分配灌溉用水，在经济上却是很难理解的。

科林迪奥亚的农民未能发展出一套有效的规则来对灌溉系统加以组织，这种情况在第三世界靠捐赠建立的大规模灌溉系统中并不少见。农民们之所以缺乏自主治理能力，是由与农民本身处境相关的内部因素和与农民所生存的制度结构相关的外部因素造成的。其中内部因素包括以下几点：

1. 灌溉系统中包括了大量农民；

2. 大多数农民是新近加入灌溉工程的贫穷的定居者，他们与他们所耕作的土地没有什么依附关系，农民们之间也没有什么依附关系；

3. 种族和文化背景的极端多样化；

4. 富裕农民有机会通过非法的和令人质疑的策略对水加以控制（潜在领导人因此能够只顾及他们自己，而不必运用领导权去解决较大的社群问题）；

5. 灌溉系统本身缺乏控制结构。

这些都是很难克服的问题。中央政府无意实施任何规则的放纵政策，加剧了这些问题。那些不希望实施规则的用水者，有相当多的机会和手段从中央政府的官员那儿取得帮助，阻碍规则的实施，这就破坏了供给新地方制度的任何努力。

在这样的制度中，占用者所面对的是一种无情的悲剧。难道不是吗？斯里兰卡大型灌溉定居区（或其他类似工程）的农民难道注定是冲突不断而无法合作吗？除非当地制度发生重大变化，否则回答只有一个：是的。但之后的关键问题是：是否有可能改变当地的制度，改变农民的激励和行为。最近在斯里兰卡的一个灌溉系统进行了开发新型组织、促进农民灌溉者之间合作的实验（International Irrigation Management Institute 1986；de Silva，1981），这个实验使我们能够对第二个问题给予有限肯定的回答，即形势是严酷的，但尚未失去希望。

在加勒亚灌溉工程的左岸，发生了一个剧变（Perera，1986；LJphoff，1985a-b）。加勒亚灌溉系统是斯里兰卡最大的一个以灌溉项目为基础的定居工程。这一系统于1950年完工，有3个主要部分：河流、右岸和左岸。左岸地区归入灌溉系统的大约有65 000英亩土地，由"近32英里的主渠道，150英里的支渠道和大约600英里的田间水渠"组成（Perera，1986：88）。20世纪70年代末期，诺曼·厄普霍夫用

“水文恶梦”来描述加勒亚左岸的情形（Perera，1986：88）。渠道没有得到保护，破裂的堤岸用淤泥堵塞着。控制结构被毁坏了，灌溉系统的供水面积大大小于原来的计划。农民之间缺乏信任，农民和水利部的官员之间也缺乏信任：

> 农民之间只有最低限度的合作。来自不同地区的定居者之间的社会关系常常是紧张的。……农民和水利部官员之间互不信任、互相指责。农民们对水利部工作人员的能力或可信度表示怀疑，……许多下层官员……因受贿和杀人而臭名昭著。在农民看来，有效供水管理的主要障碍是那些握有政治和行政权力的地方官员。
>
> 另一方面，水利部官员，尤其是灌溉工程师认为，农民用水不负责任，不仔细。他们因此认为有必要组织、教育、训练农民，使他们能够按照水利部的要求去做。总之，农民是问题的一部分，而组织、教育和训练农民是解决问题的方案（Perera，1986：89－91）。①

整个情形甚至更加困难和紧张，因为“灌溉系统末端地区的耕作者讲泰米尔语，居住在沿海附近；而大多数灌溉系统上游的耕作者是重新定居的僧伽罗人”（Uphoff，1985a：202）。

原来的工程设计要求加强农民的组织化程度和法律的实施。在最后的建议书中，这一要求作了某些修改，变为要求对整个加勒亚左岸地区的农民加以组织，以确保农民为修复和维护通向他们稻田的供水渠道提供义务劳动，增加供水的效率。最后的项目书给予农业研究和培训所（ARTI）——一个得到设在康奈尔大学的农村发展委员会协助的机构——一定的资金和建立农民组织的责任。

来自农业研究和培训所（ARTI）和康奈尔大学的人员反对工程计

① 水利部管理水的副主任告诉加利亚（Gal Oya）工程队的一位成员，如果他们能在加利亚取得成功，“便能在这个国家的任何地方取得成功”（Uphoff，1985c：44）。

划中的目标，即在4年内为左岸区的19 000名农民设计一个“农民组织”的模型并进行试验。他们把一种“催化剂”——制度组织者——引入这个互不信任和不可预期的情形中。制度组织者可以是一个大学毕业生，因为斯里兰卡在欠发达国家中是教育水准最高的国家之一，有许多大学毕业生找不到工作。作为大学毕业生，他们能够很快理解组织原则，并有与水利部官员有效地打交道所必要的社会地位。为确保制度组织者能与农民一起工作，招聘的申请者应具有农村的背景——如果可能的话，来自加勒亚这样大规模的定居点。制度组织者还必须愿意住到遥远的工程所覆盖的地区。① ARTI/康奈尔小组首先在最早开始修复工作的、接近灌溉系统最上游的地区开发了一个5 000英亩的实验区。这个实验区现已扩展到25 000英亩，但尚未覆盖整个灌溉系统。

制度组织者接受了约6周有关如何接近和激励农民及有关农业和水利技术的培训。他们被分为4至5人的小组，每一组负责一个支渠道地区。每一组再以田间水渠为基础，把所负责的地区划分成更小的单位。每一个组的制度组织者每周碰面一次，互相了解情况，在必要时互相打打气。制度组织者中有人生病或离开，其他人会顶替他的工作。

一位制度组织者首先要会见每一个从田间水渠取水的农民，讨论他们所面临的农业问题和灌溉问题，完成该地区有关信息的调查。② 在熟悉了农民和他们的问题之后，这位制度组织者再非正式地与使用同一个田间水渠的农民见面，规划自助方案。他并不企图建立一个事先规定的组织，而是努力组成一个工作委员会来解决特殊问题，如修理破损的控制水门，或挖掘河道内的淤泥。制度组织者还对不可能由农民自己解决的问题以及需要向水利部官员和其他人说明的问题加以界

---

① 在一次私人通信中，诺曼·厄普霍夫（Noman Uphoff）强调，决定雇佣大学生最初是为了避免雇佣有政治联系的人。这些制度组织者与水利部官员沟通能力的增强产生了意料不到的但非常积极的结果。

② 现场的迫切需要减少了用于资料收集的时间，也将制度组织者比计划更早地推向了实际工作。

定。一旦农民们习惯于在一起工作，并从集体行动中受益，制度组织者再帮助他们组成地方性组织，按全体一致的原则选择农民代表。这个代表能在大型会议上阐明他所在的田间水渠的其他农民所感兴趣的东西，并向他们报告在较大论坛上所发生的事情。

为了给农民和工程技术人员在一起讨论当地的修复计划提供一个论坛，ARTI/康奈尔小组试图在开始修复灌溉系统的设施前建成这些自下而上的组织。在与水利部官员讨论时，ARTI/康奈尔小组用农民准备为修复和维护灌溉系统投入大量劳动的事实，让工程师们相信：如果在规划修复方案时征求农民的意见，农民就很可能投入大量的劳动。当方案设计阶段开始时，农民们早已一起讨论并形成了修复田间水渠的良好设想。结果，水利部的官员开始转变他们对农民的基本看法。

“田间渠道组织”（field channel organization，FCO）是加勒亚项目中组织的基石。田间渠道组织都比较小，大约由 12－15 个农民组成。它是解决问题的组织，通常没有例行的会议时间、日程安排或书面记录。组织的第二层是建立在田间渠道组织之上的“支渠道组织”（distributory channel organization，DCO），包括了 200－800 英亩土地中 100－300 个农民。每一个农民因此成为田间渠道组织和支渠道组织两个组织的成员。每一个支渠道组织都有自己的一套组织安排，并一般都有包括全体农民的成员大会和来自田间渠道组织的农民代表委员会。行政人员是无党派的，按全体一致的原则选举产生。①

组织的第三层建在干渠或地区的层次上，是在建立和联结田间渠道组织和支渠道组织后成立的。② 在加勒亚左岸有 4 个主要地区，“地

---

① 田间渠道组织（FCOs）和支渠道组织（DCOs）的成员地位有时是一个微妙的问题，因为许多实际灌溉者对他们使用的水并没有法律权利。经常调解这个问题要涉及 FCOs 中所有的实际灌溉者。有的轮流不得不废弃，因为那些“用灌溉系统水渠中的水浇灌未经批准的耕作的农民，打破了关闭的闸门”（Uphoff，1986a：218. note 18）。

② 实际上，农民代表在田间渠道组织成立后不久、许多支渠道组织组成之前便发起建立了这样的地区议会。因为该项目并没有一个预先制定的“蓝图”，而是希望农民们把这些组织视为他们自己的组织并对此负起责任。

区议会”是各地区的最终代表。一个干渠供水区的所有农民代表都有资格参加地区议会的全体大会。组织的第四层——工程层次上的委员会——是由农民代表和制度组织者创立的。这个工程委员会为农民直接参与政策讨论提供了一个论坛。农民们意识到，水利部官员对他们的态度和行为发生了真正的变化，水利部的政策也发生了真正的变化。①

自从发展了新的集体行动制度，农民行为发生了显著的变化。在建立了田间渠道组织和支渠道组织的地区，轮流用水的程序总体上是相当合适的。在最近一次调查中，98%的农民代表“认为轮流用水使水的分配公平了，79%的农民认为轮流用水使他们感到用水有了充分保障”（Kadeliberate，1986；Perera，1986：103）。轮流用水常常要求灌溉系统上游的农民付出努力，使灌溉系统末端的农民也能用到水。如果上游农民大多是僧伽罗人，下游农民大多是泰米尔人，这一点更值得重视。例如，在一个跨越僧伽罗地区和泰米尔地区的渠道，水渠往往连续几年得不到任何维修，渠水的输送一直没有保障，农民们议论着前几次用水争端中的谋杀事件（Uphoff，1986a：207）。但田间渠道组织创立了几个月，僧伽罗族和泰米尔族的农民就开始清理水渠。厄普霍夫是这样描述这些变化的（Uphoff，1986a：207－208）：

> 在我1983年一月的访问中，看到15个泰米尔农民和12个僧伽罗农民完成了水渠的清理。在渠道中生长的、被农民用手砍掉的树根厚度无声地证明了：这20年来。水还未流到过渠道的末端。

① 厄普霍夫讨论了官员态度的变化（Uphoff，1985c：note 32）：“在一日访问中所见到的现水利部官员的一个令人惊奇的戏剧性现象是，水利部把新建的通向Uhana支渠的量水坝拆掉以减少对水流入某一渠道的阻碍。在为重新设计而召开的会议上，农民们坚持D渠的排水沟尺寸太小，但水利部官员则认为按计算结果尺寸是合适的。当水利部的副主任认识到确实没有足够的水到达划定地区的尾端，便同意只要支渠水流停止就扩大排水沟，同时尽可能多地增加流入D渠的水量，尽管这么做要花费水利部的钱并使水利部感到难堪。事实上，水利部从这一值得信赖的举动中赢得的尊敬足以抵消它的支出。我们很高兴也很惊奇地看到，星期天上午9:30该区总水利工程师亲自查看渠道尾端的水流量，这时我们也正在那里视察（而他并不知道这一点）”。

> 这些农民一起工作了3天，清理了渠道，及时地迎来了这个季节的第一次渠水。

这些努力增加了1 000英亩土地的耕种，使300个家庭从该年的两季收成中受益（Uphoff，1986a：208）。

在田间渠道组织的组织下，农民们常常参加团体活动，清理自己田地的水渠，甚至还去清理官员们因缺乏资金没有清理的支渠道。有80%的农民认为，田间渠道组织建立之前的水渠清理工作很糟糕，但只有6%的农民认为，1986年的清理工作搞得不好（Kasyananathan，1986；Perera，1986：104）。

农民之间的冲突也减少了。“现在，由于供水有了保障，有了发表意见的论坛即田间渠道组织来讨论和解决田间渠道组织层次上的争端，在有田间渠道组织的区域，冲突发生的频繁程度和严重程度都大大降低了”（Perera，1986：104）。1985年，77%的农民说，在他们的田间渠道上，没有发生一起用水分配上的冲突（Kasyanathan，1986；Perera，1986：104）。由于这些组织的非党派色彩和对名流的回避，该地区有权势的农民一开始对加勒亚左岸的农民组织是持反对态度的。到了1983年，他们的反对消失了，一些政治家也发表讲话，赞扬田间渠道组织和支渠道组织的非党派性质。虽然，保持组织的非党派性质在开始时显得困难，但是，在田间渠道组织和支渠道组织中，来自各党派的作为重要工作人员的农民能很好地在一起工作，已不再是不寻常的事。

就如水利部官员改变了对农民的态度，农民对水利部官员的态度也改变了。官员们对农民需求的关注大大增强，农民们能够为应农民要求变更政策的特殊事件提供出文件证明。在加勒亚左岸，有70%以上的官员认为，官员与农民的关系改善了，田间渠道组织提供了更多的沟通途径，促进了更好的相互理解和信任（Kasyanathan，1986；Perera，1986：103）。种族间的信任也增强了。有这样一个例子：在1981年该地区的社群暴乱中，一些年轻的僧伽罗海盗在市场上焚烧了泰米尔人的店铺，但僧伽罗族的农民代表来到水利部泰米尔族官员的家里，保护他们不受暴力侵犯（Uphoff，1986a：206）。

加勒亚组织计划的主要弱点是，要农民从事田间渠道的修建工作而不支付报酬。在有的地方，只建成了30%－60%的田间渠道（N. T. uphoff，私人通信）。私人承包商因从事田间水渠的修建赚到了相当可观的利润，计划者却只基于朴素的社群精神，就期望农民去干重体力活而不立即向他们支付报酬，这可能是不现实的。而水利部不能按计划工作，更使激励农民按时完成任务的工作变得复杂化。

至少在ARTI/康奈尔小组中，没有人认为加勒亚工程运作得完美无缺；有时甚至有大问题。制度组织者的辞职率很高（95%），当他们在教育部或其他地方找到了固定工作，就会离开；一些制度组织者没有经过充分训练就投入了工作；基层缺乏工程监督；一些水利部官员和一些农民并不像其他人那样富有同情心；工程成本是中等的，但是从总体上看，因成功引进轮流供水程序而提高的产出还是超过了成本（Perera，1986：105）。

总的说来，加勒亚工程给我们提供了一个曾经在用水和田间水渠维护上无望得到农民合作的制度发生剧变的案例。除了在田间水渠维护和平均分配用水方面得到了必需的协调、因而增加了灌溉系统的有效性外，这个工程还留下了一个能不断发展解决问题技能的组织体系。

在加勒亚工程之前，所有参与者都受制于恶的激励。在这种情况下，如果没有外力的干预，靠农民或官员自己改变他们所处环境的结构似乎是不可能的。然而，在加勒亚工程中的干预，并不是中央政府机构采用其他人所设计的规则来严格地、统一地管理农民，尽管在最初的工程文件中，这就是干预的含义。ARTI/康奈尔小组特别反对这种外来的严格控制。他们使用“人类催化剂”（human catalysts）到田间水渠直接与农民和官员们一起工作、解决问题，以此提高当地农民和官员解决问题的能力。只是当农民在需要共同工作的集体行动方面取得初步进展后，才开始考虑建立比较正式的组织。甚至那时，田间渠道组织也仍然是简单的、解决问题导向的。农民代表的产生要经全体一致同意，而不是由“领导”挑选、多数通过。全体一致是所有组织层次上决策的主导规则。在制度已遭破坏的斯里兰卡，日常灌溉问题和农业问题的解决能远离政治化的渠道，是极其重要的一步。

在试图把农民组织进一个较大的团体之前，要培养他们建立直接的互信和互利关系。农民们在建立支渠道层次的正式组织时，并没有遵循单一的、外部授权的模式。农民们最终在4个相互加强的层次上建立了组织，他们的行动得到了认可和鼓励。最重要的是，农民们意识到他们的建议第一次受到水利部官员的认真对待并有了明确的结果。

加勒亚工程说明了在互不信任和互相仇恨的传统仍在代代相传的情形中，外部代理人是怎样帮助水渠使用者克服导致次优结果的恶的动机的。除非有着不同观点的主要参与者能同时意识到对他们全体所面临的激励结构进行重大变革的必要，否则，这样的问题在内部是难以解决的。① 外部干预的量不必多，成本不必昂贵，更没有必要在田间长期保留大批的“催化剂”。要使这样的工程取得成功，农民和水利部官员都必须把所建立的农民组织视为在治理和管理任何复杂的灌溉系统中处理长期问题的、合法而永久的工具。②

新斯科舍近海渔场的脆弱性

前面讨论的案例所阐述的一些问题，使公共池塘资源的占用者难

---

① 在一次私人通信中厄普霍夫报告说，在加勒亚的一名现场工作人员南希·朱莉安认为搭便车有两面性：一方面表明它本身正在试图建立一种形式的组织；另一方面表明它本身必须完成这些工作以保证有组织的合作继续下去。在这个案例中，第一种类型的搭便车被证明比第二种类型的搭便车更难克服。外来的制度组织者在克服多年延续的不信任和不愿一起工作方面所做的努力是重要的。一旦合作成功，保持合作的利益就不那么困难了。

② 与用于加勒亚相似的、成功的干预策略也被用于菲律宾（D. Korten，1980；F. Korten，1982），尼泊尔（Rahman，1981），孟加拉国（D. Korten，1980）和泰国（Rabtbhadena，1980）。

以建立一套限制进入和限制使用的有效规则。现在我想转到另一类问题——脆弱的公共池塘资源制度。一些由公共池塘资源占用者设计的公共池塘资源制度虽然是有用的和有效的，然而在更广的场景中，其有用性和有效性却是值得怀疑的。

在加拿大东部沿海坐落着一些小渔村，那里的人们世代靠打鱼为生。许多小渔村的渔民，特别是新斯科舍和纽芬兰的渔民，建立了自己的规则来治理附近的渔场。这些地方规则体系控制着进入渔场的人员和渔场在使用不同捕鱼技术的渔民之间的分配。在有的情况下，渔民们用抽彩来分配下网的最佳地。① 安东尼·戴维斯详细描述了一个他称为“莱蒙隆港”（Port Lameron Harbor）的新斯科舍村庄所建立的地方规则（Anthony Davis，1984）。

使用莱蒙隆港的99个渔民几乎全部是18世纪最后10年定居在这个地区的渔民后代，有52条渔船。这些渔船都比较小，即使是其中在远海作业的10条也不例外。多数近海船的成本不到3万美元，远海船的成本接近5万美元。平均每条近海船上的船员是1.8人，远海船是2.5人（A. Davis，1984：135）。

远海作业的渔民全年在水上捕鱼，必要时就在水上修理渔船。近海作业从每年的3月底到12月，当需要修理和改装时，渔船停靠在码头。两部分船员使用各种捕鱼技术，在不同季节捕捉不同种类的鱼（鳕鱼、大比目鱼、鲱鱼、鲭鱼、龙虾）。虽然近海渔船和远海渔船的价值、大小不同，使用的技术也不同，但这些不同与前面所谈到的勃德拉姆和伊兹米尔湾各种类型渔民之间的不同相比，并不显著。

---

① 在纽芬兰的格雷特海湾（Grate's Cove）、费尔缪斯（Fermuse）和退灵哥特（Twillingate）都采用每年一次抽彩的方法。只有一定量的船能参加抽彩，这些船通过抽彩被指派到特定地点。正如一个渔民所描述的那样，“我们为分配捕鱼场点而抽签。只有10个可供抽签的停泊处，只有10条船能在那里捕鱼。如果一个农夫有一年得到了一个泊位，下一年他就能进入抽签”（Matthews and Phyne 1988：17）。也见K. Martin（1979）和MeCay（1978，1979）。

沿新斯科舍西南部海岸的大多数渔村，渔区广大。① 莱蒙隆港近海渔场从海岸向外延伸约25公里，沿海岸约20公里。远海渔船使用渔场的外边部分，甚至更远。莱蒙隆港渔场分为好几部分，各使用不同的捕捞技术。捕捞鲱鱼、鲭鱼的网撒在港口以外靠远海岸的一个矩形区域内。如果网撒到近海以远处，会阻碍港口渔船的进出；但如果把网撒入大海，洋流就会把网毁坏。捕捞龙虾与捕捞鲱鱼的海域基本相同。渔汛季节，技术上具有潜在冲突的鳕鱼捕捞、大比目鱼捕捞也在同一地方下网。

莱蒙隆港的渔民基本上是从实际出发划分渔场的：哪一个小环境在哪一个季节最适合哪一种捕捞；具体模式则“体现社群渔民在多年经历中所积累起来的、实际的、非正式的资源管理策略”（A. Davis, 1984：145）。并非所有技术都能在渔场环境中互相兼容。例如，1975年有4位远洋渔船的船长购置了捕捞水底鱼的渔网，当时政府为购置这些渔网提供了大量补贴。然而这些渔网的使用极大地干扰了近海和远海的渔船作业。港内渔民的反对使这4位船长于1980年放弃使用这些渔网。② 把渔场划分为几个使用不同捕捞技术的作业区，不仅降低了使用一种技术可能强加于其他捕捞作业的外部效应，而且使在全体渔民中合理分配产出的低成本的体制得以继续下去。监督是基于该船使用

① 阿契森（Acheson 1975）、安德森（Andersen 1979）和法瑞斯（Faris 1972）也描述了有关渔区财产权发展的类似的发现。

② 对购买新技术实行补贴是中央政府在处理与渔民关系时常用的策略，有时造成很不幸的结果。为获得新技术提供资助建立在这样的假定之上，即没有外来援助当地渔民不会采用有效的新技术。渔民们在使用新技术方面的保守性也许反映了一种认识，即对复杂资源系统的管理依赖于所使用的技术与控制进入及使用的进入规则及授权规则之间的微妙的平衡。如果新技术的适用性是递增的，那么规则和使用技术之间的关系就可能变得严重失衡。这在规则是通过长期的试错实验形成、渔民们并不拥有设计新规则和实施新规则的权力的情况下，尤为如此。只强调“生产成本”，而不强调包括生产成本、交易成本、实施成本在内的总成本，会导致对有效性的一个狭隘的解释（North, 1986a, b）。由外部政府迅速引进一种“更有效”的技术，也会引发“公地悲剧”，就如这些公共官员假定如果他们不对渔场的使用加以规制就会发生“公地悲剧”一样。有关巴西全国政府对巴利亚海岸一种新技术实行补贴的效果的讨论. 见 Cordell and Mckean (1986)。

的捕捞技术，不但简易可行，成本也大大低于基于捕鱼量的监督方法的成本。

莱蒙隆港渔民使用渔场之权利的依据是资历，即他们和他们的家族已有几代在这里捕鱼并参与管理了这里的资源。一位当地渔民这样说：

> 我一直在这里捕鱼。我的父亲和我父亲的父亲也在这里捕鱼。我们家族的男人已经在这里捕鱼很长时间。如果谁有权在这里捕鱼，那就是我，我与这里的大多数捕鱼伙伴们没有任何差别（A. Davis，1984：145）。

这里的渔民认为他们对构成年产量40%的龙虾的海域拥有唯一的权利。此外，他们还对其余的捕捞区，拥有先行进入权（和在渔业资源短缺年份的拒绝进入权）。虽然在好年头，他们对前来捕捞的附近渔民采取了容忍的态度，但年头不好时，产权的界限就会很严格。坏年头也是渔场冲突爆发的年头。所有渔民都要管住自己的边界。执行规则的任务也由当地渔民承担，因为他们不能借用外部权力来强制实施内部的进入规则。戴维斯对他们强制执行规则的情况作了描述。

> 有这样一个例子。一位莱蒙隆港的渔民在置放了他的一长排鱼竿后，看到一个来自邻港的渔民把鱼竿放在紧挨他鱼竿的地方，有的鱼竿还与他的鱼竿交叉。这位莱蒙隆港的渔民便通过民用波段无线电与“违规者”联系，对其行为进行指责。在他俩的对话结束后，其他听广播的莱蒙隆港渔民表达了对同伴的支持。这种支持加上采取行动的暗示，如“割断”入侵者的鱼竿，迫使做错事的渔民道了歉（A. Davis，1984：147）。

这种规则体系是脆弱的，因为没有得到加拿大联邦政府，尤其是海洋和渔业部的认可。在那些年，加拿大的渔场警察经历了很大的变化。早期，在对近海渔场的规制中，省的作用要重要得多，特别是在1949年才加入联邦的纽芬兰。纽芬兰政府采取的规制行动，是为解决不同领地和不同技术的渔民之间的冲突提供论坛。纽芬兰渔场的规制基本上是按依据当地情况设计的渔业法规编纂而成的（K. Marti，1979）。

联邦政府对地方规则持反对态度。加拿大的现行政策“几乎不相信地方惯例能够全面管理渔场”（Matthews，1988：6）。联邦官员假定整个东部沿海是一个开放的渔场。① 他们主要的政策选择只有两种：私人产权和政府规制。排除私人产权便走向实行联邦政府规制的官方政策：

> 联邦政府……对保护渔业资源和在互相对立的使用者之间配置渔业资源承担法律责任。既然建立渔业资源的私人产权在绝大多数场合是不现实的，那么一国政府对资源保护和配置的责任就不能委托给其他人来承担（Government of Canada，1976：20）。

东部沿海以外的深海渔场长期以来是开放的，大多数远海渔场也是如此。1976年以前，外国船只在这些高产渔场的竞争多次导致了渔业资源的枯竭。1976年，加拿大政府根据“海洋法条约”宣布对其海岸线以外200海里拥有主权。加拿大主权的扩张使加拿大官员能够开始处理远海渔场的开放问题，也使加拿大渔业计划人员认为“他们的职责是使包括近海捕鱼和加工在内的渔业部门的所有活动‘合理化’”（Matthews，1988：8）。

政府最初的许多工作包括了给渔船发执照和给不同种类的渔业活

---

① 在1976年印发的联邦政策指南中，明确地阐述了这一政策：“在一个开放式的所有人均可自由进入的渔场，相互竞争的渔民不顾后果地捕获所有可捕到的鱼。除非对他们加以控制，否则后果就是渔场的崩溃：即商业意义上的资源枯竭。‘公地悲剧’在渔场重演”（Government of Canada，1976）。

动发执照。许多全职的和半职的渔民担心执照只是减少该产业渔民数量的第一步，而许多现在尚未从事捕鱼的人获得捕鱼营业执照的目的是为了保证在限制捕鱼人数前就已经拥有了捕鱼的执照。此外，由于莱蒙隆港渔民使用各种捕鱼技术，一旦要给不同的渔业活动发执照，那一社群渔民的瞬时反应就是为他们尚未使用的捕鱼技术取得营业执照，为将来做好准备。同样的情况也发生在其他区域。帕兹瓦尔·考波斯（Parzival Copes，1983：16－17）说，在纽芬兰登记的渔民人数从1974年的15 351人增加到1980年的35 080人，但他估计，那里实际的捕渔人数只有21 297人。

莱蒙隆港尚未获得撒网捕捞鲱鱼执照的渔民认识到这种“防备性”领取执照做法的重要性。当联邦官员在没有事先通知的情况下冻结了可领取的执照的数量，威胁要对非法撒网者采取制裁行动时，社群冲突爆发了：

> 当得知他们不再能获得永久执照，除非他们现在已有一份执照，否则渔场官员便会没收他们没有执照的渔网时，好些渔民都非常气愤。一个渔民大叫起来：“如果他们碰我的渔网，我绝不便宜他们！”（A. Davis，1984：157）

反抗集会在全海岸举行。联邦主要官员改变了立场，允许渔民得到捕捞鲱鱼的执照，不管他是否打算出售鲱鱼。整个过程进一步加强了当地人的看法，即联邦官员不作任何咨询就武断行事，设计的规则不能很好符合当地情形：

> 他们知道我们做什么吗？渔场官员只是偶尔在这里逛逛。他们怎么知道什么对我们最有利？我们长期在这里捕鱼，我们知道什么对我们有利，我们知道什么是可做的（A. Davis，1984：156）。

加拿大的政策一贯是为整个沿海建立一套标准的规则，而不是去寻找加强地方自主建立规则体系的方法，确保那些由地方自行设计和发展、为适应当地环境和技术系统而建立的渔场进入和渔业资源使用的有效的规则体系能继续存在下去。如果加拿大未来的政策进一步加剧了渔民的反感，他们便无法获得对进入开放的深海渔场的控制，失去对一些近海渔场进入的控制。

人们很难确切地知道，莱蒙隆港渔民的未来将会怎样。如果国家政策发生变化，如果官员们在把建立新规制的努力大部分放到确实是进入开放的远海渔场的同时，试图建立一套有助于加强已历经多年发展的地方规制的嵌套式规则（nested rules），那么这一脆弱的规制体系就可能继续存在并得到改进，渔民们就能够有效利用当地这些在未来未必能继续有效存在的渔业资源。① 然而，如果加拿大政府继续对整个东部沿海的渔民实行单一的政策，那么地方发展的规则体系最终就会衰落。但是，任何国家机构能否拥有为建立一套适合各地特殊情况的规则所必需的、当时当地的大量信息，仍是值得怀疑的。

加拿大联邦政府的官员并不是唯一以为不存在规制公共池塘资源的地方惯例的官员，他们也没有采取行动，威胁或破坏现有的惯例。考代尔和麦克金描述了一种由居住在巴西巴伊亚（Bahia）海岸的、贫穷、肤色黝黑的木筏渔民所建立的海洋占有权形式，这种占有权在巴西并不被国家的、区域的或地方的政府所认可（Cordell and McKean, 1986）。并且，巴西政府的官方政策是进入开放，而不是进入限制。巴西国家捕鱼规则规定，所有的巴西水域作为公共水域向任何在巴西码头注册的巴西船只开放。

一些学者记载了尼泊尔政府通过的“私人森林国有化法”（Private

① 如此庞大的系统会更复杂些，需要包括自治权和政府对地方规则的合法性的详细审查。

Forests Nationalization Act）（Arnold and Campbell，1986；Bromley and Chapagain，1984；Chapagain，1984；Messersehmidt，1986）。这个法律公开提出的口号是“为整个国家的利益而保护、管理和保存森林”，但实际上却中断了过去建立的地方森林的社群控制方法。麦瑟舒米德（Messerschmidt，1986：458）报道了该法律实施后即刻发生的事：

> 尼泊尔村民开始了搭便车——大规模地、系统地过度开发森林资源。对这种搭便车行为通常的解释是，村民们感到他们失去了对他们森林的控制权，他们不信任政府控制和国家的资源政策。

1978年，尼泊尔政府修改了政策，开始鼓励把森林地转为由村庄控制，并积极鼓励造林和护林工作（Arnold and Campbell，1986）。总之，每当中央政府以为并不存在控制公共池塘资源的地方制度时，实际存在的控制公共池塘资源的脆弱的地方制度就会中断，这类事情在世界其他许多地方都发生过。

来自本研究案例比较的教训

给出这些具有有效的、失败的和脆弱的制度安排的案例，是为了找出它们的共同点。既然我们已经描述了这些案例，我将再使用它们进行两类分析。首先。我将使用在第三章阐述的设计原则来描述哪些案例具有有效制度设计原则的特征？如果失败的和脆弱的制度也具有与这些有效制度相似的设计原则的特征，那么这些原则也许应该被驳回，因为它无助于区分有效的、失败的和脆弱的制度。其次，我将分析影响人们改变他们制度的情景特征和体制特征（如第四章描述的案例和第三章追溯的以往发生的案例），以及本章所描述的限制人们改变他们自己的制度（或防止强加于他们的外部变革）的因素。第一个分析是这一结论部分的主题，而第二个分析将在第六章进行。

作为评价所提出的设计原则正确性的第一步，我把在本研究中讨论过的所有案例都排列在表5.2中。对每一个案例，我都指出哪些设计原则是明显适用的，哪些有点适用，哪些明显不适用。第三章给出的那些制度能长期存续的案例显然是以这些原则为特征的，因为这些原则本身正是对案例中共同因素的概括。在雷蒙德流域、西部流域和中部流域为保护流域自身而建立的制度，也是以这些原则为特征的。那些制度已经表明它们能够生存30或40年。我愿意把它们假定为有效的制度。

这些原则还清楚地区分了成功的案例和失败的案例。在失败的案例中，租金散失继续有增无减的两个土耳其渔场（伊兹米尔湾和勃德拉姆）无一是以这些原则为特征的。斯里兰卡的科林迪奥亚灌溉工程只符合一条原则，即边界清晰；1938年租金散失成为严重问题后的马维尔渔场符合两条原则，即一致原则和监督；制度变迁之前的雷蒙德流域、西部流域和中部流域符合两条原则，即冲突解决机制和被认可的组织权；莫哈韦案例符合三条原则，即集体选择的论坛，冲突解决机制和被认可的组织权。因此，在公共池塘资源的占用者显然不能解决他们所面临的问题的案例中，没有一个符合三条以上的设计原则。

本章认为加拿大莱蒙隆港的公共池塘资源制度是脆弱的。我还觉得土耳其阿兰亚的制度——尽管有创造力——是脆弱的，斯里兰卡加勒亚工程的制度也是脆弱的。对此，我的解释是：虽然在阿兰亚设计的制度提供了一条解决分配问题的第一流方法，但他们并没有提供解决地方渔场进入限制问题的方法。在当前，愿意到阿兰亚捕鱼的渔民数量还没有威胁到渔场的生存，但是如果有更多的人想要进入渔场，在马维尔发生的租金散失问题就可能在阿兰亚重演。过去，集体选择部分是通过当地的协调机制、部分是通过在当地咖啡屋中的讨论决定的。但是，没有一个用于集体选择的经常性论坛，阿兰亚的渔民要在未来条件变化时调整他们的规则就将是困难的。

表 5.2　设计原则和制度绩效

地点	边界清晰成员明确	原则适当	集体选择的论坛	监督	分级制裁	冲突解决机制	被认可的组织权	嵌套式单位（nested units）	制度绩效
瑞士，托拜尔	是	是	是	是	是	是	是	NR[a]	有效的
日本山村	是	是	是	是	是	是	是	NR	有效的
西班牙，巴伦西亚，木尔西亚和澳瑞辉拉	是	是	是	是	是	是	是	是	有效的
雷蒙德，西部和中部流域（当前）	是	是	是	是	是	是	是	是	有效的
西班牙，阿里坎	是	是	是	是	是	是[b]	是	是	有效的
菲律宾，巴卡拉一文塔	是	是	是	是	是	是	是	NR	有效的
土耳其，阿兰亚	否	是	弱	是	是	弱	弱	是	脆弱的
斯里兰卡，加勒亚	是	是	是	是	C	弱	弱	否	脆弱的
加拿大，莱蒙隆港	是	是	弱	是	是	是	否	否	脆弱的
土耳其，伊兹米尔湾和勃德拉姆	否	否	否	否	否	否	弱	否	失败的
斯里兰卡，马维尔	否	是	否	是	是	否	否	否	失败的
斯里兰卡，科林迪奥亚	是	否	否	否	否	否	否	否	失败的
雷蒙德，西部和中部流域（早期）	否	否	否	否	否	是	是	否	失败的
莫哈韦，地下水流域	否	否	是	否	否	是	是	否	失败的

a NR = 不相关。

b 有两个重要的例外，从 1739 年至 1840 年，从 1930 年至 1950 年。

c 资料遗失。

关于加勒亚，边界和成员已清楚界定，设计了合适的原则，原则的执行情况得到监督，集体选择的论坛也已建立。然而，在农民权利没有得到明确认可和保证、没有合适的冲突解决机制前，我不愿假设这些制度是有效的。在长期中央控制的情况下，如果水利部的一个重要变化是任命那些认为农民们几乎未曾提供过任何合作的人作为水利部的工程师，那么加勒亚的农民要继续进行有组织的努力就将是困难的。就设计原则而言，脆弱制度的案例属于中间案例。虽然这些原则足以使公共池塘资源的占用者解决他们直接面临的公共池塘资源问题，但是除非有进一步的制度发展，除非制度安排基本符合整套设计原则，否则人们仍很难预测这些制度是否是有效的。

至此我们所讨论的案例仍是有限的。要确信这些设计原则是区分有效、脆弱和失败的制度安排的最佳方法，还必须做进一步的实证研究和理论研究。我和几位同事正从大批经验案例中收集信息，以确定表5.2中所显示的关系模式的可重复性。第三章对为什么这些设计原则与有效制度相联系给出了一个初步的解释。那些初步的理论推测在表5.2所给出的进一步的理论分析和实证分析中得到了充分证实。

第六章

自主组织和自主治理
公共池塘资源的分析框架

第一章讨论了用来证明外部政府应该为共同使用公共池塘资源的人们提供解决问题方案的政策建议之合理性的三个模型：哈丁的公地悲剧，囚犯困境博弈和曼瑟尔·奥尔森的集体行动的逻辑。这三个模型都预言，使用公共池塘资源的人不会为争取集体的利益而合作，并认为人们会陷在传统的环境中、无法改变影响他们动机的规则。

本书研究的案例，每一个都只发生在一个国家内，只涉及规模较小的公共池塘资源（其中最大的只包括 15 000 个占用者），占用者的经济收益在很大程度上依赖于稀缺的资源单位的流量。这些案例列举了在这些背景下的一些占用者（但不是全部），是怎样为解决二阶困境问题提供了他们自己的制度规则的。他们设计了各种制度安排。在阿里坎特和 3 个加利福尼亚地下水流域，资源流量占用权成为可交换的权利，但整个公共池塘资源并未成为私有财产。在加利福尼亚地下水案例和其他几个案例中都有公共的执行机构，但这些成功案例中的公共池塘资源却没有一个是由中央集权政府直接实行规制的。

大多数成功案例中的制度安排都是公共体制与私人体制多方面的结合。如果这个研究只是打破了许多政策分析人员所持有的那种信念，即解决公共池塘资源问题的唯一途径是实行完全的私人财产权或集权式的政府规制，那就达到了它的主要目的。与此同时，我们并不认为由占用者，而不是由外部政府，提供制度安排，就会达成解决问题的最优方案。莫哈韦案例清楚地说明了这一点。但是第三章和第四章所讲述的公共池塘资源以及治理这些资源的、长期存续的制度的案例，证明由资源占用者提供的制度安排至少能够达成最低限度的解决方案。

除了对只有通过外部政府强加的一般制度方案才能解决规模较小的但仍是复杂的、不确定的和棘手的公共池塘资源问题这一假设提出挑战外，本书还有另一个目的。对现实世界的观察告诉我们，这些制度模型远未能反映出现实世界的复杂性，其本身的效用也是有限的。人们所需要的是进一步推进理论的发展，总结出在任何情况下都存在的变量，从而能够解释和预测在什么样的情况下，规模较小的公共池塘资源的占用者较有可能通过自主组织来有效治理他们的公共池塘资源；在什么样的情况下，则较无可能这么做。这样的理论发展不仅应该提供更有用的模型，而且更重要的是提供一个总体框架，以有助于引导政策分析人员把注意力放到实证研究和理论研究中都需要加以考虑的重要变量上来。

第一章所介绍的模型并没有什么错误。当现实条件逼近模型中的假设条件时，实际的行为和结果将与预测的行为和结果非常接近。当有着高贴现率、互相之间很少信任的人们在缺乏沟通能力、无法达成有约束力的协议、无法建立监督和实施机制的情况下各自独立行动时，是不太可能选择符合他们共同利益的策略的，除非这个策略正好是他们占支配地位的策略。太平洋沙丁鱼渔场的毁坏（McHugh，1972）和南极蓝鲸渔场的毁坏（Clark，1977）就悲剧性地证实了当现实环境接近于理论假设时这些模型对结果的预测能力。

但是这些模型只是一些使用极端假设的特殊模型，而非一般理论。当特定环境接近于模型的原有假设时，这些模型可以成功地预测人们所采取的策略及其结果，但当现实环境超出了假设的范围，它们就无法预测结果。在规模较大的公共池塘资源环境中，缺乏沟通、每个人都独立行动、没有人注意单个人行动的效应，改变现有结构的成本就很高。在那种环境下，这些模型对预测人们行为是有用的。但对于本书研究的重点——规模较小的公共池塘资源中资源占用者的行为，这些模型就几乎派不上用场。在这种情形中，人们经常不断地沟通和互动，因此他们有可能知道谁是能够信任的，他们的行为将会对其他人产生什么影响，对公共池塘资源产生什么影响，以及如何把自己组织起来趋利避害。当人们在这样的环境中居住了相当长时间，有了共同的行为准则和互惠的处事模式，他们就拥有了为解决公共池塘资源使用中的困境而建立制度安排的社会资本。

把假定无沟通、无改变规则能力的模型用于规模较小的公共池塘资源情形中，便超出了模型的使用范围，而超出范围使用模型所产生的后果是弊大于利。基于所有的公共池塘资源占用者都缺乏能力、必须用规则对他们加以管理这样的观念制定的公共政策，会破坏在一些特定区域中多年积聚起来的制度资本。新科斯舍渔场的案例就是一个证明。

把这些模型在相当多元化的、并非符合特定限制条件的环境中加以创造性的应用，责任并不完全在于政策分析人员和公共行政官员。学术界也像其他领域一样，风行狂热，追逐时尚。许多研究人员对用有着严格假设的分析模型进行确定型预测有强烈偏好。但是，要使模型具有更大的适应性，理论家们必须简化假设。许多假设与把参数（例如，参与者可得到的信息量，或沟通的程度）设定为常数（例如，完全信息，或不存在问题）是相同的。由于所形成的模型显得很简洁，只有几个“非固定部分”，因此有些人也许会认为那是一个一般模型，而不是现实中的特定模型。然而，表面上的简化与一般化并不等值。把一个变量设置成一个常数通常是使模型的应用范围更狭窄，而不是更宽泛。

并且，以把环境结构，即使在重复出现的情况下，作为无变化的或作为外生变量固定化的模型为基础制定政策，所导致的政策建议是环境结构必须由环境外部的力量来改变。试图对均衡状态进行预测的分析人员在探讨由环境所控制的、有限的内生变量的效应时，必须假定一些变量是常数（因此是外生变量）。这些模型显示的是，处在特定的无法改变的环境中的人们会做什么。但这些模型并没有告诉我们，当人们具有重塑自己环境的自主权、能够影响各自行为规范和预期利益时，他们会做什么。也没有告诉我们现有政治体制如何才能增强制度安排的结构，或如何才能赋予创新者建立能使他们和其他人境况更好、而不是更糟的制度的能力。建立一个模型来描述人们如何才能改变他们长期所处环境的结构当然是有可能的，但当前的政策分析只是把第一章所讨论的静态模型作为分析的基础。

对具有一定深度的案例研究进行分析，能加深人们对人类在塑造和重塑他们赖以进行决策并为之承担短期行为后果的环境中所展示的技能的钦佩。在阿兰亚、托拜尔、日本山村、巴伦西亚、伊洛卡斯诺特、加利福尼亚地下水流域、甚至马维尔，那里的人们都改变了他们所处的结构，从一种无组织的个人独自决定对稀缺公共池塘资源的占用这样一种制度结构，转到了有组织的个人在循序渐进的、权变的或不确定的状态中进行决策这样一种制度结构。居住在斯里兰卡大规模定居区的农民一直未能转变他们所面临的激励结构，但在外部力量进入后，他们最终在外部代理人所开始的小规模变化的基础上实现了重大的制度变更。勃德拉姆和伊兹米尔湾的渔民则继续面对着租金散失的局面，似乎无力改变他们所处环境的结构。莫哈韦沙漠的居民尝试过设计新的制度来解决水的使用和供应问题，但是新设计的制度并不合适，那里的居民也许会把他们地下的水抽干。

供给问题、可信承诺问题和相互监督问题

为什么一些占用者能为自己提供新的规则，准自愿地服从这些规则并对各人执行规则的情况加以监督，而其他一些占用者则不能这么做？如第二章所讨论的那样，制度供给、可信承诺和相互监督是很难用现行的制度理论来解释的。在第三章，我对可信承诺和相互监督这些适合于设计原则的公共池塘资源占用规则给出过一个初步解释。这些

解释在很大程度上是根据第二章关于容易犯错误但服从准则的个体在复杂的和不确定的环境中实行权变策略这样的假设做出的。这样的个体会对遵循下列准则做出权变的承诺：

- 规定有权使用公共池塘资源的一组占用者（设计原则一）；
- 考虑公共池塘资源的特殊性质和公共池塘资源占用者所在社群的特殊性质（设计原则二）；
- 全部规则或至少部分规则由当地占用者设计（设计原则三）；
- 规则执行情况由对当地占用者负责的人进行监督（设计原则四）；
- 采用分级惩罚法对违规者进行制裁（设计原则五）。

当所制定的准则符合这些标准时，人们就会做出谨慎、适当和可信的承诺，只要（1）大多数处境相同的个人做出同样的承诺，（2）采用这一策略的预期的长期净收益大于采取占支配地位的短期策略的预期的长期净收益，人们就会遵守所作出的承诺。

这是一个有利的策略，因为如果大多数人遵循这个策略，他们的境况将比遵循占支配地位的短期策略要更好。这是一个安全的策略，因为遵循这个策略的人不可能长期被不履行承诺的人所利用。如果破坏规则的行为超过了最低限度。遵循这一权变策略的人便会降低他们遵守规则的比率，迫使那些破坏规则的人把行为调整到可接受的程度。"如果你这么做，我也这么做"，这就是承诺遵循这一策略的人的誓词。在存在监督的条件下，这一誓词是可信的。因为每一个人都知道无端的违规是很可能被发现的；而一个违规行为被发现，往往增加了其他人把行为降低到违规者水平的可能性。

因为制裁是渐进的，承诺遵循权变策略的人都明白，在发生了紧急事件、继续遵循规则将会造成重大不幸的情况下的一个偶尔违规，只要交付一小笔罚金或接受其他小小的处罚。同样，对偶尔犯错误的人的制裁也是温和的。但制裁使违规者确信，其他人的违规行为也是可能被发现的。这种实施规则的方式原谅偶尔的疏忽或过失，使公共池塘资源占用者得以避免在变化的和不确定的环境中僵硬地执行统一规则所可能导致的高成本。然而，对持续违规者将加重制裁的严厉程度。

如果偶尔的违规行为没有被发现，违规者在短期内的情况会变得更好。但是，如果一个人能多次违规而不被发现的话，那么他就可能改变他对现行监督体制在发现其他人违规行为的有效性的估计。这会导致一个偶尔的违规者采取经常违规行为。显然，随着未被发现的违规行为的增加，公共池塘资源的条件会变得更糟，其他人增加违规行为的可能性也会变得更高。除非加大监督力度来改变这种状况，否则，对规则的遵守率便会急剧下降。因此，监督和分级制裁对保持足够高的规则遵守率，避免引发一个由较高违规率所促进的、违规率持续增长的局面是必要的。

对遵守规则做出权变承诺需要获得其他有关人员遵守规则情况的信息。否则，一个人是不可能追随这一权变策略的。获得此类信息的一个途径是不时地承担一些监督员的工作。当所采用的规则符合第三章讨论的设计原则（使人们能够设计出监督成本较低的规则）且个人实行权变策略时，也会产生相互监督的动机，从而为遵守权变策略获得必要的信息。同样，如果人们开始监督他人，知道他人在多数时间中是遵守规则的，他们就更加可能会采用和（或）继续实行权变策略。

采取权变策略增加了监督的可能，监督又增加了采取权变策略的可能。并且，使用分级制裁在其初始阶段显示出的信息价值和最终显示出的威慑价值，使人们开始理解策略实行者所运用的一套复杂的规则是如何既有助于解决承诺问题，又有助于解决相互监督问题的。当然，解释不能仅限于这一个方面。在人们遵守规则并相互监督的地方，加强制度安排和加强个人承诺互相支持，以至于能够维持虽非完美但却一贯遵守规则的持久的行为模式。

至此尚未解释的问题是：一些占用者是怎样解决了与标度精致的制度的集体供给相关联的问题，这种制度创造出一种环境，它使个人发现做出服从规则和进行相互监督的权变承诺是有利、可信而确定的；而另一些占用者却为什么解决不了这些问题。第四章最后部分对制度供给给出了初步解释，即把具有渐进、循序和自主转化性质的制度供给放到一种促进型政治制度的背景中来加以解释。第五章制度失败案例中的大多数则展示了不同的情景。在那些案例中，由于内部和外部变量的作用，人们未能克服集体供给新规则时出现的问题。

为了修改集体行动理论、对独立行动的个人实现集体利益的行为作出解释，近来的研究把重点几乎全部置于内部环境变量上。以下变量中的一个或几个变量被一致证明是影响结果的变量：

1. 决策者的总数；
2. 为实现集体利益所必需的最低参与者数；
3. 所使用的贴现率；
4. 利益的相似性；
5. 具有实质领导权或其他资本的占用者的参与。

上述变量不仅影响集体行动的结果，还是解释制度供给的变量，因为制度供给显然是一个集体行动问题。使用这些变量，我们便能对若干研究案例加以解释。在阿兰亚，渔民人数较少（100 人），他们计划在阿兰亚生活、捕鱼很多年（低贴现率），他们的利益非常相似（都使用同样的捕鱼技术），即使其中没有一个人拥有大量资产，他们还是能够组织起来设计出新的规则。在勃德拉姆和伊兹米尔湾，渔民人数较多（400 人和 1 700 人），其中一些人在当地生活，一些人从其他地方到那里捕鱼（不同的贴现率），他们有不同的利益（使用许多不同的捕鱼技术，在每个地方都有 4 至 6 个子群体），即使其中一些人拥有大量资产，他们也未能组织起来设计出新的规则。

但是，存在着若干例外。① 在两个成功的地下水流域，地下水占用

① 如果本书中讲述的案例是唯一的反例，那么就可把这些作为几个不可解释的例子而加以忽视。但是这些案例正是用来说明许多其他同样难以用现行理论来解释的情形的。

者的数量相当大（700 个和 750 个），利益的差异是实质性的，贴现率相对较高，全部替代机会都摆在企业家面前。在西班牙韦尔塔的灌溉者人数甚至更多（2 400 人，4 800 人，13 300 人和 13 500 人），灌溉系统也相当大，上游灌溉者和下游灌溉者有着实质性的利益差异。虽然，在成功的地下水流域，对地下水状况能产生重大影响的主要地下水生产者的数量要少于抽水者的总数，但在西班牙的韦尔塔并不存在这种关系。在另一极端，马维尔的渔民人数刚过 200 人，利益相似，贴现率低，领导权或生产技术的类型也都无法对那里制度安排的失败做出解释。

最常用的集体行动理论太不充分也太具难度，以至不能完全令人满意地作为进行制度变迁的有效政策分析的基础。对于“太不充分”，我指的是这些理论并没有把解释自主组织所需的内部关键变量和外部关键变量纳入考虑之中。对于“难以理解”，我指的是常用的集体行动理论并没有提供明确的公共政策建议。例如，从群体规模提高了组织集体行动的难度中应该引申出怎样的政策含义？是否应该简单地假定小群体会关心他们自己的问题，而大群体所使用的公共池塘资源应该由外部政府来治理和管理？一些不同寻常的案例表明，这些含义并不是合适的。

我们再来看一下（在所考虑的案例范围内）规模较大的公共池塘资源中的人们是怎样成功地采取集体行动来解决问题的。所有这些成功的案例都是以设计原则 8 为特征的，即采用嵌套式企业（the nested enterprises）。在这些系统中，较大的组织单位是建立在单位较小的原有组织的基础上。在西班牙的韦尔塔，基本的组织单位是第三级水渠。把居住在附近的、直接使用同一水渠的农民群体组织起来的成本低于把许多不直接接触的人组织成一个大农民群体的成本。但是，一旦组织了较小的单位，再在此基础上进行进一步组织建构的成本就要大大低于在没有任何基础的前提下建构组织的成本。西班牙韦尔塔的好几个组织都有三四个层级。

在菲律宾，桑赫拉联合会的最小组织是由5至10个成员组成的工作团队。每一个由20至75个成员组成的桑赫拉是互相独立的组织。然后，才联合成为一个较大的单位。在斯里兰卡的每一个大型农业定居区，一直无法将农民组织起来。ARTI/康奈尔小组到来后，开始组织面对面交流的小型农民团体来解决无法通过随意合作便能有效处理的小问题。在对小规模的邻近农民成功地进行了组织之后，他们才开始在使用共同田间水渠的农民中建立正式组织。在加勒亚，最终形成的组织体系有四个层级。

在雷蒙德流域、西部流域和中部流域，第一步是创建自愿的小型民间组织，使水生产者能够获得有关资源状况的准确信息。在此基础上，进一步建立了几个机构。抽水者能够拜访各种公共机构——法庭、州自然资源部和议会，要求举行特别选举以获得信息和参与具有法律效力的宪法决策。莫哈韦的情况则相反，那里的人们解决公共池塘资源问题的方法是建立一个非常大的组织，并试图一次就为15个不同的流域和一个地下河系统分配水权。

从建立小规模的最基本组织起步的成功，使群体中的人们得以在所创立的社会资本基础上，通过更大、更复杂的制度安排来解决较大的问题。现行的集体行动理论没有强调制度资本的自然增长过程，因此使用这些理论作为政策分析基础的一个问题是不重视在制度供给过程中经常涉及的渐进的自主转变。学习就是一个渐进的自主转变过程。

现在如果我们把目光转向公共池塘资源的占用者无法对较小系统加以组织的案例，从中可以得到第二点教训。在马维尔，一个200人的小团体不能强行实施他们一直采用的、以家族成员作为进入公共池塘资源依据的规则，也不能推动政府官员执行禁止新的进入的国家规则。而另一个占用者的小团体却能影响国家官员放弃实施正式的规则。这些活动和外部政治制度的政策是如何影响以取得集体利益为目的的自组织水平和类型，在现行的集体行动理论所提到的5个变量（见上一个变量单）中，没有一个变量能对此做出解释。在纽芬兰，当地渔民小团体设计并维持着他们自己的规则，但是当全国政府拒绝认可他们的规则时，那些公共池塘资源制度便显得非常脆弱无力。

根据所研究的案例，我认为外部政治制度在帮助南加利福尼亚的大多数地下水生产者进行自主组织中的活动是积极因素，但在阻止马维尔渔民自主组织继续存在和威胁纽芬兰渔民自主组织中的活动却是消极因素。用较大政治系统中较小单位自主组织和自主治理的理论来解释行为和结果时，必须明确地把周围政治系统的活动考虑进去。为了把解决公共池塘资源问题中自主组织的成功案例与不成功案例相区别，必须考虑外部力量的策略对公共池塘资源占用者的成本和收益的影响。

现行的集体行动理论的第三个问题是不考虑信息和交易成本。假定人们可以免费得到完全信息和假定交易成本忽略不计，并不能产生可用于信息不足、信息不准确、获得信息的成本很高和大多数交易是要支付成本等场景的理论。① 使用完全信息的假设也难以解释为什么人们要相互监督执行规则的情况。

综上所述，现行的集体行动理论中存在着三个问题，因此它不适于为小规模公共池塘资源中的制度变迁提供政策分析的基础。这些问题是：

1. 没有反映制度变迁中渐进的和自主转化的性质；

2. 在分析内部变量是如何影响规则的集体供给水平时，没有注意外部政治制度特征的重要性；

3. 没有包括信息成本和交易成本。

认识到了这些问题，我们就能接下去考虑如何在现行的集体行动理论和公共池塘资源情形中集体行动的经验案例之间构架一座桥梁，以便为政策分析建立更为相关的制度变迁理论。

建立分析公共池塘资源问题以及其他许多重要政策问题的适用理论，

① 诺斯（North，1978，1981，1989）和威廉姆森（Williamson，1979，1985）的著作强调了信息和交易成本的重要性。

所需要的是把理论研究与政策分析相结合的导向。清晰的分析模型为良好的政策分析提供了一部分重要的理论基础，但不是全部基础。为了从模型中得到明确的结果，一些变量被忽略了或被有意、无意地假定为不变。模型给予分析人员的是一个具有特定结构的环境中可能的行为和结果。它们并不告诉分析人员如何发现特定环境的结构以指导分析人员进行分析。这些模型以完全信息、独立行动、信息完全对称、没有人的失误、缺乏可接受的行为规范、零监督成本和实施成本、以及环境本身不具备改变结构的能力等作为假设，旨在帮助分析人员做出精确的预测。

然而，做出如此假设的模型不能引导政策分析人员把注意力放到影响人们动机和行为的一些悬而未决的环境变量上。假定具有了参与者行为的完全信息，分析人员便不会去考察现实场景中的人们是怎样获得信息的，谁拥有了什么信息，以及信息是否是公正的。假定了独立行动，分析人员便不会去探究人们是否考虑自己行动对其他人选择的影响。假定了零监督成本，分析人员便不会去考察各种监督规则的成本和有效性。假定了结构固定，分析人员便不会考察人们是否和怎样改变他们自己的规则，周围的政治制度如何促进或抑制了制度的变迁。

概括各种模型的整体框架也为政策分析提供了一部分重要的理论基础，因为这些框架指出了对任何一类现象进行任何理论的或实证的研究都必须考察的一套变量，以及变量之间关系的类型。人们并不是从一个框架出发引出精确的预测，而是就确定环境的结构和人们所面临的激励提出必须回答的问题。一旦激励明确了，理论家便能分析环境、预测人们可能选择的策略以及这种选择可能导致的结果。

因此，我将建立的不是一个制度供给的特殊模型，而是一个可以用来概括公共池塘资源占用者在改变他们制度的、成功的和不成功的努力中所得出的经验和教训的框架。这个框架要确定对延续规则或改变规则的决策影响最大的几组变量。这个框架要能被理论家们用来发展更为精确的制度选择理论和理论模型；还能被用于组织进一步的实证研究，总结出特定变量在这些变量的其他组合中的相对重要性。

制度选择的分析框架

第二章所定义的、包括宪法选择环境和集体选择环境在内的制度选择环境影响操作环境中所使用的规则。在集体选择环境中所做出的决策直接影响操作环境。在宪法选择环境中所做出的决策通过创立和限制集体选择中所配置的实际权力（创立立法和司法机构，保护言论自由权和财产权等），以及通过影响有关代表什么人和在集体选择中各因素权重安排的决策间接影响操作环境。当我使用“制度选择环境”一词时，并不把宪法选择和集体选择过程加以区分，而是兼指两者。

要分析一个制度选择的环境，需要从人们对未来操作规则进行选择的角度出发看问题。进行制度选择的人们也进行操作选择。当人们面对保留现有规则还是改变现有规则的问题时，环境改变了，但个体没有变。因此，在考虑操作选择和制度选择时，应该使用相同的个体概念。在第二章，我使用的理性行动的一般理论包括了 4 个内部变量——预期收益、预期成本、内在规范和贴现率，这些变量影响任何环境下的个人策略选择。人们在决策时要权衡预期收益和预期成本，而预期收益和预期成本又是受内在规范和贴现率影响的。使用理性行动的这一理论，就能预言人们所选择的策略是不是预期收益大于预期成本的策略。而没有认识到影响成本和收益的环境变量，预测便是没有意义的。理性行动这一一般理论把解释的重点放在环境变量上，而不是放在内部计算过程的假定上。①

在图 6.1 所示的制度选择环境中，可供个人采用的基本替代方案有（1）支持继续执行现有规则；（2）支持改变一条或更多条现有规则。虽然可以同时考虑多种替代方案，但最终选择是在一套替代规则和现

① 关于环境分析的深入讨论。见 Farr（1985）。

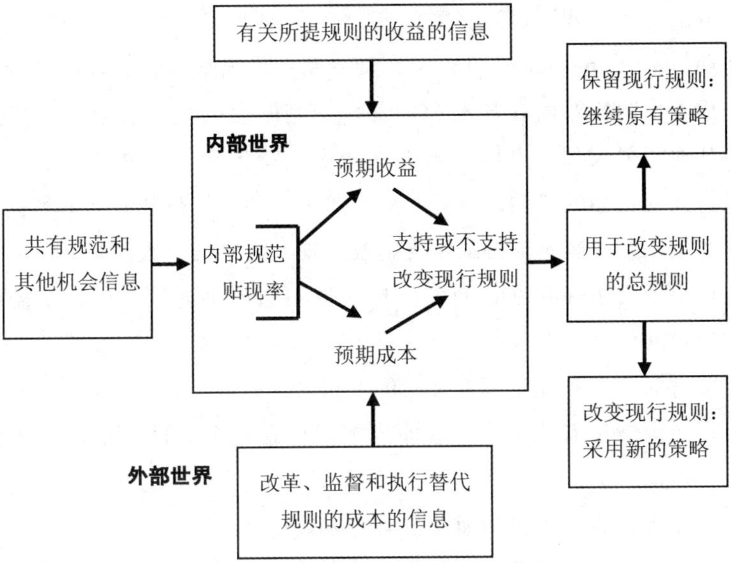

图 6.1　影响制度选择的变量总览

有规则之间进行的。[①]对个人而言，可采用的策略是“支持”，而不是“选择”，因为没有任何单个个人可做出制度选择，除非是在完全独裁的体制中。是否能够实现规则的改变，将取决于支持变革的程度和在制度选择的环境中所使用的总规则。

在一种制度选择的环境中，个人如何评价预期收益取决于个人所能得到的有关替代规则下的收益（或损失）的流量与继续使用现有规则所产生的收益（或损失）的流量相比较的信息。[②] 个人如何评价预期

① 海克森和梅森强调（Heckathorn and Maser，1987），在许多制度选择的环境中，决策并不只是在一个替代方案和现有规则之间的选择，而是在所提出的一系列替代方案中加以选择。他们建议，可以把减少替代方案的过程视为一个谈判过程。这是理解消除各套替代规则的有用方法，但是最后的决策是在人们认为最好的一套替代规则与当前使用的那套规则之间的选择。

② 在变更前总有一套现有规则（见第四章的讨论）仍然发挥着作用。理解这一点有助于解释这些情形下的任何特定时刻的最后选择。现有规则在变更前仍然发挥作用，这一点也有利于运作环境结构的稳定化。在制度选择的环境中，新的一套规则必须至少对一个最小的获胜联盟（不管它是哪一个）能够产生收益大于成本的结果。

成本取决于个人能否得到相关信息：（1）从现有规则转变到替代规则的前期成本（up-front cost）；（2）转变到替代规则后的监督和执行规则的净成本。同样对内在规范和贴现率的判断也受信息影响，人们要考虑与其他相关人员所共有的规范，考虑在特定环境以外的、他们也许可以得到的机会的范围。有关收益、成本、共有规范和机会的数据都是总和变量，它们影响支持或不支持改变现有规则的个人决策。

如果下列条件存在，制度分析人员在预测个人策略时，只需确定总和变量的价值：

1. 每一个总和变量都有准确的汇总方法；

2. 个人能把有关净收益和净成本的信息完全而准确地转化为预期收益和预期成本；

3. 个人以直截了当的而非策略的方式行事。

第一个条件相当于说明一个有效、可靠的成本-收益分析可以用于确定一套替代规则的净收益，而与替代规则相联系的规则的转变、监督、执行、治理的全部净成本是已知的。尽管政策模型频繁地假设目标收益和目标成本的存在并能方便地用于个人选择，但在自然状态中的人们仍不得不通过对资源的投资来获得有关收益和成本的信息。

在现实场景中进行的许多计算并不涉及收益和成本的货币化。把自己的劳动投资于修建和维护灌溉系统的菲律宾农民，能够判断把劳动投入这种活动与投入其他活动的价值。任何要维持家庭生计的农民都会为给桑赫拉提供50天劳动感到心痛。他的农业收成与社群灌溉的关系也是清清楚楚的。每一个农民所投入的劳力的数量只是被登记在桑赫拉秘书的记事簿里，他们并不因付出劳动而得到报酬。用于消费的食物生产量也不记载在市场交易中。与这种环境紧密联系在一起的人们能够把各种货币化的和非货币化的成本与收益都考虑进去，对替代规则系统下的成本和收益进行准确地评价。而生活在行政管理中心的人们则对替代规则下的相对收益和成本很难做出适当的评价，因为许多成本和收益是不被登记和汇总在他们那些局外人所能得到的信息中的。

第二个条件相当于说明人们关心所有可以得到的信息，并且知道如何公正地评价这些信息。如果第一个条件和第二个条件都符合了，主观收益和成本将非常接近于客观收益和成本。第三个条件相当于说明，个人为获得比采取直截了当的行为模式更多的收益，不会以机会主义的方式行事。这个条件意味着，只要存在着均等分摊成本的公式，人们便会诚实地给出他们的评价，便会为集体利益做贡献，并且也愿意投入时间和资源为共同面临的问题寻找解决方案。如果符合这个条件，那么在所有社会困境中都会出现的一些策略性行为将会消失。

不幸的是，对分析人员来说，几乎没有现实场景是以这三个条件，甚至其中的一个或两个条件为特征的。诸如使用一套替代规则的收益或监督和执行一套规则的成本这些变量，很少以分析人员（或进行制度选择的人）通过简单计算便可求解的形式记载下来。因此，在对政策背景进行分析时，必须抛弃总和变量而使用影响总和变量的环境变量。

收益评估

我们将通过讨论影响替代规则净收益总和变量信息的环境变量，来阐述收益评估过程。要度量一套替代规则的净收益，一个参与者或一个分析人员需要回答下列问题：

1. 与现有规则相比，使用所建议的一套规则后的预测平均流量和资源单位未来的预测价值是多少？

2. 与现有规则相比，使用所建议的一套规则后资源单位的预期流量将如何变化？

3. 与现有规则相比，使用所建议的一套规则后资源质量将发生什么变化？

4. 与现有规则相比，使用所建议的一套规则后资源的再生周期将有多长？

5. 与现有规则相比，使用所建议的一套规则后冲突将会减少、不变、还是增加？

回答这些问题，以及就这些问题得到特定回答的难易程度取决于许多环境变量，其中包括：（1）参与者的人数；（2）资源系统的规则；（3）资源单位在时间和空间上的变动性；（4）资源系统的现有条件；（5）市场条件；（6）过去冲突的数量和类型；（7）记载有关现有条件和历史上资源使用模型的资料的可获取性；（8）特殊的现行规则；（9）特别提出的规则。见图6.2。这张图中的第一个变量——资源占用者的人数——被包括在大多数集体行动理论中，其余的环境变量则很少受到考虑。①

资源系统越大或占用者数量越多，资源单位流量及其市场价值越不可预测，任何人要获得有关资源本身条件的信息、资源单位流量的信息就越困难，不管在哪一套规则下都是如此。但如果资源条件，资源单位质量、价格、使用程度都有正常记载，这些问题就可以在某种程度上得到抵消。例如，如果渔民们把捕到的鱼拿到同一个码头上出售，那么这个近海渔场的鱼价和捕捞水平就可能有记录。如果鱼是被一个或少数几个买主买走的，那么捕捞上岸的鱼的记录就可能保持着，购买者依据这些资料，就可以对收成的变动形成一个总体概念。如果购买者愿意与渔民分享这些信息（比如当渔民创建了一个销售合作社时），渔民便会获得有关他们原先捕鱼量及鱼价变动的准确信息。但如果购买者是一个垄断者，那他就可能有不输出信息的策略考虑，这样，购买者就会比渔民更了解整个收成的状况。

建立一个官方的监督机构（如在地下水案例中的地下水管理机构和瑞士、日本山林资源中的地方官员）能向占用者提供他们在其他地

① 这张图是我努力在更一般的层次上来理解许多研究过的案例的结果。我希望这张图作为一些命题将在不断的改进中得到更严密的发展和更准确的测试。换句话说，这些是我有根据的推测，希望见到讨论和反驳。

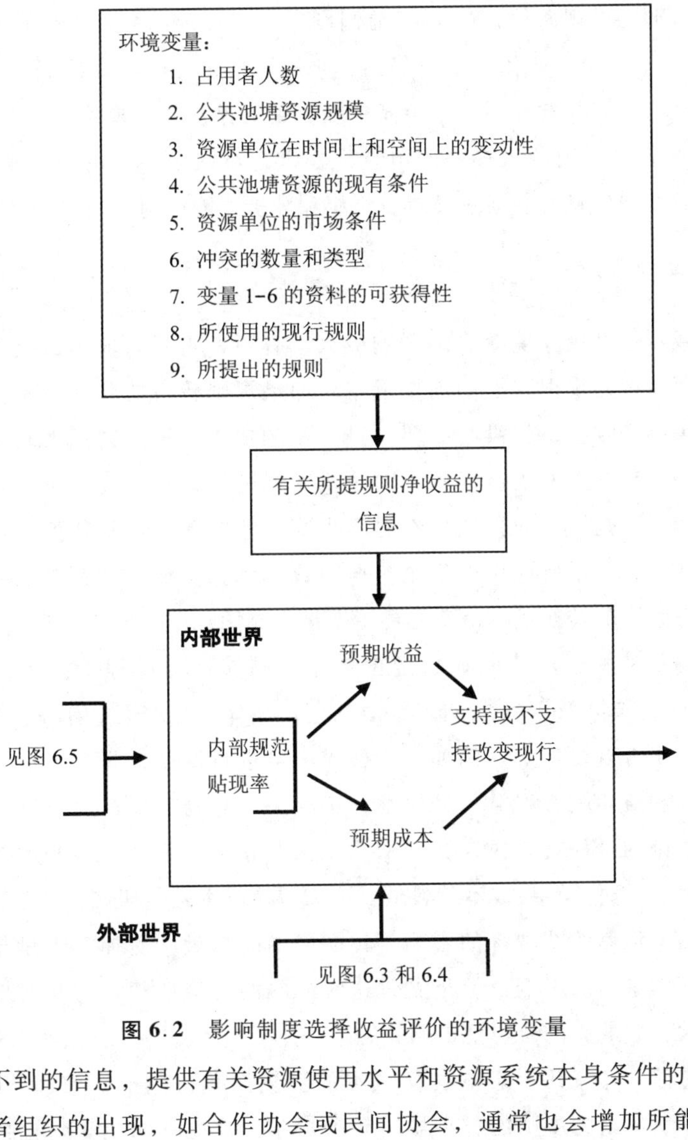

图 6.2　影响制度选择收益评价的环境变量

方得不到的信息，提供有关资源使用水平和资源系统本身条件的信息。占用者组织的出现，如合作协会或民间协会，通常也会增加所能获得的和在占用者中发布的、有关影响规则变动与净收益变动关系的那些变量的信息量。

因此，个人是否能意识到规则变化所产生的收益取决于（1）公共池塘资源的客观条件；（2）当前制度安排所形成的并对人们公开的信息的类型；（3）替代方案所提出的规则。现在可以明确的是，规则改变后能否获得收益并不是一个简单存在于世界上的“事实”，可以被任何希望增进福利的人——占用者、分析人员或公共官员——所使用。有关收益的信息必须通过搜寻、组织和分析才能得到。

成本评估

成本信息受环境变量的影响极大。有两种重要的成本影响制度选择。第一种是规则转换的前期成本。如果规则转换的预期成本要高于所获得的净收益，就没有必要做进一步的成本计算。占用者将保留收益低于替代规则的现行规则，因为改变规则的成本要高于可获得的收益。如果规则转换的预期成本并不太高，就要评估规则转换后成本的预期变化，包括所提出的规则对监督成本和执行成本的影响。我们将首先考察影响转换成本信息的环境变量（见图 6.3）。

转换成本。转换成本是指在考虑规则转换的过程中投入的资源（Buchanan and Tullock，1962）。在现行的集体选择理论中有许多变量对转换成本有重要影响。例如，转换成本与进行制度选择的人数呈正相关，与利益相关者利益的异质性呈正相关，与改变现有规则（由支配改变规则的过程规则决定）所必需的人数比例呈正相关。当改革是由内行人领导时，转换成本就较低。因为转换成本是前期成本，不太可能受参与者使用的贴现率的影响。转换成本的总量不受拥有大量相关资产的人的参与的影响，但是支付这些成本的可能性却是与从改变规则中大大获益的人的参与呈正相关的。①

然而，还有几个影响转换成本的变量没有被包括在前面的表上。例如，所提出的规则的类型影响转换成本。建立一个用于讨论共同问题的、完全民间的占用者协会的转换成本，要大大少于创建一个能对

① 如果确实如此，这个群体用奥尔森的术语来说便是特权群体（Olson，1965）。

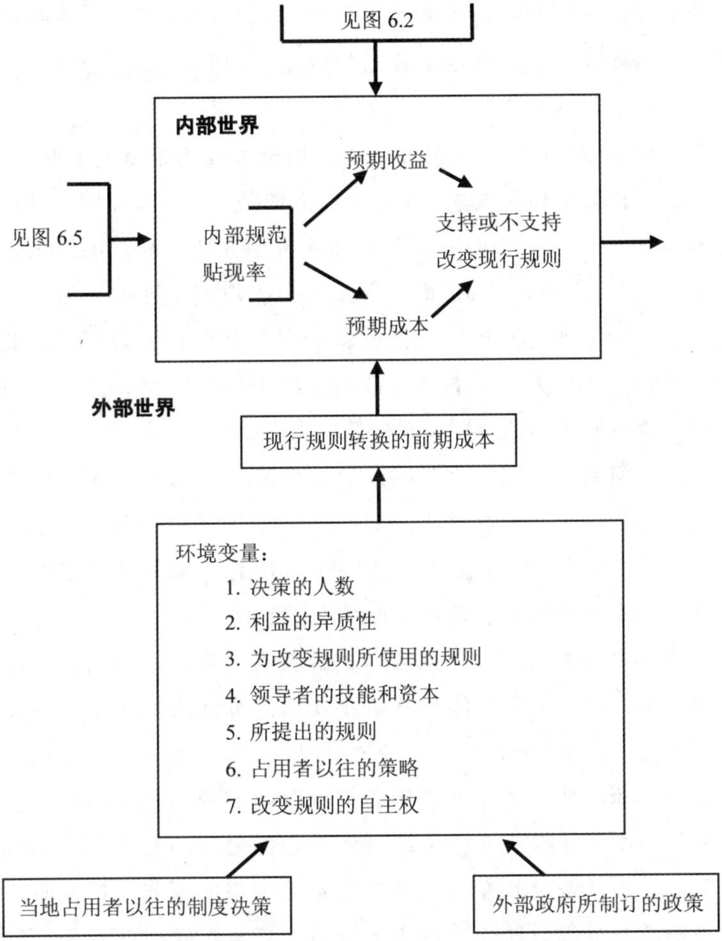

图 6.3　影响现行规则的转换成本评估的环境变量

在辖区居住的所有公民征税的地方公共管辖区的转换成本。规则改变通常是循序渐进的。具有正预期收益和低转换成本的规则很可能会在具有高转换成本的规则之前被采纳。如果占用者从低成本的改革起步，就能在需要大量转换成本的改革开始前就取得了有关在他们的情形中改变规则所需成本的经验。如果改变一些规则的转换成本相当低，一两个人便可以从改革中取得足够高的收益来支付总体成本。这样，即使在制度发展过程的其他步骤中存在二阶困境，也还会有一些步骤不存在这种困境。并且，从较小规则的改变中取得收益将会转变对较大规则改变中的评估方法。

当进行集体选择时，人们在公共池塘资源占用策略上的共有规范，将直接或间接影响转换成本。例如，当人们采取对抗策略时，转换成本会急剧上升（Scharpf，1989）。若一些人害怕其他人会试图组织人数最少的获胜同盟（minimal winning coalitions）、把成本强加于输者，这些人接受将减少未来规则包容性的改革的意愿就会受到影响。因此，认同限制机会主义行为这一准则的占用者所采用的规则，比不认同这一准则的占用者所采用的规则具有较低的操作成本。

一个时期制定的规则会影响以后时期的转换成本（或治理成本）。操作规则的改变会影响收益水平和收益在占用者中的分配。收益水平和收益分配的重大改变，能增加或减少占用者之间的冲突程度和由此引起的人们在未来时期达成协议的困难程度。①

占用者对改革他们自己的规则是否具有实质性的自治权，也会影响转换成本。高度集中的体制试图在其统治范围内的所有地方实行同一操作规则。② 在那种情形下，地方占用者必须说服中央政府改变在所有相似情形地区共同使用的规则，或说服政府使用例外原则。在一个公正的体制中，任何改变中央政府所制定的规则的活动，都必须投入大量时间。要耗费时间在官僚的办公室里解释问题和愿望，向他人咨询改革的波及范围以防止一些人的反对。还要耗费时间等候回答。如果要求受到拒绝，还要耗费时间上诉。在一个腐败的体制中，贿赂就足以得到官方关于改变规则的授权，或使官员们无视地方占用者所采用

① 由于治理过程影响未来的治理成本，因此这些过程是循环的。在一个结构中的决策将影响该结构的未来。

② 托克维尔在《旧制度与大革命》（Tocqueville，1955）中讨论了有统一规则、但许多人希望把他们的情形作为例外处理的一般情况。这种情况产生了一个严格的规则/法律实施体制。在这个体制中的每一个人都把法律视为合理行动进程的障碍；腐败的可能显然是巨大的。

的有别于法律要求的一套规则。[①] 在腐败体制中，一个有影响力的人也许就能通过向一个官员行贿而阻止一场规则变革。

在一个允许地方自主进行宪法选择和集体选择的体制中，占用者也许会被授权选择他们自己的规则，只要他们遵循特定程序。这些所要求的程序也许有别于参照包括签署请愿书、特别选举、立法机构和法庭程序在内的正式机制而制定的非正式机制的程序。所使用的总体规则也常常是这些程序所特有的。在宪法选择决策和集体选择决策中必须使用的总体规则越多，决策成本越高，受现有规则保护的人的损失越低（Buchanan and Tullock，1962）。

在改变规则有正常程序的地方，占用者也许能精确估计转换成本。如果在建立民间协会或合作协会之前必须要有一部协会的章程，律师便能对起草章程的成本给出比较接近的估计。如果为创建一个行政区举行特别选举需要有1 000人在请愿书上签名，有经验的组织者也能为获得这么多人签名所需的成本提供一个适当的估计。

在官员对是否允许占用者改变规则有重要决定权的地方，估计转换成本也许是困难的。在过去，如果得到改变规则的许可需要支付大量合法的和非法的费用，占用者也许就不会试图去改变规则，因为他们担心成本将远远高于可获得的收益。因此与人们有更多自治权的地区相比，人们不能期盼生活在地区官员和国家官员对是否授权改变进入和使用公共池塘资源的治理规则具有重要决定权的政治体制中的占用者，提供较多的制度创新和制度变革。

人们改变自己规则的自治权受他们所居住地区的公共池塘资源的位置和政治体制的影响。在一些地方，人们或许没有被正式授予自治权，却因公共池塘资源所在地与最近的政治或行政官员所在地距离较远而拥有了实际的自治权。居住在遥远的公共池塘资源所在地的占用

① 见韦德对印度公共池塘资源制度的一个有吸引力的分析（Wade，1988）。在印度，全部公共池塘资源的管理都是在正式治理制度之外进行的，是通过向地区官员和国家官员行贿来维持的。

者，通常比居住在政权中心附近的公共池塘资源所在地的占用者具有更多的自治权。某一特定的公共池塘资源是否遥远显然也受政治体制所任用的官员人数的影响，受行政效率和政治体制中下层组织的影响，以及受沟通程度和交通设施的影响。

影响转换成本信息的环境变量本身，受外部政府制定的制度要求和地方占用者过去的制度决策的影响。当然，地方占用者制定自己规则的自治权，极大地依赖于中央政府允许什么或禁止什么的规定，也受制于距离和外部政府实施政府规则的能力。治理改变规则过程的规则，必须包括的决策者人数以及他们所代表的利益在结果上的异质性，也受外部政府或当地占用者或他们双方过去决策的影响。

一旦做出了一种特定类型的决策，就会极大影响进一步选择的余地。为了理解制度选择的过程，必须把它们作为一个历史过程来理解。在这个历史过程中，当前决策以过去决策为基础。过去决策也许为发展开辟了未来的某些选择空间，同时也关闭了另一些选择空间。[①] 雷蒙德流域地下水抽取者并不必然意识到：只要他们分配给每个抽水者一定量的水，水权的交易市场就会出现。但这正是所发生的。相似的市场也出现在西部流域和中部流域。一旦委派管水员去监督所有抽水者的用水方式，根据抽水量收税的管理成本就会大大低于采用不同类型法律解决方案的情况下收税的管理成本。另一方面，一旦按一定的比例分配水权，就不会进而考虑任何把市政水公司的水权置于该流域其他地下水用户水权之上的规则。

因此，过去以许多方式对制度选择施加影响。当前的操作规则——现行规则——是过去决策的综合结果。现行操作规则总是保护一些人的利益，放弃另一些人的利益。因此，在现行的用于改变操作规则的宪法选择规则或集体选择规则下，要改变这些操作规则，支持变革的人数必须足够多，才能得到改变规则的授权。在既定的集体选择

---

① 制度选择过程因此是路径依赖的（David，1988）。

或宪法选择论坛所使用的几乎所有程序中，现行规则是具有特权地位的程序。过去的制度选择既为未来发展开辟了一些道路，又提前关闭了另一些道路。

监督和实施成本。当占用者考虑改变他们的规则时，必须对监督和实施新规则的成本进行计算。观察不同群体的活动、评估他们的行动及产生的结果是否为规则所允许，必须耗费一定的时间和其他资源，而这些时间和资源也可被用于其他活动。监督人们活动的工作通常由占用者自己承担，或者作为一项常规的活动（如渔民们戒备外来的渔船），或作为一项轮流的特殊工作（如灌溉者每人用一定时间负责巡视灌溉渠道）。维持法庭、警察和拘留设施来强制规则的实施，也需要使用有其他生产性用途的资源。

监督成本受资源本身的自然性质、排斥外人进入的技术即排他技术和资源使用技术、市场安排、所提出的规则以及外部政府对制度选择结果的合法性的认可等环境变量的影响（图 6.4）。资源规模越大，“建造围墙”和（或）在边界巡逻以保证没有外来占用者的成本就越大。对于许多自然资源，比如渔场，建造实际的围墙是不可能的，甚至维持有效的标记也可能要支付很大的代价。近海渔场，特别是那些位于礁湖或海湾的近海渔场，排他成本就比远海渔场要低。至于地下水流域或含油地层这样的资源，水或油都从地下流到开采最多的地区，要决定这种资源的自然边界也需要大量的地质研究。然而，边界一旦确定，要在边界内违反规则打一口井，也许就不难被发现。因此，首要的排他成本也许就是为制止未经授权的占用者继续使用资源所要求的法律行动的成本。

增强占用者互相观察占用资源活动能力的各种因素，都有助于降低监督成本和实施成本。或者，如果占用者在活动结束后都回到同一个地方，每人获取的资源量便很容易被观察到，这种情况下的监督成本也较低。如果人们达到了一种共识，认为占用者应该遵循自己所制定的规则，那么在监督某一特殊资源使用中的许多不利因素就会被抵

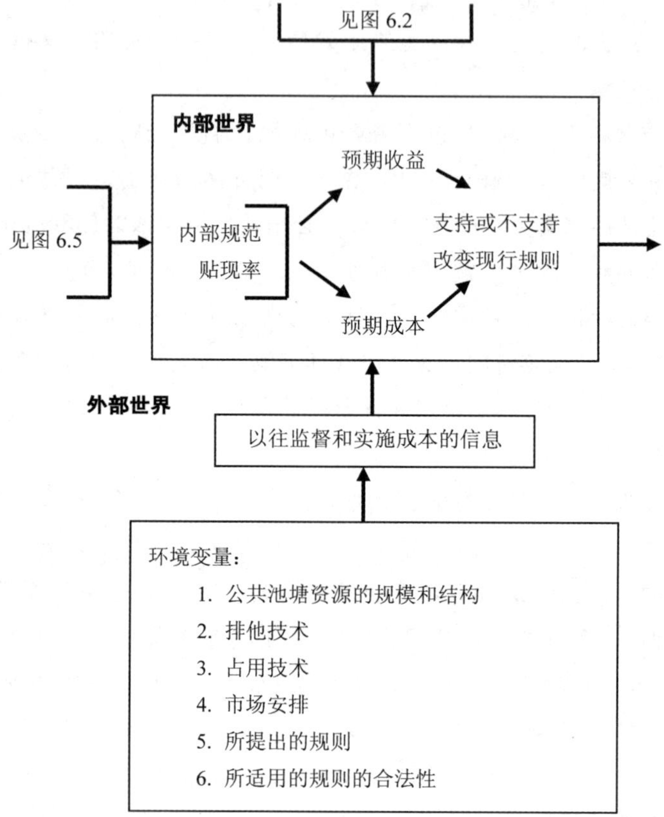

图 6.4 影响监督和实施成本评价的环境变量

消。有关规则的合法性和遵循规则的必要性的共识会降低监督成本，而缺乏这种共识则会增加监督成本。记载日常活动信息和发布信息的廉价设施的可获得性，也会降低监督成本。

不同规则的监督和实施成本是不同的。规则所要求的监督越频繁，用于度量监督结果的资源就越多。明确禁止某些行动——无论是谁采取的——的规则比那些要求有更多的关于谁和为什么采取特定行为的信息的规则，具有较低的监督成木。

那些特别规定开放和封闭季节的规则，比如用于瑞士和日本山区公共池塘资源的规则，其监督成本要大大低于给每个占用者规定一个占用量定额的规则（例如，每英亩-英尺土地上的抽水量或捕鱼的吨数）。在前一种情况下，在规定季节以外占用资源的任何人都违反了规则。而在后一种情况下，任何占用者都可能无所顾忌地超额占用资源，因为证据未必能被发现。限制资源获取技术的规则，比如在新斯科舍渔场使用的规则的实施成本，也要低于限制资源获取量的规则的实施成本。

把容易有欺骗行为的人和因这种欺骗受害的人组织在一起的规则，比依靠只是间接受害于违规行为的人来偶尔发现违规者的规则要有利于监督。在为使用水渠的灌溉者分派特定用水时间的情形中，如木尔西亚和澳瑞辉拉，每一个人都要确保自己的全部接水时间，都希望下一个灌溉者不会很快到来。在两人交接的那段时间，双方都可能到场，他们要以自己的到场来确保规则得到了遵守。阿兰亚渔场规则的监督成本最低，道理也就在此。

规定整个季节或全年资源获取量的规则，实施成本最高。占用定额（定额也允许在市场上交易）在经济上是否可行取决于资源流量的规律、存量的数额、能按常规保持的记录的类型，以及单位资源的价值。

除了资源的自然属性和所考虑的特别规则外，影响监督和实施成本的另一个因素是特定环境中的政府对地方规则的合法性的认可。马维尔案例清楚记载了当外部政府拒绝实施排斥参与者的地方规则，甚至拒绝实施他们自己的规则时，当地占用者即便有强烈的愿望，也不可能把新进入者排斥出去。在世界的一些地方，地区的或国家的政府支持地方建立财产体制，当地占用者如果力量不充分，便能以相对低的成本，通过依靠政府的帮助来排斥外来占用者。

在中央政府不尊重当地占用者自己建立的财产权利的地方（比如新斯科舍和纽芬兰）。排斥外来进入者的成本可能会很高（Cordell and Mckean, 1986; A. Davis, 1984; Matthews and Phyne, 1988）。事实上，当偏远地区的资源对那些有地区或全国政府做靠山的外部人员变得具有吸引力时，偏远地区的自有制度也许就会变得难以维持。一些国家的政府对发展现代捕鱼船队给予了大量经济上的支持，使这些现代捕鱼船队成功侵占了原先被当地渔民所"拥有"的近海渔场。在地方规则不具有被认可的合法性的情况下，一小群当地占用者要排斥没有当地财产权但财力雄厚、受政府支持的外来占用者，将会支付非常高的成本。

对共享规范和其他机会的评估

人们如何评价他们的收益和成本，取决于他们内在化的规范和所使用的贴现率。考尔曼（Coleman，1987a）把人们内在化的规范和共享规范做了区别。在把规范内在化的地方，对违规的制裁是一种个人成本（例如，内疚、不安、自我价值的降低）。在具有共享规范的地方，对违规的制裁来自同一群体中的其他人，而破坏规范带来的是社会不满。人们常常把共享规范内在化。在这种情况下，不遵守规则会导致个人的精神成本和外部的社会成本的增加。

生活在所占用的公共池塘资源附近并在其他许多场合互有接触的占用者，希望就大家可接受的行为建立强硬的规范，希望更多地加强来往，传递相互间的期望（图 6.5）。在近海渔场，使用小船的渔民对大型拖船普遍存着敌意。这种敌意不能简单地解释为拖网船使用的技术大大优于其他渔民。拖网船上的渔民通常居住在其他地区，属于别的民族或种族，与当地居民几乎不具有共同的行为规范。他们不在同一类酒馆饮酒，他们的家人不住在附近的渔村，他们不加入当地的关系网，而这种关系网是建立在遵守诺言和接受当地社群行为规范的基础上的。

那些离开公共池塘资源、进入存在着其他机会的经济体的占用者所采用的贴现率，很可能要高于那些认为他们自己和他们孩子的主要经济收入将依赖于地方公共池塘资源的占用者。共享规范对贴现率的

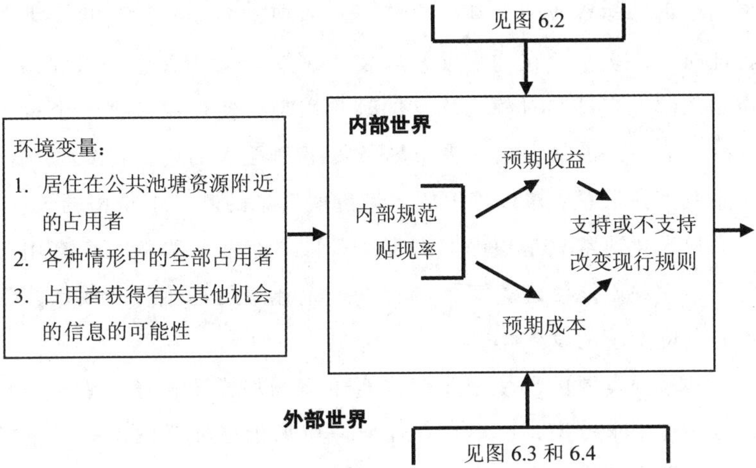

图 6.5　影响内在规范和贴现率的环境变量

影响并不亚于其他机会的信息的影响。居住在不顾及未来会受到责难的社群的人们比居住在对只追求短期所得、不顾长期利益的行为不加谴责的社群的人们具有较低的贴现率。①

制度变迁的过程

人们可能预言，在一个高度竞争的环境中，那些不寻求也不选择能够增进净收益的替代规则的人，会败给那些成功地采用了较好规则的人。正是竞争市场（competitive market）或至少是可竞争市场（contestable market）上企业的经营，使理论家们预言：求生存的企业将选择使利润最大化的战略（Alchian，1950）。在所有低效率的或非利润最大化的企业都消失后，市场模型中出现了理论上的均衡。取得均衡的过程不是这些模型研究的重点，这些模型的研究重点是在理论上均衡的

① 社群与共有规范、内部规范和贴现率的关系显然可能比我这里描绘的有更进一步的发展。由于任何一项研究在覆盖范围上都有局限性，我的重点主要集中在直接影响收益和成本的因素，以及所设计的规则与所建立的标准的作用之比较。詹姆斯·考尔曼（James Coleman，1990）对规范的大量研究与我在此制定的框架是直接相关的。

市场中，市场和企业的特征。当所关心的理论问题是均衡状态中角色的特征时，许多企业在均衡前没有实现利润最大化并不是重要的。开放市场的制度安排和对静态均衡的理论兴趣，使理论家把一个单一变量——利润——的最大化作为市场条件下理性人的内部决策规则。价格是企业家在汇总了难以置信的大量价值信息的基础上得出的统计值。但利润最大化通常只是预测静态市场条件下企业行为的一个有用的理论工具，它并不能使理论家预测哪一个企业最可能生存，或预测创新技术和制度变革的发生。①

公共池塘资源的环境很少能像竞争市场那样驱使参与者——甚至生存者——追求效率，也不存在任何像市场价格那样的单一变量能作为公共池塘资源环境中进行理性选择的基础。在公共池塘资源的环境中，简单地根据资源的市场价格追求短期利润最大化，或许正是摧毁公共池塘资源、使人们境况更糟的策略。非货币化关系也许具有重要意义。因此根据使某个单一观察变量最大化来选择规则的假定并不是一种明智的理论策略。选择新规则时的不确定程度远远大于在供求固定的情况下选择定价策略时的不确定程度。新规则使用的预计结果并不会自动取得，而是取决于由许多不同的个人对未来做出的多种选择，取决于人们对规则的理解，取决于他们是否遵循这些规则、是否互相监督并对违规行为实行制裁。②

一个较好的理论态度不是把规则变更的决策视为机械的计算过程，而是把制度选择视为对不确定的收益和成本进行有依据的评估过程。

---

① 大量的失败案例与现代经济理论是一致的，但却不是现代经济理论研究的重点。如果要解释为什么一些公司失败了而其他公司没有失败，就需要有与预测在均衡点上生存的公司特征不同的理论工具。本研究所要探讨的问题是，为什么一些公共池塘资源的占用者成功地改变了他们所面对的激励结构而其他一些占用者则没有成功，简单的利益最大化并不是解决这一问题的有用的理论假设。

② 在估计未来资本结构的收益和成本时的困难和典型的偏差——灌溉工程是否起作用或规则是否用于分配灌溉水——在阿斯切和海利的第五章中有很好的记载（Ascher and Healy，1990）。阿斯切和海利认真地记录了第三世界国家大型水利工程几乎普遍存在的偏差：过高估计收益和过低估计成本。

这样才有可能从社会心理学家对制度选择过程中人类评估特征的实证研究中抽取有用的东西。① 因为在不确定的、复杂的环境中，所有人类评估都有若干已知的偏差。

例如，人们对潜在损失的重视程度要高于对潜在收益的重视程度（Hardin，1982；Kahneman and Tversky，1979）。相应的，人们对避免未来损失的预期收益的重视大大胜过对生产未来产品的收益的重视。从这一观点出发，可以对导致人们采用新规则来保护公共池塘资源的环境变量作若干一般的预测。一旦考虑到人们对可察觉到的损害的重视程度要大于对同一数量的收益的重视程度，就更能理解政治领袖从"危机"的角度来讨论公共池塘资源的倾向。并且，人们也应该认识到，那些能被很快摧毁的资源体系（如群居的而不是分散的鱼群）比那些对损坏有较强复原力的公共池塘资源更难由占用者或其他人来治理。

同时还应认识到，当存在资源恶化指标并被普遍认可作为未来资源损害度的准确的预测指标时，或当领袖们能够使其他人相信"危机"迫近时，人们便会愿意接受限制他们使用资源活动的新规则。例如，吉尔斯和詹姆特卡德（Gilles and Jamtgaard，1981）根据几个实证研究提出，牧区养羊是用作生产奶，生产羊毛，还是生产肉，会影响占用者较快意识到不利条件的能力。挤奶是每天的工作，牧人很快就知道产出量的变化。剪羊毛虽不那么经常，但牧羊人一剪羊毛便立刻知道羊毛的质量。对为市场生产的肉的质量，牧人们则不经常察看，甚至不知道。因此，公共池塘资源占用者所得到的资源信息的质量和时效性因资源占用方式的不同而不同，也因资源类型的不同而不同。无论放牧活动的最终产品是什么，地下水抽取者在获取准确而可靠的公共池塘资源条件的信息时所碰到的问题与牧人在获得信息时所碰到的问题相比，更不容乐观。

---

① 大量这类文献的综述，见 Dawes（1988）和 Hogarth and Reder（1987）。

与长期不确定的收益和成本相比，前期转换成本的计算不仅要容易些，而且有时会有实质区别。所有占用者更为关注的是即时成本而不是未来收益。在决策者往往更强调预期损失而不是预期收益的情况下，转换成本在占用者判断是否要改变规则时便具有了进一步的重要性。如果规则改革的预期贴现净收益并不大，公共池塘资源的占用者就极不可能为改变规则支付即刻发生的转换成本。

人们对以频率为基础的概率进行准确估计的能力也非常有限。他们对近期事件的重视程度往往要远远高于对很久以前发生的事件的重视程度。人们认为改变规则应该在公共池塘资源出现了一系列相对糟糕的事件后进行，而不应该在一系列相对好的年头后展开。新的供水制度的反对者祈祷在特别选举前夕或影响制度选择的其他决策点前夕发生干旱。① 若资源量在不同的季节变化很大时，占用者要准确估计平均产出、对低产出的后果进行合理评价是特别困难的。如果有以往的经验，人们可以引证说：该资源过去也有过低产出，现在已经恢复了。但要长期保持准确的记录，并获得准确预测未来的充分技能，需要付出非常高的成本。

占用者或其他人所设计的一套特定规则很少包括了可用于治理运作环境的全部可能的规则。他们所提出的规则很可能来自反对者已经熟悉的规则大全。在规则的任何变革都与大量不确定性相连的情况下，人们不太可能采用不熟悉的规则，而是乐于接受其他人已在相似环境中使用过并被证明效果较好的规则。在对不同规则进行了大量实证研究的情况下，占用者可以通过分析在相似的公共池塘资源环境中使用不同规则所得到的经验，来了解不同规则的效果。

例如，南加州西部流域和中部流域的地下水抽取者在采纳雷蒙德

---

① 在西部流域创建特别行政区的初次尝试的失败，至少有部分原因要归于选举日发生的大暴雨。排水沟里的水量被反对创建新行政区的一个城市管理部门大大地夸大了：他们打开了所有消防栓来对付一次“常规的”排水（Fossette and Fossette，1986：28－29）。

流域的规则之前，已经了解了这些规则在雷蒙德流域的使用情况。鼓励有同样问题的人们进行沟通的制度安排，比如地区性协会，增加了人们对不同规则如何在实践中运作的了解，也使人们从错误中汲取了教训。莫哈韦沙漠的一些用水者以为他们也能像雷蒙德流域、西部流域和中部流域的人们那样，使用诉讼策略，形成特别行政区。他们不是像那些流域那样，在建立跨流域的协会之前先在流域层次上开始一些小的渐进的变革，而是在设计流域内部的制度之前，先建立了跨流域的协会。那些渐进的和自下而上的、在流域层次上证明是成功的策略，在跨流域的地区层次上并不奏效。

至此，我还未讨论在一个制度选择的环境中可能存在的个人间的差异。从现行规则或替代规则中产生的利益并不一定被同一公共池塘资源的所有占用者所察觉。如果现行的一套规则保护某一个子群体占用者的利益，而损害其他人的未来，这两个子群体对现行规则的评价就会不同。一些占用者受他们所处的自然区位的保护（而不是所使用的规则的保护），因而比其他人少受损害。上游的占用者（如西部流域的霍桑市）也许会认为旨在限制地下水占用率的规则几乎不给他们带来多少利益，他们所处的自然区位使他们能在其他人退出公共池塘资源系统后的很长时间内，依然从系统中获取利益。因此，各种规则都具有很强的分配效应（Libeeap，1989）。

制度变迁的预测

对占用者没有能力为他们自己进行制度供给来解决公共池塘资源问题的观点，我们显然已经能够加以驳斥。但是我们仍不能假定只要规则变革的净收益超过了净成本，占用者就会采纳新规则。与公共池塘资源相关的操作规则的变化所产生的净收益和净成本，并不作为独立的变量存在于世界上，使公共池塘资源占用者或外部官员们能方便地得到这些变量来进行简单的最大化计算。收益和成本必须由个人自己在高度不确定和非常复杂的、并因其他人的策略性行为变得更复杂的环境中去发现和评估。

设计和采纳新制度来解决公共池塘资源问题是困难的任务，无论占用者群体是如何的同质，无论协会成员对他们的公共池塘资源的状况掌握了何等多的信息，也无论互惠的共识是多么根深蒂固。当人们面对公共池塘资源问题时，通常都会有很强的规避责任、搭便车和以机会主义方式行事的诱惑。在这样的条件下，我们决不能保证这些问题可以得到解决。没有任何强大的外部压力能驱使人们对这些问题形成积极的解决方案。如果存在着走向一个独特结局的强大压力，那么这个结局很可能就是第一章讨论的三个模型中不完全均衡的结局。我们知道人们有可能运用他们的能力，去思考、交流和承诺设计解决公共池塘资源问题的新的规则，但是我们不能断定这种情况必然会发生。并且，如果人们觉得现有规则运作得还不错，他们就不会有什么动力去继续那个寻求更好规则的、昂贵的过程。“如果还没有坏掉，就不要去修它”，这种观念不仅适用于物质资本，而且适用于制度资本。

在强调了特殊的环境变量影响人们对制度变迁的成本和收益的评估后，现在我要对制度变迁的预测作一总结。为此，重要的不仅是要考虑作为特定公共池塘资源环境特征的变量，而且要考虑公共池塘资源运作的外部政治环境的类型。

作为考察的起点，我们先考虑这样一种公共池塘资源，这种公共池塘资源位于偏远地区，无论它发生什么问题，那里的政治制度都基本不变；就外部体制对内部选择的影响而言，这是一个“零条件”。在这样一个背景下，公共池塘资源占用者在操作规则上采取一系列渐进变革来提高共同福利的可能性，与以下内部特征呈正相关：

1. 大多数占用者都认为，如果不采取替代规则，他们就将受到损害；

2. 所提出的规则变更对大多数占用者会有类似的影响；

3. 大多数占用者对在公共池塘资源上继续生产活动给予高度评价，即他们的贴现率较低；

4. 占用者所面临的信息成本、转换成本和实施成本较低；

5. 大多数占用者有互惠的共识，并相信这种共识能作为初始的社会资本；

6. 使用公共池塘资源的群体相对较小，也较稳定。

这些变量是弱有序的，从我认为对人们同意采用增进他们福利的新规则有重要影响的变量开始，到我认为对此不太重要的变量为止。虽然在考虑集体行动问题时，往往很强调所涉及的群体规模，但我还是认为前 5 个变量比公共池塘资源所涉及的人数更重要。①

现代世界的大多数公共池塘资源都不是出现在与世隔绝的环境中。公共池塘资源越接近其他经济活动的中心，该地区的人口、资源单位的价值和公共池塘资源附近地区的占用者的活动就越可能对该公共池塘资源的产出发生不利影响。在非偏远地区，政治统治制度的导向对地方占用者能否为他们自己提供制度，或能否不依赖外部政府、独立解决他们的问题，具有实质性的影响。

在同样的背景中不能供给新规则的人们，也许能在允许有实质性地方自治的政治制度中成功采纳新的规则、投资建立实施机构、提供讨论和总结制度选择与冲突解决方案的论坛。也就是说，地区的和全国的政府在为增强地方占用者进行有效制度设计的能力而提供设施方面可以起积极的作用。这个积极作用与在集中控制自然资源的建议中所设想的政府作用是完全不同的。在第一章，我以博弈二、三、四作为一方，以博弈五作为另一方的分析为基础，说明了这种不同。对加利福尼亚州水资源部采用的策略与设在纽芬兰的加拿大渔业和海洋部采用的策略的比较，也说明了这种不同。我很怀疑，如果美国地质调查局和加利福尼亚州自然资源部没有提供专业的信息服务，雷蒙德流域、西

① 由于许多模型都已假定了前 2 个特征，因此它们甚至不再被考虑。然而，近来许多学者研究了那些具有很强分配效应的规则所产生的结果和为在改变规则上获得一致意见而把现有的占用者“奉为始祖”的重要性（Johnson and libecap，1982；Karpoff，1989；Welch，1983）。

部流域和中部流域的地下水抽取者是否能对所设计的制度创新进行缜密的安排。虽然这些占用者为技术研究分担了成本，但他们并没有支付全部成本，更何况政府机构有关南加州地质结构的大量信息都是现成的。

此外，如果他们未曾能够使用公正的法庭程序，那么要达成被所有参与者都认为是合法的水权协商解决方案就会是极其困难的。使用法庭程序的成本一部分由参与者分担，另一部分由加利福尼亚州分担。当地方占用者起草州立法提案并与其他州的利益相关者进行谈判时，还使用了其他综合的制度设施。他们的立法提案随后由州立法机构通过，成为组织一些特殊目的的行政区和处理安排行政区之间事务的基础。

周边的政治制度在加利福尼亚州地下水案例中的作用并不简单限于提供综合设施。州和地方官员还负有督察的责任。在考虑建立特别行政区时，必须仔细检查所提议的新的行政区边界，以确保不把非受益者，即缴了税但享受不到好处的人，包括在行政区内。虽然法庭愿意赞同根据谈判桌上的新认识所达成的协议，但参与者却不会接受法庭对任何把水权从一些参与者手中夺走、转给另一些参与者的协商解决方案的批准。州和地方官员的督察是保证达成公正解决方案的重要因素。在利益不相同、缺乏地下水流域的准确信息、有大量的参与者、相对高的贴现率、参与者无意依赖于自愿基础上的互惠、以及高转换成本的情况下，如果雷蒙德流域、西部流域和中部流域公共池塘资源的占用者再面对一个冷漠的政治体制，很难相信他们能进行新的制度供给来解决抽水难题。莫哈韦的抽水者未能取得同样的成功则有助于说明，即使有一个好的政治体制也不保证就能成功地解决所面临的难题。

在考虑了冷漠型体制和促进型体制对占用者采纳增进共同利益新规则的可能性的影响后，我们将接着讨论在一个政府官员认为必须由他们，而不是由占用者来解决公共池塘资源的体制中，结果将会怎样。首先假定官员是正直的，是非常愿意帮助解决公共池塘资源问题的。

一旦国家或地区政府的官员表示要把解决公共池塘资源问题作为他们的责任，尚未建立地方制度的当地占用者便会等待政府来解决他们的问题。[①] 如果有人同意为新制度的供给支付成本，就难以在占用者中克服搭便车的心理。然后，对有的占用者来说，问题就成了如何向那些也许不很了解当地情况的官员介绍当地的“事实”，以引导他们创造一种可以使一些人比另一些人境况更好的制度安排。[②] 那些拥有能向外部官员充分表达自己立场的资源的人，便最有可能赢得最有利于他们的规则（或例外解决办法）。

当然，正直、勤勉的地区或国家官员完全可能在一些他们管辖的公共池塘资源区域提供很适合当地情形的新的公共池塘资源制度。但是，试图把一套规则强加于整个辖区，而不是制定适合辖区内各地情况的特殊规则，会使官员们在建立和实施那些对当地占用者似乎是有效而公正的规则时遇到极大困难。试图使当地占用者承诺遵守那些被他们认为是低效率、不公正的规则是困难的。监督和实施这样的规则的成本必然要高于监督和实施由占用者参与制定的、适合当地情形的规则的成本。

如果假定政治体制是一个腐败的集权体制，官员不是正直的，那么制度供给问题会变得更加困难。当地占用者也许有可能在法律框架之外创立他们自己的地方制度。然而，这些占用者必须是非常同质的，对他们的公共池塘资源的状况很了解，对他们同伴的行为很了解，贴现率低，并在整体上具有前面所列举的、在这一端上所希望具有的全部特征。更有可能的结局是发生在斯里兰卡科林迪奥亚灌溉系

① 在地方制度已经存在、占用者认为制度运作良好的地方，即使他们面临着问题，也会对新施加的其他规则产生相当大的抵制。只要规则能够实行，当地占用者就会试图把“不合法”的规则体系尽可能长地延续下去，原因或者是没有中央政府官员来强制废除地方制度，或者是当地占用者贿赂了中央政府官员，使他们对当地发生的事不作反应。

② 不仅在外部官员制定规则时。当地占用者会试图从对他们有利的角度来讲述当地的情形。在一切场合都会发生这种情况。一些占用者要以带有他们偏见的和有利于他们当地情况的“事实”来说服熟悉当地情况的人将是困难的，然而要说服不熟悉当地情况的人则是比较容易的。

统定居区的情形，任何人都不与他人合作，所有的人都生活在水文恶梦之中。

对社会科学研究的挑战

上述用于分析制度选择问题的框架，说明了当现实场景中的人们试图更新规则、提高他们个人的和共同的利益时必须讨论的变量的复杂状况。提出这一复杂的变量群作为分析框架而不是作为模型的原因，准确说来是因为无法在一个模型中容纳下如此复杂的情形（至少现有的方法办不到）。当在模型关系中选择时，往往只能包括一个子变量群，即使如此，通常还会将其中的某些变量再设为零或某个绝对值。典型的假设还包括完全信息、独立行动、利益的完全对称、无人为的失误、无互惠准则、监督和实施的零成本以及环境无自主转化能力。这些假设所导致的是非常特殊的模型，而不是一般理论。给出一组模型的适用领域与建立特殊模型一样重要。如果社会科学要用于分析政策问题，所面临的挑战就是要把界定主要领域与建立适用于领域中某一特定部分的、可进一步加工的模型结合起来。各个公共池塘资源可被视为一个经验领域中的一个特定部分。

完全依赖模型作为政策分析基础这一做法存在着一个认识上的陷阱，这就是学者会因此认为他们是无所不知的观察家，能够通过对系统的某些方面的规范化描述，领悟复杂的动态系统运作的真谛。有了这种自以为万能的错误自信，学者在向政府提建议时感到非常得心应手，而政府也相信学者的模型是万能的，能够纠正一切场景下存在的不完善问题。

在现代社会秩序理论中，“政府”常常被认为是外部代理人，它的行为对于模型化了的情景是一种外生变量。萨格腾（Sugden）指出，采纳这种观点的政策分析人员会以为他们的任务就是分析民间个人的行为，然后向政府提议应该去做什么：

> 大多数现代经济理论把世界描述为是由一个政府（而不是很多政府）掌管的，并从政府的视角来看世界。这个政府应该具有责任、意愿和权力，采用能最大化社会福利的方法重新建构社会；它就像弦上之箭的美国西部骑兵，每当市场“失败”，便冲去抢救，而经济学家的任务则是建议政府何时去救和怎样去救。相反，民间的个人则被认为几乎或完全不具有解决他们自己所面临的集体问题的能力。这种理论造成了对一些重要的经济和政治问题的曲解（Sugden，1986：3）。

罗尔福（Rolph）对公共池塘资源规制问题，包括第四章讨论的南加州地下水流域案例的研究（1982，1983），说明这种扭曲了的观点及其对公共池塘资源情形中制度变更分析的直接影响。在描述了过度使用公共池塘资源这一普遍问题后，罗尔福指出，“政府（三个部门中的任何一个）被要求以分配使用者的权力作为限制生产或消费活动的手段”（Rolph，1983：51）。关于地下水的使用者，她写道“他们转而要求政府提供一个计划，限制现有使用者平等使用地下水”（Rolph，1983：51）。允许使用者对公共的或社群的资源拥有私人财产权对她来说似乎是个矛盾，她对此疑惑不解。她认为“如果政府已预见到未来的资源短缺，就可能会在一开始，在任何使用者对资源进行投资前就宣布对资源拥有所有权”（Rolph，1983：51）。由于对这些选择疑惑不解，她问道：

> 当政府介入对资源的限制使用时，是否应该简单地把全部财产权分配给使用者中一个小的子群体而剥夺其他人有限的社群权利？或者应该采用另一种方法，把资源从它现在的使用者手中夺走，加以重新分配？或者先夺走，再把资源卖回给现在的使用者？（Rolph，1983：51－52）

我以为罗尔福对地下水案例的评论中值得我们注意的是，她认为唯一有关的政策制定者就是被称为“政府”的、模糊虚幻、无所不知的存在物。使用者被认为“转而要求政府提供计划”，而不是自己争取在法庭、立法机构和地方政府所提供的论坛中，找到解决难题的可行、公正的方案。

社会科学家用于分析公共池塘资源问题的模型，对支持政府的更加集权化有不良影响。第一，使用公共池塘资源的人被视为短期利益最大化的追求者，不会使用增进长期共同利益的合作战略。第二，那些人似乎落入了陷阱之中，没有外部政府的解决方案便不能从陷阱中解脱出来。第三，把那些人可能建立的制度搁置一旁，或被作为低效率的制度加以拒绝，而不考虑如何使这些制度能有助于他们获得信息、减少监督和实施成本、公正地分配占用权和供应义务。第四，所提出的由政府强制实施的解决方案本身，是以理想化的市场或理想化的国家模型为基础的。

从事于社会科学的我们在如何分析公共池塘资源问题上所面临的挑战，并不亚于奋力争取在日常生活中避免公共池塘资源问题的社群人民所面临的挑战。理论事业要求社会科学家进行模型的建构，① 但这并不意味着把理论探索限制在一些特定层次问题的论述上。我们必须珍视霍布斯、孟德斯鸠、休谟、斯密、麦迪逊、汉密尔顿、托克维尔和其他许多伟大学者以往重要的理论贡献所提供给我们的分析手段。② 公共和集体选择理论、交易成本经济学、新制度经济学、法和经济学、博

---

① 例如，戈登纳和我为用于组织近海渔场占用者活动的 4 个不同规则结构建立了效果模型，将渔民们在不同自然环境下遵循不同规则的均衡结局作了比较（Gardner and E. Ostrom，1990）。我们并不声称建立了适用于近海渔场的一般模型，也不认为探讨了所有相关的规则结构。因为我们是在一个一般框架指导下设计模型的，也认识到我们模型的适用领域。只是在这个领域中，我们能够对包括在模型中的各种变量的均衡和逻辑关系作出预测。

② 这些学者的研究为现代政治理论提供了基础的例子可见 V·奥斯特罗姆近期出版的著述（v. Ostrom 1987，1989，1990）。

弈理论以及许多相关领域的最新研究也正在做出重要的贡献。① 这些贡献需要在用理论指导的、实验室和现实场景的实证研究中，进一步向前推进。

---

① 从参考书目中，读者可见到布坎南、科斯、诺斯、谢普斯尔和威廉姆森近期的许多重要著作，这些著作大大增强了我们对制度运行的认识。

参 考 书 目

Acheson, J. M. 1975. The Lobster Fiefs: Economic and Ecological Effects of Territoriality in the Maine Lobster Industry. *Human Ecology* 3:183–207.

Acheson, J. M. 1988. *The Lobster Gangs of Maine*. Hanover, N.H.: University Press of New England.

Advisory Commission on Intergovernmental Relations. 1987. *The Organization of Local Public Economies*. Washington, D.C.: Advisory Commission on Intergovernmental Relations.

Agnello, R. J., and L. Donnelly. 1950. Property Rights and Efficiency in the Oyster Industry. *Journal of Law and Economics* 18:521–33.

Ahmed, M. 1980. BRAC: Building Human Infrastructure to Serve the Rural Poor. In *Meeting the Basic Needs of the Rural Poor*, ed. P. Coombs, pp. 362–468. London: Pergamon Press.

Alchian, A. 1950. Uncertainty, Evolution, and Economic Theory. *Journal of Political Economy* 58:211–21.

Alchian, A., and H. Demsetz. 1972. Production, Information Costs, and Economic Organization. *American Economic Review* 62:777–95.

Alchian, A., and H. Demsetz. 1973. The Property Rights Paradigm. *Journal of Economic History* 33:16–27.

Alexander, P. 1977. South Sri Lanka Sea Tenure. *Ethnology* 16:231–55.

Alexander, P. 1979. Evolution and Culture. In *Evolutionary Biology and Human Social Behavior. An Anthropological Perspective*, eds. N. A. Chagnon and W. Irons, pp. 59–78. North Scituate, Mass.: Duxbury Press.

Alexander, P. 1982. *Sri Lankan Fishermen: Rural Capitalism and Peasant Society*. Australian National University Monographs on South Asia, No. 7. Canberra: Australian National University.

Allen, P. M., and J. M. McGlade. 1987. Modelling Complex Human Systems: A Fisheries Example. *European Journal of Operational Research* 30:147–67.

Allen, R. C. 1982. The Efficiency and Distributional Implications of 18th Century Enclosures. *Economic Journal* 92:937–53.

Alt, J. E., and A. Crystal. 1983. *Political Economics*. Berkeley: University of California Press.

Andersen, R. 1979. Public and Private Access Management in Newfoundland

Fishing. In *North Atlantic Maritime Cultures: Anthropological Essays on Changing Adaptations*, ed. R. Andersen, pp. 299–336. The Hague: Mouton.
Arnold, J. E. M., and J. G. Campbell. 1986. Collective Management of Hill Forests in Nepal: The Community Forestry Development Project. In *Proceedings of the Conference on Common Property Resource Management*, National Research Council, pp. 425–54. Washington, D.C.: National Academy Press.
Arthur, W. B. 1989. Competing Technologies, Increasing Returns and Lock-in by Historical Events. *Economic Journal* 99:116–31.
Ashby, W. R. 1956. *An Introduction to Cybernetics*. New York: Wiley.
Ashby, W. R. 1960. *Design for a Brain. The Origin of Adaptive Behavior*, 2nd ed. New York: Wiley.
Ascher, W., and R. Healy. 1990. *Natural Resource Policymaking: A Framework for Developing Countries*. Durham, N.C.: Duke University Press.
Attwood, D. M., and B. S. Baviskar. 1987. Why Do Some Cooperatives Work But Not Others? A Comparative Analysis of Sugar Cooperatives in India. *Economic and Political Weekly* 22:A38–56.
Aumann, R. J. 1973. Subjectivity and Correlation in Randomized Strategies. *Journal of Mathematical Economics* 1:67–96.
Aumann, R. J. 1976. Agreeing to Disagree. *Annals of Statistics* 4:1236–9.
Aumann, R. J. 1987. Correlated Equilibrium as an Expression of Bayesian Rationality. *Econometrica* 55:1–18.
Axelrod, R. 1981. The Emergence of Cooperation Among Egoists. *American Political Science Review* 75:306–18.
Axelrod, R. 1984. *The Evolution of Cooperation*. New York: Basic Books.
Axelrod, R. 1986. Modeling the Evolution of Norms. *American Political Science Review* 80:1095–111.
Axelrod, R., and D. Dion. 1988. The Further Evolution of Cooperation. *Science* 242:1385–90.
Baack, B. 1982. Testing the Impact of Exclusive Property Rights: The Case of Enclosing Common Fields. In *Explorations in the New Economic History*, eds. R. L. Ransom, R. Sutch, and G. M. Walton, pp. 257–72. New York: Academic Press.
Bacdayan, A. S. 1980. Mountain Irrigators in the Philippines. In *Irrigation and Agricultural Development in Asia*, ed. E. W. Coward, Jr., pp. 172–85. Ithaca, N.Y.: Cornell University Press.
Bagnoli, M., and B. L. Lipman. 1986. Can Private Provision of Public Goods be Efficient? Working paper, University of Michigan at Ann Arbor.
Barry, B., and R. Hardin. 1982. *Rational Man and Irrational Society? An Introduction and Source Book*. Beverly Hills: Sage.
Barry, N. 1982. The Tradition of Spontaneous Order. *Literature of Liberty* 5:7–58.
Bates, R. H. 1985. The Analysis of Institutions. Paper presented at a seminar on institutions, sponsored by USAID/ST, Washington, D.C.
Bates, R. H. 1988. Contra Contractarianism: Some Reflections on the New Institutionalism. *Politics and Society* 16:387–401.
Beardsley, R. K., J. Hall, and R. E. Ward. 1959. *Village Japan*. University of Chicago Press.
Becker, G. S. 1968. Crime and Punishment: An Economic Approach. *Journal of Political Economy* 76:169–217.

Bell, F. W. 1972. Technological Externalities and Common Property Resources: An Empirical Study of the U.S. Lobster Industry. *Journal of Political Economy* 80:148–58.

Bendor, J., and D. Mookherjee. 1985. Institutional Structure and the Logic of Ongoing Collective Action. Working paper, Stanford University.

Bentley, A. 1949. *The Process of Government*. Evanston, Ill.: Principia Press.

Berkes, F. 1984. Ecology and Resource Management Terminology. Paper presented to the Panel on Common Property Resource Management of the National Academy of Sciences, Washington, D.C.

Berkes, F. 1985a. The Common Property Resource Problem and the Creation of Limited Property Rights. *Human Ecology* 13:187–208.

Berkes, F. 1985b. Fishermen and "The Tragedy of the Commons." *Environmental Conservation* 12:199–206.

Berkes, F. 1986a. Local-Level Management and the Commons Problem: A Comparative Study of Turkish Coastal Fisheries. *Marine Policy* 10:215–29.

Berkes, F. 1986b. Marine Inshore Fishery Management in Turkey. In *Proceedings of the Conference on Common Property Resource Management*, National Research Council, pp. 63–83. Washington, D.C.: National Academy Press.

Berkes, F. 1987. Common Property Resource Management and Cree Indian Fisheries in Subarctic Canada. In *The Question of the Commons*, eds. B. McCay and J. Acheson, pp. 66–91. Tucson: University of Arizona Press.

Berkes, F., ed. 1989. *Common Property Resources. Ecology and Community-Based Sustainable Development*. London: Belhaven Press.

Berkes, F., D. Feeny, B. J. McCay, and J. M. Acheson. 1989. The Benefits of the Commons. *Nature* 340:91–3.

Berkes, F., and M. Kislalioglu. 1989. A Comparative Study of Yield, Investment and Energy Use in Small-Scale Fisheries: Some Considerations for Resource Planning. *Fisheries Research* 7:207–24.

Berkes, F., and D. Pocock. 1981. Self-Regulation of Commercial Fisheries of the Outer Long Point Bay, Lake Erie. *Journal of Great Lakes Research* 7:111–16.

Binger, B. R., and E. Hoffman. 1989. Institutional Persistence and Change: The Question of Efficiency. *Journal of Institutional and Theoretical Economics* 145:67–84.

Binswanger, H. P., and V. W. Ruttan. 1978. *Induced Innovations: Technology, Institutions, and Development*. Baltimore: Johns Hopkins University Press.

Blaikie, P., and H. Brookfield. 1987. *Land Degradation and Society*. London: Methuen.

Blomquist, W. 1987a. Getting Out of the Commons Trap: Variables, Process, and Results in Four Groundwater Basins. Paper prepared for the Common Property Resource Management Conference, Workshop in Political Theory and Policy Analysis, December 4–5, Indiana University, Bloomington.

Blomquist, W. 1987b. Getting Out of the Trap: Changing an Endangered Commons to a Managed Commons. Ph.D. dissertation, Indiana University.

Blomquist, W. 1988a. *The Performance of Groundwater Management: Volume 1, Raymond Basin*. Workshop in Political Theory and Policy Analysis. Bloomington: Indiana University.

Blomquist, W. 1988b. *The Performance of Groundwater Management: Volume 2, West Basin*. Workshop in Political Theory and Policy Analysis. Bloomington: Indiana University.

Blomquist, W. 1988c. *The Performance of Groundwater Management: Volume 3, Central Basin*. Workshop in Political Theory and Policy Analysis. Bloomington: Indiana University.

Blomquist, W. 1988d. *The Performance of Groundwater Management: Volume 5, Orange County*. Workshop in Political Theory and Policy Analysis. Bloomington: Indiana University.

Blomquist, W. 1988e. *The Performance of Groundwater Management: Volume 6, The San Fernando Valley*. Workshop in Political Theory and Policy Analysis. Bloomington: Indiana University.

Blomquist, W. 1989. *The Performance of Groundwater Management: Volume 8, The Mojave River Basin*. Workshop in Political Theory and Policy Analysis. Bloomington: Indiana University.

Blomquist, W. 1990. *The Performance of Groundwater Management: Volume 4, San Gabriel Basin*. Workshop in Political Theory and Policy Analysis. Bloomington: Indiana University.

Blomquist, W., and E. Ostrom. 1985. Institutional Capacity and the Resolution of a Commons Dilemma. *Policy Studies Review* 5:383–93.

Blumel, W., R. Pethig, and O. van den Hagen. 1986. The Theory of Public Goods: A Survey of Recent Issues. *Journal of Institutional and Theoretical Economics* 142:241–309.

Boudreaux, D. J., and R. G. Holcombe. 1989. Government by Contract. *Public Finance Quarterly* 17:264–80.

Bowen, H. R. 1943. The Interpretation of Voting in the Allocation of Economic Resources. *Quarterly Journal of Economics* 58:27–48.

Braybrooke, D. 1985. The Insoluble Problem of the Social Contract. In *Paradoxes of Rationality and Cooperation*, eds. R. Campbell and L. Sowden, pp. 277–305. Vancouver: University of British Columbia Press.

Brennan, G., and J. Buchanan. 1985. *The Reason of Rules*. Cambridge University Press.

Breton, A. 1974. *The Economic Theory of Representative Government*. Chicago: Aldine.

Breton, A., and R. Wintrobe. 1982. *The Logic of Bureaucratic Conduct*. Cambridge University Press.

Bromley, D. W. 1984. Property Rights and Economic Incentives in Resource and Environmental Systems. Agricultural economics staff paper series, No. 231, University of Wisconsin.

Bromley, D. W. 1986. Opening Comments. In *Proceedings of the Conference on Common Property Resource Management*, National Research Council, pp. 1–5. Washington, D.C.: National Academy Press.

Bromley, D. W. 1989. *Economic Interests and Institutions: The Conceptual Foundations of Public Policy*. Oxford: Blackwell.

Bromley, D. W., ed. 1990. *Essays on the Commons*. Madison: University of Wisconsin Press.

Bromley, D. W., and D. P. Chapagain. 1984. The Village Against the Center: Resource Depletion in South Asia. *American Journal of Agricultural Economics* 66:868–73.

Bromley, D. W., D. C. Taylor, and D. E. Parker. 1980. Water Reform and Economic Development: Institutional Aspects of Water Management in Developing Countries. *Economic Development and Cultural Change* 28:365–87.

Buchanan, J. M. 1968. *The Demand and Supply of Public Goods*. Chicago: Rand McNally.
Buchanan, J. M. 1975. *The Limits of Liberty*. University of Chicago Press.
Buchanan, J. M. 1977. *Freedom in Constitutional Contract. Perspectives of a Political Economist*. College Station: Texas A&M University Press.
Buchanan, J. M. 1987. The Constitution of Economic Policy. *American Economic Review* 77:243–51.
Buchanan, J. M., and G. Tullock. 1962. *The Calculus of Consent: Logical Foundations of Constitutional Democracy*. Ann Arbor: University of Michigan Press.
Bullock, K., and J. Baden. 1977. Communes and the Logic of the Commons. In *Managing the Commons*, eds. G. Hardin and J. Baden, pp. 182–99. San Francisco: Freeman.
Byrne, J. A. 1986. The Decline in Paddy Cultivation in a Dry Zone Village of Sri Lanka. In *Rice Societies: Asian Problems and Prospects*, eds. I. Norlund, S. Cederroth, and I. Gerdin, pp. 81–116. London: Curzon Press.
California, State of, Department of Water Resources, *Report on Watermaster Service in West Coast Basin Watermaster Service Area*, annual reports for water years 1944–5 through 1984–5.
Campbell, D. T. 1982. Legal and Primary-Group Social Controls. *Journal of Social and Biological Structures* 5:431–8.
Campbell, R. 1985. Background for the Uninitiated. In *Paradoxes of Rationality and Cooperation*, eds. R. Campbell and L. Sowden, pp. 3–41. Vancouver: University of British Columbia Press.
Carruthers, I., and R. Stoner. 1981. Economic Aspects and Policy Issues in Groundwater Development. World Bank staff working paper No. 496, Washington, D.C.
Cave, J. A. K. 1984. *The Cold Fish War: Long-Term Competition in a Dynamic Game*. Santa Monica, Calif.: Rand Corporation.
Central and West Basin Water Replenishment District. 1987. *Annual Survey Report on Ground Water Replenishment*. Glendale, Calif.: Bookman, Edmmonston Engineering.
Chamberlin, J. 1974. Provision of Collective Goods as a Function of Group Size. *American Political Science Review* 68:707–16.
Chambers, J. D., and G. E. Mingay. 1966. *The Agricultural Revolution, 1750–1880*. New York: Schocken Books.
Chambers, R. 1981. In Search of a Water Revolution: Questions for Canal Management in the 1980s. *Water Supply and Management* 5:5–18.
Chapagain, D. P. 1984. Managing Public Lands as a Common Property Resource: A Village Case Study in Nepal. Ph.D. dissertation, University of Wisconsin.
Cheung, S. 1970. The Structure of a Contract and the Theory of a Non-Exclusive Resource. *Journal of Law and Economics* 13:45–70.
Chomsky, N. 1965. *Aspects of the Theory of Syntax*. Cambridge, Mass.: MIT Press.
Chomsky, N. 1975. *Reflections on Language*. New York: Random House.
Chomsky, N. 1978. *Rules and Representation*. New York: Columbia University Press.
Christy, F. T., Jr. 1982. Territorial Use Rights in Marine Fisheries: Definitions and Conditions. FAO technical paper No. 227, Food and Agricultural Organization of the United Nations, Rome.
Ciriacy-Wantrup, S. V., and R. C. Bishop. 1975. "Common Property" as a Con-

cept in Natural Resource Policy. *Natural Resources Journal* 15:713–27.
Clark, C. W. 1976. *Mathematical Bioeconomics*. New York: Wiley.
Clark, C. W. 1977. The Economics of Over-exploitation. In *Managing the Commons*, eds. G. Hardin and J. Baden, pp. 82–95. San Francisco: Freeman.
Clark, C. W. 1980. Restricted Access to Common-Property Fishery Resources: A Game-Theoretic Analysis. In *Dynamic Optimization and Mathematical Economics*, ed. P. T. Liu, pp. 117–32. New York: Plenum Press.
Clark, C. W., G. Munro, and A. Charles. 1985. *Fisheries: Dynamics, and Uncertainty, in Progress in Natural Resource Economics*, ed. A. Scott, pp. 99–119. Oxford University Press (Clarendon Press).
Coase, R. H. 1937. The Nature of the Firm. *Economica* 4:386–405.
Coase, R. H. 1960. The Problem of Social Cost. *Journal of Law Economics* 3:1–44.
Cole, J. W., and E. R. Wolf. 1974. *The Hidden Frontier: Ecology and Ethnicity in an Alpine Valley*. New York: Academic Press.
Coleman, J. S. 1987a. Externalities and Norms in a Linear System of Action. Working paper, Department of Sociology, University of Chicago.
Coleman, J. S. 1987b. Free Riders and Zealots: The Role of Social Networks. Working Paper, Department of Sociology, University Chicago.
Coleman, J. S. 1987c. Norms as Social Capital. In *Economic Imperialism. The Economic Approach Applied Outside the Field of Economics*, eds. G. Radnitzky and P. Bernholz, pp. 133–55. New York: Paragon House.
Coleman, J. S. 1990. *Foundations of Social Theory*. Cambridge, Mass.: Harvard University Press.
Commons, J. R. 1957. *Legal Foundations of Capitalism*. Madison: University of Wisconsin Press.
Copes, P. 1983. Fisheries Management on Canada's Atlantic Coast: Economic Factors and Socio-Political Constraints. *Canadian Journal of Regional Science* 6:1–32.
Cordell, J. C., and M. A. McKean. 1986. Sea Tenure in Bahia, Brazil. In *Proceedings of the Conference on Common Property Resource Management*, National Research Council, pp. 85–113. Washington, D.C.: National Academy Press.
Corey, A. T. 1986. Control of Water within Farm Turnouts in Sri Lanka. Proceedings of a Workshop on Water Management in Sri Lanka, Documentation Series No. 10. Agrarian Research and Training Institute, Colombo, Sri Lanka.
Cornes, R., and T. Sandler. 1986. *The Theory of Externalities, Public Goods, and Club Goods*. Cambridge University Press.
Courtois, P. J. 1985. On Time and Space Decomposition of Complex Structures. *Communications of the ACM* 28:590–603.
Coward, E. W., Jr. 1979. Principles of Social Organization in an Indigenous Irrigation System. *Human Organization* 38:28–36.
Coward, E. W., Jr. 1980. *Irrigation and Agricultural Development in Asia: Perspectives from Social Sciences*. Ithaca, N.Y.: Cornell University Press.
Coward, E. W., Jr. 1985. Technical and Social Change in Currently Irrigated Regions: Rules, Roles and Rehabilitation. In *Putting People First*, ed. M. M. Cernea, pp. 27–51. Oxford University Press.
Craig, J. 1981. Continuity and Change in Sri Lanka's District Administration: A Political Perspective. In *Studies in Decentralization* (issue No. 3 of *Manchester Papers on Development*). Department of Administrative Studies, University of Manchester.

Cruz, M. C., L. B. Cornista, and D. C. Dayan. 1987. *Legal and Institutional Issues of Irrigation Water Rights in the Philippines*. Laguna: University of the Philippines at Los Baños, Agrarian Reform Institute.
Cruz, W. 1986. Overfishing and Conflict in a Traditional Fishery: San Miguel Bay, Philippines. In *Proceedings of the Conference on Common Property Resource Management*, National Research Council, pp. 115–35. Washington, D.C.: National Academy Press.
Dahlman, C. 1980. *The Open Field System and Beyond: A Property Rights Analysis of an Economic Institution*. Cambridge University Press.
Dales, J. H. 1968. *Pollution, Property, and Prices: An Essay in Policy-making and Economics*. University of Toronto Press.
Dani, A. A., C. J. N. Gibbs, and D. W. Bromley. 1987. *Institutional Development for Local Management of Rural Resources*. Honolulu: East-West Center.
Dasgupta, P. S. 1982. *The Control of Resources*. Oxford: Blackwell.
Dasgupta, P. S., and G. M. Heal. 1979. *Economic Theory and Exhaustible Resources*. Cambridge University Press.
David, P. A. 1985. Clio and the Economics of QWERTY. *American Economic Review* 75:332–7.
David, P. A. 1988. Path-Dependence: Putting the Past into the Future of Economics. Working paper, Department of Economics, Stanford University.
Davis, A. 1984. Property Rights and Access Management in the Small-Boat Fishery: A Case Study from Southwest Nova Scotia. In *Atlantic Fisheries and Coastal Communities: Fisheries Decision-Making Case Studies*, eds. C. Lamson and A. J. Hanson, pp. 133–64. Halifax: Dalhousie Ocean Studies Programme.
Davis, L. E., and D. C. North. 1971. *Institutional Change and American Economic Growth*. Cambridge University Press.
Dawes, R. M. 1973. The Commons Dilemma Game: An N-Person Mixed-Motive Game with a Dominating Strategy for Defection. *ORI Research Bulletin* 13:1–12.
Dawes, R. M. 1975. Formal Models of Dilemmas in Social Decision Making. In *Human Judgment and Decision Processes: Formal and Mathematical Approaches*, eds. M. F. Kaplan and S. Schwartz, pp. 87–108. New York: Academic Press.
Dawes, R. M. 1988. *Rational Choice in an Uncertain World*. New York: Harcourt Brace Jovanovich.
Dawes, R. M., J. McTavish, and H. Shaklee. 1977. Behavior, Communication, and Assumptions About Other People's Behavior in a Commons Dilemma Situation. *Journal of Personality and Social Psychology* 35:1–11.
Dawkins, R. 1976. *The Selfish Gene*. Oxford University Press.
De Alessi, L. 1980. The Economics of Property Rights: A Review of the Evidence. *Research in Law and Economics* 2:1–47.
De Alessi, L. 1987. Nature and Methodological Foundations of Some Recent Extensions of Economic Theory. In *Economic Imperialism. The Economic Approach Applied Outside the Field of Economics*, eds. G. Radnitzky and P. Bernholz, pp. 51–76. New York: Paragon House.
de los Reyes, R. P. 1980. *47 Communal Gravity Systems: Organizational Profiles*. Quezon City: Institute of Philippine Culture.
de Saussure, F. 1960. *Course in General Linguistics*. London: Peter Owen.
de Silva, N. G. R. 1981. Farmer Participation in Water Management: The Minipe

Project in Sri Lanka. *Rural Development Participation Review* 3:16–19.
Demsetz, H. 1967. Toward a Theory of Property Rights. *American Economic Review* 62:347–59.
Dosi, G. 1988. Technical Change, Institutional Processes and Economic Dynamics: Some Tentative Propositions and a Research Agenda. Working paper, Department of Economics, University of Rome.
Dove, M. R. 1986. Peasant versus Government Perception and Use of the Environment: A Case-Study of Banjarese Ecology and River Basin Development in South Kalimantan. *Journal of Southeast Asian Studies* 17:113–36.
Downs, A. 1967. *Inside Bureaucracy*. Boston: Little, Brown.
Durham, W. H. 1979. Toward a Coevolutionary Theory of Human Biology and Culture. In *Evolutionary Biology and Human Social Behavior. An Anthropological Perspective*, eds. N. A. Chagnon and W. Irons, pp. 39–58. North Scituate, Mass.: Duxbury Press.
Ehrenfield, D. W. 1972. *Conserving Life on Earth*. Oxford University Press.
Ehrlich, I. 1973. Participation in Illegitimate Activities: A Theoretical and Empirical Investigation. *Journal of Political Economy* 81:521–64.
Ehrlich, I., and G. D. Brower. 1987. On the Issue of Causality in the Economic Model of Crime and Law Enforcement: Some Theoretical Considerations and Experimental Evidence. *American Economic Review* 77:99–106.
Elkin, S. L. 1985. Economic and Political Rationality. *Polity* 18:253–71.
Elster, J. 1979. *Ulysses and the Sirens: Studies in Rationality and Irrationality*. Cambridge University Press.
Elster, J. 1989. *The Cement of Society. A Study of Social Order.* Cambridge University Press.
Esman, M. 1986. The Maturing of Development Administration. Paper presented to the American Society for Public Administration, Anaheim, California.
Fanoaltea, S. 1988. Transaction Costs, Whig History, and the Common Fields. *Politics and Society* 16:171–240.
Faris, J. C. 1972. *Cat Harbour: A Newfoundland Fishing Settlement*. University of Toronto Press.
Farr, J. 1985. Situational Analysis: Explanation in Political Science. *Journal of Politics* 47:1085–107.
Feeny, D. H. 1982. *The Political Economy of Productivity: Thai Agricultural Development, 1880–1975*. Vancouver: University of British Columbia Press.
Feeny, D. H. 1986. Conference on Common Property Resource Management: An Introduction. In *Proceedings of the Conference on Common Property Resource Management*, National Research Council, pp. 7–11. Washington, D.C.: National Academy Press.
Feeny, D. H. 1988a. Agricultural Expansion and Forest Depletion in Thailand, 1900–1975. In *World Deforestation in the Twentieth Century*, eds. J. F. Richards and R. P. Tucker, pp. 112–43. Durham, N.C.: Duke University Press.
Feeny, D. H. 1988b. The Demand for and Supply of Institutional Arrangements. In *Rethinking Institutional Analysis and Development: Issues, Alternatives, and Choices*, eds. V. Ostrom, D. Feeney, and H. Picht, pp. 159–209. San Francisco: Institute for Contemporary Studies Press.
Field, A. J. 1979. On the Explanation of Rules Using Rational Choice Models. *Journal of Economic Issues* 13:49–72.
Field, A. J. 1984. Microeconomics, Norms, and Rationality. *Economic Develop-*

ment and Cultural Change 32:683–711.
Field, B. C. 1984. The Evolution of Individual Property Rights in Massachusetts Agriculture, 17th–19th Centuries. *Northeastern Journal of Agricultural and Resource Economics* 14:97–109.
Field, B. C. 1985a. The Evolution of Property-Rights Institutions: Common Lands in Early Massachusetts Agriculture. Paper presented at the annual meeting of the Economic History Association, September, New York.
Field, B. C. 1985b. The Optimal Commons. *American Journal of Agricultural Economics* 67:364–7.
Field, B. C. 1986. Induced Changes in Property-Rights Institutions. Research paper series 86–1, Department of Agricultural and Resource Economics, University of Massachusetts, Amherst.
Fladby, B. 1983. Household Viability and Economic Differentiation in Gama, Sri Lanka. Occasional paper 28, Department of Social Anthropology, University of Bergen.
Forman, S. O. 1967. Cognition and the Catch: The Location of Fishing Spots in a Brazilian Coastal Village. *Ethnology* 6:405–26.
Fortmann, L., and J. W. Bruce, eds. 1988. *Whose Trees? Proprietary Dimensions of Forestry*. Boulder: Westview Press.
Fossette, C., and R. Fossette. 1986. *The Story of Water Development in Los Angeles County*. Downey, Calif.: Central and West Basin Water Replenishment District.
Freeman, M. M. R. 1989. Graphs and Gaffs: A Cautionary Tale in the Common-Property Resources Debate. In *Common Property Resources*, ed. F. Berkes, pp. 92–109. London: Belhaven Press.
Frey, B. S. 1988. Political Economy and Institutional Choice. *European Journal of Political Economy* 4:349–66.
Frohlich, N., and J. A. Oppenheimer. 1970. I Get By with a Little Help from My Friends. *World Politics* 23:104–20.
Fudenberg, D., and E. Maskin. 1986. The Folk Theorem in Repeated Games with Discounting or with Incomplete Information. *Economica* 54:533–54.
Furubotn, E. G., and R. Richter. 1989. Editorial Preface. *Journal of Institutional and Theoretical Economics* 145:1–5.
Gadgil, M., and P. Iyer. 1989. On the Diversification of Common-Property Resource Use by Indian Society. In *Common Property Resources*, ed. F. Berkes, pp. 240–72. London: Belhaven Press.
Galanter, M. 1981. Justice in Many Rooms: Courts, Private Ordering, and Indigenous Law. *Journal of Legal Pluralism* 19:1–47.
Gardner, R. 1987. A Theory of Spoils System. *Public Choice* 54:171–85.
Gardner, R., and E. Ostrom. 1990. Rules and Games. *Public Choice*.
Gardner, R., E. Ostrom, and J. M. Walker. 1990. The Nature of Common-Pool Resource Problems. *Rationality and Society* 2:335–58.
Ghai, D., and A. Rahman. 1981. The Small Farmers' Groups in Nepal. *Development*1:23–8.
Giddens, A. 1979. *Central Problems in Social Theory: Action, Structure and Contradiction in Social Analysis*. Berkeley: University of California Press.
Gilles, J. L., and K. Jamtgaard. 1981. Overgrazing in Pastoral Areas: The Commons Reconsidered. *Sociologia Ruralos* 21:129–41.
Glick, T. F. 1970. *Irrigation and Society in Medieval Valencia*. Cambridge, Mass.: Harvard University Press.

Godwin, R. K., and W. B. Shepard. 1977. Population Issues and Commons Dilemmas. *Policy Studies Journal* 6:231–8.

Godwin, R. K., and W. B. Shepard. 1979. Forcing Squares, Triangles and Ellipses into a Circular Paradigm: The Use of the Commons Dilemma in Examining the Allocation of Common Resources. *Western Political Quarterly* 32:265–77.

Gordon, H. S. 1954. The Economic Theory of a Common-Property Resource: The Fishery. *Journal of Political Economy* 62:124–42.

Government of Canada. 1976. *Policy for Canada's Commercial Fisheries*. Ottawa: Government of Canada.

Gray, R. F. 1963. *The Sonjo of Tanganyika. An Anthropological Study of an Irrigation-based Society*. Oxford University Press.

Grofman, B., and J. Pool. 1975. Bayesian Models for Iterated Prisoner's Dilemma Games. *General Systems* 20:185–94.

Grossinger, R. S. 1975. The Strategy and Ideology of Lobster Fishing on the Back Side of Mt. Desert Island, Hancock County, Maine. Ph.D. dissertation, University of Michigan.

Gulland, J. A. 1974. *The Management of Marine Fisheries*. Bristol: Scientechnica.

Gunasekera, W. 1981. *The Role of Traditional Water Management in Modern Paddy Cultivation in Sri Lanka*. Japan: United Nations University.

Gupta, A. K. 1985. Managing Common Properties: Some Issues in Institutional Design. Paper presented at the Common Property Resource Management Conference, sponsored by the Board on Science and Technology, National Research Council, April 21–6, Annapolis, Maryland.

Güth, W. 1985. An Extensive Game Approach to Modelling the Nuclear Deterrence Debate. *Zeitschrift für die gesamte Staatswissenschaft* 141:525–38.

Güth, W., W. Leininger, and G. Stephan. 1990. On Supergames and Folk Theorems: A Conceptual Discussion. In *Game Equilibrium Models, Vol. 2: Methods, Morals, and Markets*, ed. R. Selten. Berlin: Springer-Verlag.

Haefele, E. T., ed. 1974. *The Governance of Common Property Resources*. Baltimore: Johns Hopkins University Press.

Hamilton, A. 1981. The Unity of Hunting-Gathering Societies: Reflections on Economic Forms and Resource Management. In *Resource Managers: North American and Australian Hunter-Gatherers*, eds. N.M. Williams and E.S. Hunn, pp. 229–48. Boulder, Colo.: Westview Press.

Hardin, G. 1968. The Tragedy of the Commons. *Science* 162:1243–8.

Hardin, G. 1978. Political Requirements for Preserving our Common Heritage. In *Wildlife and America*, ed. H. P. Bokaw, pp. 310–17. Washington, D.C.: Council on Environmental Quality.

Hardin, R. 1971. Collective Action as an Agreeable *N*-Prisoner's Dilemma. *Behavioral Science* 16:472–81.

Hardin, R. 1982. *Collective Action*. Baltimore: Johns Hopkins University Press.

Harris, F. H. deB. 1989. Comment. *Journal of Institutional and Theoretical Economics* 145:85–94.

Harriss, J. C. 1977. Problems of Water Management in Hambantota District. In *Green Revolution*, ed. B. H. Farmer, pp. 364–76. Boulder, Colo.: Westview Press.

Harriss, J. C. 1984. Social Organisation and Irrigation: Ideology, Planning and Practice in Sri Lanka's Settlement Schemes. In *Understanding Green Revolutions*, eds. T. P. Bayliss-Smith and S. Wanmali, pp. 315–38. Cambridge University Press.

Harsanyi, J., and R. Selten. 1988. *A General Theory of Equilibrium Selection in Games*. Cambridge, Mass.: MIT Press.
Hayami, Y. 1975. *A Century of Agricultural Growth in Japan*. Minneapolis: University of Minnesota Press.
Hayami, Y., and M. Kikuchi. 1982. *Asian Village Economy at the Crossroads: An Economic Approach to Institutional Change*. Baltimore: Johns Hopkins University Press.
Hayami, Y., and V. W. Ruttan. 1985. *Agricultural Development: A Global Perspective*, rev. ed. Baltimore: Johns Hopkins University Press.
Hayek, F. A. 1973. *Law, Legislation and Liberty*, 3 vols. University of Chicago Press.
Head, J. G. 1962. Public Goods and Public Policy. *Public Finance* 17:197–219.
Hechter, M. 1984. When Actors Comply: Monitoring Costs and the Production of Social Order. *Acta Sociologica* 27:161–83.
Heckathorn, D. D. 1984. A Formal Theory of Social Exchange: Process and Outcome. *Current Perspectives in Social Theory* 5:145–80.
Heckathorn, D. D., and S. M. Maser. 1987. Bargaining and Constitutional Contracts. *American Journal of Political Science* 31:142–68.
Heilbroner, R. L. 1974. *An Inquiry Into the Human Prospect*. New York: Norton.
Hesselberg, J. 1986. Lack of Maintenance of Irrigation Facilities: Experiences from Southern Sri Lanka. In *Rice Societies: Asian Problems and Prospects*, eds. I. Norlund, S. Cederroth, and I. Gerdin, pp. 72–80. London: Curzon Press.
Hofstadter, D. R. 1979. *Godel, Escher, Bach: An Eternal Golden Braid*. New York: Basic Books.
Hogarth, R. M., and M. W. Reder, eds. 1987. *Rational Choice: The Contrast between Economics and Psychology*. University of Chicago Press.
Holt, S. J., and L. M. Talbot. 1978. *New Principles for the Conservation of Wild Living Resources*. Wildlife monographs, No. 59, Washington, D.C.: Wildlife Society.
Humboldt, W. von. 1836. *Ueber die Verschiedenheit des menschlichen Sprachbaues*. Berlin: Druckerei der Koniglichen Akademie der Wissenschaften.
Hwang, S. 1985. Constitutional Choice and the Individual Calculus of Voting. Ph.D. dissertation, Indiana University.
International Irrigation Management Institute. 1986. *Participatory Management in Sri Lanka's Irrigation Schemes*. Digana Village via Kandy, Sri Lanka: IIMI.
Irons, W. 1979. Natural Selection, Adaptation, and Human Social Behavior. In *Evolutionary Biology and Human Social Behavior. An Anthropological Perspective*, eds. N. A. Chagnon and W. Irons, pp. 4–39. North Scituate, Mass.: Duxbury Press.
Isaac, R. M., and J. M. Walker. 1986. Group Size Effects in Public Goods Provision: The Voluntary Contribution Mechanism. Working paper, Department of Economics, University of Arizona.
Isaac, R. M., and J. M. Walker. 1988. Communication and Free-Riding Behavior: The Voluntary Contribution Mechanism. *Economic Inquiry* 26:585–608.
Isaac, R. M., J. M. Walker, and S. H. Thomas. 1984. Divergent Evidence on Free Riding: An Experimental Encameration of Possible Explanations. *Public Choice* 43:113–49.
Jacobs, J. 1961. *The Death and Life of Great American Cities*. New York: Random House.

Jayawardene, J. 1986. The Training of Mahaweli Turnout Group Leaders. In *Participatory Management in Sri Lanka's Irrigation Schemes*, International Irrigation Management Institute. Digana Village via Kandy, Sri Lanka: IIMI.

Jenson, M. C., and W. H. Meckling. 1976. Theory of the Firm: Managerial Behavior, Agency Costs and Ownership Structure. *Journal of Financial Economics* 3:305–60.

Jodha, N. S. 1986. Common Property Resources and Rural Poor in Dry Regions of India. *Economic and Political Weekly* 21:1169–81.

Johnson, D., and D. Anderson, eds. 1988. *The Ecology of Survival: Case Studies from Northeast African History*. London: Crook.

Johnson, O. E. G. 1972. Economic Analysis, the Legal Framework and Land Tenure Systems. *Journal of Law and Economics* 15:259–76.

Johnson, R. N., and G. D. Libecap. 1982. Contracting Problems and Regulation: The Case of the Fishery. *American Economic Review* 72:1005–22.

Kahneman, D., and A. Tversky. 1979. Prospect Theory: An Analysis of Decision Under Risk. *Econometrica* 47:263–91.

Kaitala, V. 1986. Game Theory Models of Fisheries Management–A Survey. In *Dynamic Games and Applications in Economics*, ed. T. Basar, pp. 252–66. Berlin: Springer-Verlag.

Kaminski, A. in press. *The Withering Away of the Communist State: The Design, Institutional Structure, and Change of the Soviet System*. San Francisco: Institute for Contemporary Studies Press.

Karpoff, J. M. 1989. Limited Entry Fisheries. *Land Economics* 4:386–93.

Karunatilleke, T. H. 1986. Farmer Participation in Water Management in the Mahaweli Projects. In *Participatory Management in Sri Lanka's Irrigation Schemes*, International Irrigation Management Institute. Digana Village via Kandy, Sri Lanka: IIMI.

Kasyanathan, N. 1986. The Farmer Organization Component in Final Impact Assessment Study of the Gal Oya Water Management Project. Manuscript, ARTI Research Study Series, Colombo, Sri Lanka.

Kaufman, H. 1960. *The Forest Rangers. A Study in Administrative Behavior*. Baltimore: Johns Hopkins University Press.

Kaufmann, F. X., G. Majone, and V. Ostrom. 1986. *Guidance, Control, and Evaluation in the Public Sector*. New York: Walter de Gruyter.

Keesing, F. M. 1962. *The Ethnohistory of Northern Luzon*. Stanford University Press.

Kimber, R. 1981. Collective Action and the Fallacy of the Liberal Fallacy. *World Politics* 33:178–96.

Kisangani, E. 1986. A Social Dilemma in a Less Developed Country: The Massacre of the African Elephant in Zaire. In *Proceedings of the Conference on Common Property Resource Management*, National Research Council, pp. 137–60. Washington, D.C.: National Academy Press.

Kiser, L. L., and E. Ostrom. 1982. The Three Worlds of Action. A Metatheoretical Synthesis of Institutional Approaches. In *Strategies of Political Inquiry*, ed. E. Ostrom, pp. 179–222. Beverly Hills: Sage.

Klein, J. 1920. *The Mesta. A Study in Spanish Economic History, 1273–1836*. Cambridge, Mass.: Harvard University Press.

Knapp, K., and H. J. Vaux. 1982. Barriers to Effective Ground-Water Management: The California Case. *Groundwater* 20:61–6.

Koestler, A. R. 1959. *The Sleepwalkers*. New York: Macmillan.
Korten, D. C. 1980. Community Organization and Rural Development: A Learning Process Approach. *Public Administration on Review* 40:480–511.
Korten, F. F. 1982. *Building National Capacity to Develop Water Users' Associations: Experience from the Philippines*. World Bank staff working paper No. 528, Washington, D.C.
Kreps, D. M., P. Milgrom, J. Roberts, and R. Wilson. 1982. Rational Cooperation in the Finitely Repeated Prisoner's Dilemma. *Journal of Economic Theory* 27: 245–52.
Kreps, D. M., and R. Wilson. 1982. Reputation and Imperfect Information. *Journal of Economic Theory* 27:253–79.
Krieger, J. H. 1955. Progress in Ground Water Replenishment in Southern California. *Journal of the American Water Works Association* 47:909–13.
Leach, E. R. 1961. *Pul Eliya, a Village in Ceylon: A Study of Land Tenure and Kinship*. Cambridge University Press.
Leach, E. R. 1980. Village Irrigation in the Dry Zone of Sri Lanka. In *Irrigation and Agricultural Development in Asia: Perspectives from the Social Sciences*, ed. E. W. Coward, Jr., pp. 91–126. Ithaca, N.Y.: Cornell University Press.
Leonard, D. E., and D. R. Marshall. 1982. *Institutions of Rural Development for the Poor: Decentralization and Organizational Linkages*. Berkeley: University of California, Institute of International Studies.
Levhari, D., and L. H. Mirman. 1980. The Great Fish War: An Example Using a Dynamic Cournot-Nash Solution. *Bell Journal of Economics* 11:322–34.
Levi, M. 1988a. *Of Rule and Revenue*. Berkeley: University of California Press.
Levi, M. 1988b. The Transformation of Agrarian Institutions: An Introduction and Perspective. *Politics and Society* 18:159–70.
Levine, G. 1980. The Relationship of Design, Operation, and Management. In *Irrigation and Agricultural Development in Asia: Perspectives from the Social Sciences*, ed. E. W. Coward, Jr., pp. 51–62. Ithaca, N.Y.: Cornell University Press.
Lewis, D. K. 1969. *Convention: A Philosophical Study*. Cambridge, Mass.: Harvard University Press.
Lewis, H. T. 1980. Irrigation Societies in the Northern Philippines. In *Irrigation and Agricultural Development in Asia: Perspectives from the Social Sciences*, ed. E. W. Coward, Jr., pp. 153–71. Ithaca, N.Y.: Cornell University Press.
Lewis, T. R., and J. Cowens. 1983. Cooperation in the Commons: An Application of Repetitious Rivalry. Vancouver: University of British Columbia, Department of Economics.
Libecap, G. D. 1989. Distributional Issues in Contracting for Property Rights. *Journal of Institutional and Theoretical Economics* 145:6–24.
Libecap, G. D., and S. N. Wiggins. 1985. The Influence of Private Contractural Failure on Regulation: The Case of Oil Field Unitization. *Journal of Political Economy* 93:690–714.
Liebenow, J. G. 1981. Malawi: Clean Water for the Rural Poor. American University Field Staff Reports, Africa, No. 40.
Lipson, A. J. 1978. *Efficient Water Use in California: The Evolution of Groundwater Management in Southern California*. Santa Monica, Calif.: Rand Corporation.
Lloyd, W. F. 1977. On the Checks to Population. In *Managing the Commons*, eds.

G. Hardin and J. Baden, pp. 8–15. San Francisco: Freeman.
Luce, D. R., and H. Raiffa. 1957. *Games and Decisions: Introduction and Critical Survey*. New York: Wiley.
Lumsden, M. 1973. The Cyprus Conflict as a Prisoner's Dilemma. *Journal of Conflict Resolution* 17:7–32.
Lundqvist, J. 1986. Irrigation Development and Central Control: Some Features of Sri Lankan Development. In *Rice Societies: Asian Problems and Prospects*, eds. I. Norlund, S. Cederroth, and I. Gerdin, pp. 52–71. London: Curzon Press.
Maass, A., and R. L. Anderson. 1986. . . . *and the Desert Shall Rejoice: Conflict, Growth and Justice in Arid Environments*. Malabar, Fla.: R. E. Krieger.
McCay, B. J. 1978. Systems Ecology, People Ecology, and the Anthropology of Fishing Communities. *Human Ecology* 6:397–422.
McCay, B. J. 1979. "Fish Is Scarce": Fisheries Modernization on Fogo Island, Newfoundland. In *North Atlantic Maritime Cultures: Anthropological Essays on Changing Adaptations*, ed. R. Andersen, pp. 155–88. The Hague: Mouton.
McCay, B. J. 1980. A Fishermen's Cooperative, Limited: Indigenous Resource Management in a Complex Society. *Anthropological Quarterly* 53:29–38.
McCay, B. J., and J. M. Acheson. 1987. *The Question of the Commons: The Culture and Ecology of Communal Resources*. Tucson: University of Arizona Press.
McCloskey, D. N. 1976. English Open Fields as Behavior Toward Risk. In *Research in Economic History: An Annual Compilation, Vol. 1*, ed. P. Uselding, pp. 124–70. Greenwich, Conn.: JAI Press.
McGoodwin, J. R. 1980. The Human Costs of Development. *Environment* 22:25–31.
McGuire, M. 1974. Group Segregation and Optimal Jurisdictions. *Journal of Political Economy* 82:112–32.
McGuire, R., and R. McC. Netting. 1982. Leveling Peasants? The Maintenance of Equality in a Swiss Alpine Community. *American Ethnologist* 9:269–90.
McHugh, J. L. 1972. Jeffersonian Democracy and the Fisheries. In *World Fisheries Policy: Multidisciplinary Views*, ed. B. J. Rothschild, pp. 134–55. Seattle: University of Washington Press.
McKean, M. A. 1982. The Japanese Experience with Scarcity: Management of Traditional Common Lands. *Environmental Review* 6:63–88.
McKean, M. A. 1986. Management of Traditional Common Lands (*Iriaichi*) in Japan. In *Proceedings of the Conference on Common Property Resource Management*, National Research Council, pp. 533–89. Washington, D.C.: National Academy Press.
McKean, R. 1975. Economics of Trust, Altruism, and Corporate Responsibility. In *Altruism, Morality and Economic Theory*, ed. E. S. Phelps, pp. 29–44. New York: Russell Sage.
McKelvey, R. D. 1976. Intransitivities in Multidimensional Voting Models and Some Implications for Agenda Control. *Journal of Economic Theory* 2:472–82.
McKelvey, R. D. 1979. General Conditions for Global Intransitivities in Formal Voting Models. *Econometrica* 47:1085–111.
MacKenzie, W. C. 1979. Rational Fishery Management in a Depressed Region: The Atlantic Groundfishery. *Journal of the Fisheries Research Board of Canada* 36:811–26.
Madduma Bandara, C. M. 1984. Green Revolution and Water Department: Irriga-

tion and Ground Water in Sri Lanka and Tamil Nadu. In *Understanding Green Revolutions. Agrarian Change and Development Planning in South Asia*, eds. T. P. Bayliss-Smith and S. Wanmali, pp. 296–314. Cambridge University Press.

Magnusson, D., ed. 1981. *Toward a Psychology of Situations: An Interactional Perspective*. Hillsdale, N.J.: Erlbaum.

Majone, G. 1986. Policy Science. In *Guidance, Control, and Evaluation in the Public Sector*, eds. F. X. Kaufmann, G. Majone, and V. Ostrom, pp. 61–70. New York: Walter de Gruyter.

Margolis, J. 1955. A Comment on the Pure Theory of Public Expenditures. *Review of Economics and Statistics* 37:347–9.

Marshak, P. 1987. Uncommon History. In *Uncommon Property: The Fishing and Fish Processing Industries in British Columbia*, eds. P. Marshak, N. Guppy, and J. McMullan, pp. 353–9. Toronto: Methuen.

Martin, F. 1989. *Common Pool Resources and Collective Action: A Bibliography*. Bloomington: Indiana University, Workshop in Political Theory and Policy Analysis.

Martin, K. O. 1979. Play by the Rules or Don't Play at All: Space Division and Resource Allocation in a Rural Newfoundland Fishing Community. In *North Atlantic Maritime Cultures: Anthropological Essays on Changing Adaptations*, eds. R. Andersen and C. Wadel, pp. 277–98. The Hague: Mouton.

Marwell, G., and R. E. Ames. 1979. Experiments on the Provision of Public Goods. I: Resources, Interests, Group Size, and the Free-Rider Problem. *American Journal of Sociology* 84:1335–60.

Marwell, G., and R. E. Ames. 1980. Experiments on the Provision of Public Goods. II: Provision Points, Stakes, Experience and the Free-Rider Problem. *American Journal of Sociology* 85:926–37.

Maser, S. M. 1985. Demographic Factors Affecting Constitutional Decisions. *Public Choice* 47:121–62.

Matthews, R. 1988. Federal Licensing Policies for the Atlantic Inshore Fishery and Their Implementation in Newfoundland, 1973–1981. *Acadiensis: Journal of the History of the Atlantic Region* 17:83–108.

Matthews, R., and J. Phyne. 1988. Regulating the Newfoundland Inshore Fishery: Traditional Values versus State Control in the Regulation of a Common Property Resource. *Journal of Canadian Studies* 23:158–76.

Matthews, R. C. O. 1986. The Economics of Institutions and the Sources of Growth. *Economic Journal* 96:903–18.

Menger, K. 1963. *Problems in Economics and Sociology* (translated from the 1883 German edition). Urbana: University of Illinois Press.

Messerschmidt, D. A. 1986. Collective Management of Hill Forests in Nepal: The Community Forestry Development Project. In *Proceedings of the Conference on Common Property Resource Management*, National Research Council, pp. 455–80. Washington, D.C.: National Academy Press.

Mnookin, R. H., and L. Kornhauser. 1979. Bargaining in the Shadow of the Law: The Case of Divorce. *Yale Law Journal* 88:950–97.

Moore, J. A. 1985. Science as a Way of Knowing–Human Ecology. *American Zoologist* 25:483–637.

Moore, M. P. 1979. The Management of Irrigation Systems in Sri Lanka: A Study in Practical Sociology. *Sri Lanka Journal of Social Sciences* 2:89–112.

Moore, M. P. 1980. *Approaches to Improving Water Management on Large-Scale*

Irrigation Schemes in Sri Lanka. Occasional Publication Series, No. 20, Agrarian Research and Training Institute, Colombo, Sri Lanka.
Musgrave, R. A. 1959. *The Theory of Public Finance: A Study in Public Economy*. New York: McGraw-Hill.
Myhrmann, J. 1989. The New Institutional Economics and the Process of Economic Development. *Journal of Institutional and Theoretical Economics* 145:38–58.
Nash, J. F. 1950. The Bargaining Problem. *Econometrica* 18:155–62.
National Research Council. 1986. *Proceedings of the Conference on Common Property Resource Management*. Washington, D.C.: National Academy Press.
Nebel, B. J. 1987. *Environmental Science*, 2nd ed. Englewood Cliffs, N.J.: Prentice-Hall.
Needler, W. H. 1979. Evolution to Canadian Fisheries Management: Towards Economic Rationalization. *Journal of the Fisheries Research Board of Canada* 36:716–24.
Negri, D. H. 1989. The Common Property Aquifer as a Differential Game. *Water Resources Research* 25:9–15.
Neher, P. A. 1978. The Pure Theory of the Muggery. *American Economic Review* 68:437–45.
Nelson, R., and S. Winter. 1982. *An Evolutionary Theory of Economic Change*. Cambridge, Mass.: Harvard University Press.
Netting, R. McC. 1972. Of Men and Meadows: Strategies of Alpine Land Use. *Anthropological Quarterly* 45:132–44.
Netting, R. McC. 1976. What Alpine Peasants Have in Common: Observations on Communal Tenure in a Swiss Village. *Human Ecology* 4:135–46.
Netting, R. McC. 1981. *Balancing on an Alp*. Cambridge University Press.
Netting, R. McC. 1982. Territory, Property, and Tenure. In *Behavioral and Social Science Research: A National Resource*, eds. R. McC. Adams, N. J. Smelser, and D. J. Treiman, pp. 446–501. Washington, D.C.: National Academy Press.
Niederer, A. 1956. *Gemeinwerk im Walis: Bruerliche Geminschaftsarbeit in Vergangenheit and Gegenwart*. Basel: G. Krebs.
Niskanen, W. 1971. *Bureaucracy and Representative Government*. Chicago: Aldine-Atherton.
Nitzan, S., and E. Ostrom. 1989. The Nature and Severity of Inefficiency in Voluntary Provision of Mixed Public Goods. Bloomington: Indiana University, Workshop in Political Theory and Policy Analysis.
Norgaard, R. B. 1981. Sociosystem and Ecosystem Coevolution in the Amazon. *Journal of Environmental Economics and Management* 8:238–54.
Norman, C. 1984. No Panacea for the Firewood Crisis. *Science* 226:676.
North, D. C. 1978. Structure and Performance: The Task of Economic History. *Journal of Economic Literature* 16:963–78.
North, D. C. 1981. *Structure and Change in Economic History*. New York: Norton.
North, D. C. 1986a. Institutions, Economic Growth and Freedom: An Historical Introduction. Paper presented at a symposium on economic, political, and civil freedom sponsored by the Liberty Fund and managed by The Fraser Institute, October 5–8, Napa Valley, California.
North, D. C. 1986b. The New Institutional Economics. *Journal of Institutional and Theoretical Economics* 142:230–7.

North, D. C. 1989. Final Remarks–Institutional Change and Economic History. *Journal of Institutional and Theoretical Economics* 145:238–45.

North, D. C., and B. R. Weingast. 1989. Constitutions and Commitment: The Evolution of Institutions Governing Public Choice in 17th Century England. St. Louis: Washington University, Center in Political Economy.

Nugent, J. B., and N. Sanchez. 1989. The Efficiency of the Mesta: A Parable. *Explorations in Economic History* 26:261–84.

Nunn, S. C. 1985. The political Economy of Institutional Change: A Distributional Criterion for Acceptance of Groundwater Rules. *Natural Resources Journal* 25: 867–92.

Oakerson, R. J. 1978. The Erosion of Public Highways: A Policy Analysis of the Eastern Kentucky Coal-Haul Road Problem. Ph.D. dissertation, Indiana University.

Oakerson, R. J. 1985. The Meaning and Purpose of Local Government: A Tocqueville Perspective. Working paper, Advisory Commission on Intergovernmental Relations. Washington, D.C.

Oakerson, R. J. 1986. A Model for the Analysis of Common Property Problems. In *Proceedings of the Conference on Common Property Resource Management*, National Research Council, pp. 13–30. Washington, D.C.: National Academy Press.

Oakerson, R. J. 1988. Reciprocity: A Bottom-Up View of Political Development. In *Rethinking Institutional Analysis and Development: Issues, Alternatives, and Choices*, eds. V. Ostrom, D. Feeny, and H. Picht, pp. 141–58. San Francisco: Institute for Contemporary Studies Press.

Okada, A., and H. Kleimt. 1990. Anarchy and Agreement – A Game Theoretical Analysis of Some Aspects of Contractarianism. In *Game Equilibrium Models. Vol. II: Methods, Morals, and Markets,* ed. R. Selten. Berlin: Springer-Verlag.

Oliver, P. 1980. Rewards and Punishments as Selective Incentives for Collective Action: Theoretical Investigations. *American Journal of Sociology* 85:356–75.

Oliver, P., and G. Marwell. 1985. A Theory of the Critical Mass. I. Interdependence, Group Heterogeniety, and the Production of Collective Action. *American Journal of Sociology* 91:522–56.

Olson, M. 1965. *The Logic of Collective Action. Public Goods and the Theory of Groups*. Cambridge, Mass.: Harvard University Press.

Ophuls, W. 1973. Leviathan or Oblivion. In *Toward a Steady State Economy*, ed. H. E. Daly, pp. 215–30. San Francisco: Freeman.

Ophuls, W. 1977. *Ecology and the Politics of Scarcity*. San Francisco: Freeman.

Opp, K. D. 1979. The Emergence and Effects of Social Norms. *Kyklos* 32:775–801.

Opp, K. D. 1982. The Evolutionary Emergence of Norms. *British Journal of Social Psychology* 21:139–49.

Opp, K. D. 1986. The Evolution of a Prisoner's Dilemma in the Market. In *Paradoxical Effects of Social Behavior*, eds. A. Diekmann and P. Mitter, pp. 149–68. Vienna: Physica-Verlag.

Orbell, J. M., and L. A. Wilson. 1978. Institutional Solutions to the *N*-Prisoners' Dilemma. *American Political Science Review* 72:411–21.

Orr, D. S., and S. Hill. 1979. Leviathan, the Open Society, and the Crisis of Ecology. In *The Global Predicament. Ecological Perspectives on World Order*, eds. D. W. Orr and M. S. Soros, pp. 457–69. Chapel Hill: University of North

Carolina Press.
Ostrom, E. 1965. Public Enterpreneurship: A Case Study in Ground Water Management. Ph.D. dissertation, University of California at Los Angeles.
Ostrom, E. 1985a. Are Successful Efforts to Manage Common-Pool Problems a Challenge to the Theories of Garrett Hardin and Mancur Olson? Working paper, Workshop in Political Theory and Policy Analysis, Indiana University.
Ostrom, E. 1985b. The Rudiments of a Revised Theory of the Origins, Survival, and Performance of Institutions for Collective Action. Working paper, Workshop in Political Theory and Policy Analysis, Indiana University.
Ostrom, E. 1986a. An Agenda for the Study of Institutions. *Public Choice* 48:3–25.
Ostrom, E. 1986b. A Method of Institutional Analysis. In *Guidance, Control, and Evaluation in the Public Sector*, eds. F. X. Kaufmann, G. Majone, and V. Ostrom, pp. 459–75. New York: Walter de Gruyter.
Ostrom, E. 1986c. Multiorganizational Arrangements and Coordination: An Application of Institutional Analysis. In *Guidance, Control, and Evaluation in the Public Sector*, eds. F. X. Kaufmann, G. Majone, and V. Ostrom, pp. 495–510. New York: Walter de Gruyter.
Ostrom, E. 1987. Institutional Arrangements for Resolving the Commons Dilemma: Some Contending Approaches. In *The Question of the Commons: The Culture and Ecology of Communal Resources*, eds. B. J. McCay and J. M. Acheson, pp. 250–65. Tucson: University of Arizona Press.
Ostrom, E. 1989. Microconstitutional Change in Multiconstitutional Political Systems. *Rationality & Society* 1:11–50.
Ostrom, E., L. Schroeder, and S. Wynne. 1990. *Institutional Incentives and Rural Infrastructure Sustainability*. Washington, D.C.: U.S. Agency for International Development.
Ostrom, E., and J. Walker. 1990. Communication in a Commons: Cooperation without External Enforcement. In *Contemporary Laboratory Research in Political Economy*, ed. T. R. Palfrey. Ann Arbor: University of Michigan Press.
Ostrom, V. 1980. Artisanship and Artifact. *Public Administration Review* 40:309–17.
Ostrom, V. 1982. A Forgotten Tradition: The Constitutional Level of Analysis. In *Missing Elements in Political Inquiry: Logic and Levels of Analysis*, eds. J. A. Gillespie and D. A. Zinnes, pp. 237–52. Beverly Hills: Sage.
Ostrom, V. 1985a. The Constitution of Order in Human Societies: Conceptualizing the Nature and Magnitude of the Task in Institutional Analysis and Development. Paper presented at International Political Science Association meetings, July 15–20, Paris.
Ostrom, V. 1985b. Opportunity, Diversity, and Complexity. Paper presented at the conference Multi-Actor Policy Analysis: The Scope and Direction of Policy Recommendations, July 23–5, University of Umea, Sweden.
Ostrom, V. 1986a. Constitutional Considerations with Particular Reference to Federal Systems. In *Guidance, Control, and Evaluation in the Public Sector*, eds. F. X. Kaufmann, G. Majone, and V. Ostrom, pp. 111–25. New York: Walter de Gruyter.
Ostrom, V. 1986b. A Fallabilist's Approach to Norms and Criteria of Choice. In *Guidance, Control, and Evaluation in the Public Sector*, eds. F. X. Kaufmann, G. Majone, and V. Ostrom, pp. 229–49. New York: Walter de Gruyter.
Ostrom, V. 1987. *The Political Theory of a Compound Republic: Designing the*

American Experiment, rev. ed. Lincoln: University of Nebraska Press.
Ostrom, V. 1989. *The Intellectual Crisis in American Public Administration*, 2nd rev. ed. University of Alabama Press.
Ostrom, V. 1990. *American Federalism: A Great Experiment*. San Francisco: Institute for Contemporary Studies Press.
Ostrom, V., R. Bish, and E. Ostrom, 1988. *Local Government in the United States*. San Francisco: Institute for Contemporary Studies Press.
Ostrom, V., D. Feeny, and H. Picht. 1988. *Rethinking Institutional Analysis and Development: Issues, Alternatives, and Choices*. San Francisco: Institute for Contemporary Studies Press.
Ostrom, V., and E. Ostrom. 1977a. Public Goods and Public Choices. In *Alternatives for Delivering Public Services. Toward Improved Performance*, ed. E. S. Savas, pp. 7–49. Boulder: Westview Press.
Ostrom, V., and E. Ostrom. 1977b. A Theory for Institutional Analysis of Common Pool Problems. In *Managing the Commons*, eds. G. Hardin and J. Baden, pp. 157–72. San Francisco: Freeman.
Ostrom, V., C. M. Tiebout, and R. Warren. 1961. The Organization of Government in Metropolitan Areas: A Theoretical Inquiry. *American Political Science Review* 55:831–42.
Panayoutou, T. 1982. Management Concepts for Small-Scale Fisheries: Economic and Social Aspects. FAO Fisheries Technical Paper No. 228, Rome.
Perera, J. 1986. The Gal Oya Farmer Organization Programme: A Learning Process? In *Participatory Management in Sri Lanka's Irrigation Schemes*, International Irrigation Management Institute, Digana Village via Kandy, Sri Lanka: IIMI.
Picardi, A. C., and W. W. Seifert. 1977. A Tragedy of the Commons in the Sahel. *Ekistics* 43:297–304.
Picht, C. 1987. Common Property Regimes in Swiss Alpine Meadows. Paper presented at a conference on advances in comparative institutional analysis at the Inter-University Center of Postgraduate Studies, October 19–23, Dubrovnik, Yugoslavia.
Pinkerton, E., ed. 1989a. *Co-operative Management of Local Fisheries. New Directions for Improved Management and Community Development*. Vancouver: University of British Columbia Press.
Pinkerton, E. 1989b. Competition Among B.C. Fish Processing Firms. In *Uncommon Property: The Fishing and Fish Processing Industries in British Columbia*, eds. P. Marshak, N. Guppy, and J. McMullan, pp. 66–91. Toronto: Methuen.
Plott, C. R. 1979. The Application of Laboratory Experimental Methods to Public Choice. In *Collective Decision Making: Applications from Public Choice Theory*, ed. C. S. Russell, pp. 137–60. Baltimore: Johns Hopkins University Press.
Plott, C. R., and R. A. Meyer. 1975. The Technology of Public Goods, Externalities, and the Exclusion Principle. In *Economic Analysis of Environmental Problems*, ed. E. S. Mills, pp. 65–94. New York: Columbia University Press.
Popper, K. R. 1967. Rationality and the Status of the Rationality Principle. In *Le Fondements Philosophiques des Systems Economiques Textes de Jacques Rueff et Essais Rediges en son Honneur*, ed. E. M. Classen, pp. 145–50. Paris: Payot.
Posner, R. A. 1980. A Theory of Primitive Society, with Special Reference to Law. *Journal of Law and Economics* 23:1–53.
Powers, R. B. 1987. Bringing the Commons into a Large University Classroom.

Simulation and Games 18:443–57.
Pradhan, P.P. 1980. *Local Institutions and People's Participation in Rural Public Works in Nepal*. Ithaca, N.Y.: Cornell University, Rural Development Committee.
Pradhan, P. P. 1984. Chattis Mauja Irrigation System: Community Response in Resource Management. Paper for Social Science Research Council–Indian Institute of Management, Bangalore Seminar, January 4–7.
Price, M. 1987. The Development of Legislation and Policy for the Forests of the Swiss Alps. Working paper, Research Program on Environment and Behavior, University of Colorado.
Prigogine, I. 1978. Time, Structure, and Fluctuations. *Science* 201:777–85.
Raadschelders, J. 1988. Dutch Water Control Systems, 900–1990. Colloquium presentation at the Workshop in Political Theory and Policy Analysis, October 24, Indiana University.
Rabibhadena, A. 1980. *The Transformation of Tambon Yokkrabat, Changwat Samut Sakorn*. Bangkok: Thammasat University.
Radnitzky, G. 1987. Cost–Benefit Thinking in the Methodology of Research: The "Economic Approach" Applied to Key Problems of the Philosophy of Science. In *Economic Imperialism. The Economic Approach Applied Outside the Field of Economics*, eds. G. Radnitzky and P. Bernholz, pp. 283–331. New York: Paragon House.
Rahman, A. 1981. *Some Dimensions of People's Participation in the Bloomni Sena Movement*. Geneva: United Nations Research Institute for Social Development.
Rapoport, A. 1966. *Two-Person Game Theory. The Essential Ideas*. Ann Arbor: University of Michigan Press.
Rapoport, A. 1985. Provision of Public Goods and the MCS Experimental Paradigm. *American Political Science Review* 79:148–55.
Rapoport, A., and A. M. Chammah. 1965. *Prisoner's Dilemma: A Study in Conflict and Cooperation*. Ann Arbor: University of Michigan Press.
Raub, W., and T. Voss. 1986. Conditions for Cooperation in Problematic Social Situations. In *Paradoxical Effects of Social Behavior: Essays in Honor of Anatol Rapoport*, eds. A. Diekmann and P. Mitter, pp. 85–103. Vienna: Physica-Verlag Heidelberg.
Rhodes, R. E., and S. J. Thompson. 1975. Adaptive Strategies in Alpine Environments: Beyond Ecological Particularism. *American Ethnologist* 2:535–51.
Riker, W. H. 1980. Implications for the Disequilibrium of Majority Rule for the Study of Institutions. *American Political Science Review* 74:432–47.
Riker, W. H., and P. C. Ordeshook. 1973. *An Introduction to Positive Political Theory*. New York: Prentice-Hall.
Roberts, M. 1980. Traditional Customs and Irrigation Development in Sri Lanka. In *Irrigation and Agricultural Development in Asia*, ed. E. W. Coward, Jr., pp. 186–202. Ithaca, N.Y.: Cornell University Press.
Rolph, E. S. 1982. Government Allocation of Property Rights: Why and How. Technical report, Rand Corporation, Santa Monica, California.
Rolph, E. S. 1983. Government Allocation of Property Rights: Who Gets What? *Journal of Policy Analysis and Management* 3:45–61.
Rose-Ackerman , S. 1977. Market Models for Water Pollution Control: Their Strengths and Weaknesses. *Public Policy* 25:383–406.
Rosenberg, N. 1982. *Inside the Black Box: Technology and Economics*. Cambridge

University Press.
Roumasset, J. A. 1985. Constitutional Choice for Common Property Management: The Case of Irrigation Associations. Paper presented at the National Academy of Sciences Workshop on Common Property Resource Management in Developing Countries.
Ruddle, K., and T. Akimichi, eds. 1984. *Maritime Institutions in the Western Pacific*. Osaka: National Museum of Ethnology.
Runge, C. F. 1981. Common Property Externalities: Isolation, Assurance and Resource Depletion in a Traditional Grazing Context. *American Journal of Agricultural Economics* 63:595–606.
Runge, C. F. 1984a. Institutions and the Free Rider: The Assurance Problem in Collective Action. *Journal of Politics* 46:154–81.
Runge, C. F. 1984b. Strategic Interdependence in Models of Property Rights. *American Journal of Agricultural Economics* 66:807–13.
Runge, C. F. 1986. Common Property and Collective Action in Economic Development. In *Proceedings of the Conference on Common Property Resource Management*, National Research Council, pp. 31–60. Washington, D.C.: National Academy Press.
Samuelson, L. 1987. A Note on Uncertainty and Cooperation in an Infinitely Repeated Prisoner's Dilemma. *International Journal of Game Theory* 16:187–95.
Samuelson, P. A. 1954. The Pure Theory of Public Expenditure. *Review of Economics and Statistics* 36:387–9.
Samuelson, P. A. 1955. A Diagrammatic Exposition of a Theory of Public Expenditure. *Review of Economics and Statistics* 37:350–6.
Sandford, S. 1983. *Management of Pastoral Development in the Third World*. New York: Wiley.
Sawyer, A. 1989. The Evolution of Autocracy in Liberia. Unpublished manuscript, Workshop in Political Theory and Policy Analysis, Indiana University.
Schaaf, J. 1989. Governing a Monopoly Market Under Siege: Using Institutional Analysis to Understand Competitive Entry into Telecommunications Markets, 1944–1982. Ph.D. dissertation, Indiana University.
Scharpf, F. W. 1985. Ideological Conflict on the Public–Private Frontier: Some Exploratory Notes. Working paper, Wissenschftszentrum, Berlin.
Scharpf, F. W. 1987. A Game-Theoretical Explanation of Inflation and Unemployment in Western Europe. *Journal of Public Policy* 7:227–58.
Scharpf, F. W. 1988. The Joint Decision Trap: Lessons from German Federalism and European Integration. *Public Administration* 66:239–78.
Scharpf, F. W. 1989. Decision Rules, Decision Styles, and Policy Choices. *Journal of Theoretical Politics* 1:151–78.
Schelling, T. C. 1960. *The Strategy of Conflict*. Oxford University Press.
Schelling, T. C. 1978. *Micromotives and Macrobehavior*. New York: Norton.
Schelling, T. C. 1984. *Choice and Consequence: Perspectives of an Errant Economist*. Cambridge, Mass.: Harvard University Press.
Schlager, E. 1989. Bounding Unboundable Resources: An Empirical Analysis of Property Rights and Rules in Coastal Fisheries. Working paper, Workshop in Political Theory and Policy Analysis, Indiana University.
Schlager, E., and E. Ostrom. 1987. Common Property, Communal Property, and Natural Resources: A Conceptual Analysis. Working paper, Workshop in Poli-

tical Theory and Policy Analysis, Indiana University.
Schmid, A. A. 1986. Neo-Institutional Economic Theory: Issues of Landlord and Tenant Law. In *Contract and Organization: Legal Analysis in the Light of Economic and Social Theory*, eds. T. Daintith and G. Teubner, pp. 132–41. New York: Walter de Gruyter.
Schotter, A. 1981. *The Economic Theory of Social Institutions*. Cambridge University Press.
Scott, A. D. 1955. The Fishery: The Objectives of Sole Ownership. *Journal of Political Economy* 63:116–24.
Scott, A. D. 1979. Development of an Economic Theory on Fisheries Regulation. *Journal of the Fisheries Research Board of Canada* 36:725–41.
Scott, A. D. 1982. Regulation and the Location of Jurisdictional Powers: The Fishery. *Osgoode Hall Law Journal* 20:780–805.
Searle, J. 1969. *Speech Acts: An Essay in the Philosophy of Language*. Cambridge University Press.
Selten, R. 1975. Reexamination of the Perfectness Concept for Equilibrium Points in Extensive Games. *International Journal of Game Theory* 4:25–55.
Selten, R. 1978a. The Chain Store Paradox. *Theory and Decision* 9:127–59.
Selten, R. 1978b. The Equity Principle in Economic Behavior. In *Decision Theory and Social Ethics*, eds. H. W. Gottinger and W. Leinfellner, pp. 289–301. Dordrecht: D. Reidel.
Sen, A. K. 1967. Isolation, Assurance, and the Social Rate of Discount. *Quarterly Journal of Economics* 81:172–224.
Sen, A. K. 1986. Prediction and Economic Theory. *Proceedings of the Royal Society of London* 407:3–23.
Sharma, P. N. 1984. Social Capability for Development: Learning from the Japanese Experience. *Regional Development Dialogue* (special issue), pp. 41–86.
Shepsle, K. A. 1979a. Institutional Arrangements and Equilibrium in Multidimensional Voting Models. *American Journal of Political Science* 23:27–60.
Shepsle, K. A. 1979b. The Role of Institutional Structure in the Creation of Policy Equilibrium. In *Public Policy and Public Choice*, eds. D. W. Rae and T. J. Eismeier, pp. 249–81. Beverly Hills: Sage.
Shepsle, K. A. 1989a. Discretion, Institutions, and the Problem of Government Commitment. Working paper, Cambridge, Mass.: Harvard University, Department of Government.
Shepsle, K. A. 1989b. Studying Institutions. Some Lessons from the Rational Choice Approach. *Journal of Theoretical Politics* 1:131–49.
Shepsle, K. A., and B. R. Weingast. 1984. Legislative Politics and Budget Outcomes. In *Federal Budget Policy in the 1980's*, eds. G. Mills and J. Palmer, pp. 343–67. Washington, D.C.: Urban Institute Press.
Shepsle, K. A., and B. R. Weingast. 1987. The Institutional Foundations of Committee Power. *American Political Science Review* 81:85–104.
Shimanoff, S. B. 1980. *Communication Rules. Theory and Research*. Beverly Hills: Sage.
Shubik, M. 1982. *Game Theory in the Social Sciences. Concepts and Solutions*, 2 vols. Cambridge, Mass.: MIT Press.
Sinn, H. W. 1984. Common Property Resources, Storage Facilities and Ownership Structures: A Cournot Model of the Oil Market. *Economica* 51:235–52.
Siy, R. Y., Jr. 1982. *Community Resource Management: Lessons from the Zanjera*.

Quezon City: University of the Philippines Press.
Smith, R. J. 1981. Resolving the Tragedy of the Commons by Creating Private Property Rights in Wildlife. *CATO Journal* 1:439–68.
Smith, R. T. 1988. *Trading Water: An Economic and Legal Framework for Water Marketing*. Washington, D.C.: Council of State Policy and Planning Agencies.
Smith, V. L. 1969. On Models of Commercial Fishing. *Journal of Political Economy* 77:181–98.
Snidal, D. 1979. Public Goods, Property Rights, and Political Organizations. *International Studies Quarterly* 23:532–66.
Snidal, D. 1985. Coordination Versus Prisoner's Dilemma: Implications for International Cooperation and Regimes. *American Political Science Review* 79:923–47.
Sobel, J. H. 1985. Utility Maximizers in Iterated Prisoner's Dilemmas. In *Paradoxes of Rationality and Cooperation*, eds. R. Campbell and L. Sowden, pp. 306–19. Vancouver: University of British Columbia Press.
Speck, F. G., and W. S. Hadlock. 1946. A Report on Tribunal Boundaries and Hunting Areas of the Malecite Indians of New Brunswick. *American Anthropologist* 48:355–74.
Stevenson, G. G. 1990. *The Swiss Grazing Commons: The Economics of Open Access, Private, and Common Property*. Cambridge University Press.
Stillman, P. G. 1975. The Tragedy of the Commons: A Re-Analysis. *Alternatives* 4:12–15.
Stroebe, W., and B. S. Frey. 1980. In Defense of Economic Man: Towards an Integration of Economics and Psychology. *Zeitschrift für Volkswirtschaft und Statistik* 2:119–48.
Sugden, R. 1986. *The Economics of Rights, Co-operation, and Welfare*. Oxford: Blackwell.
Tang, S. Y. 1989. Institutions and Collective Action in Irrigation Systems. Ph.D. dissertation, Indiana University.
Taylor, J. 1988. The Ethical Foundations of the Market. In *Rethinking Institutional Analysis and Development: Issues, Alternatives, and Choices*, eds. V. Ostrom, D. Feeny, and H. Picht, pp. 377–88. San Francisco: Institute for Contemporary Studies Press.
Taylor, M. 1987. *The Possibility of Cooperation*. Cambridge University Press.
Taylor, M., and H. Ward. 1982. Chickens, Whales and Lumpy Goods: Alternative Models of Public Goods Provision. *Policy Studies* 30:350–70.
Telser, L. G. 1980. A Theory of Self-enforcing Agreements. *Journal of Business* 53:27–44.
Thirsk, J. 1959. *Tudor Enclosures*. Pamphlet No. 41. London: Historical Associations.
Thirsk, J. 1964. The Common Fields. *Past and Present* 29:3–25.
Thirsk, J. 1967. *The Agrarian History of England and Wales*. Cambridge University Press.
Thomson, J. T. 1977. Ecological Deterioration: Local-Level Rule Making and Enforcement Problems in Niger. In *Desertification: Environmental Degradation in and around Arid Lands*, ed. M. H. Glantz, pp. 57–79. Boulder: Westview Press.
Thomson, J. T., D. Feeny, and R. J. Oakerson. 1986. Institutional Dynamics: The Evolution and Dissolution of Common Property Resource Management. In

Proceedings of the Conference on Common Property Resource Management, National Research Council, pp. 391–424. Washington, D.C.: National Academy Press.

Tocqueville, A. de. 1955. *The Old Regime and the French Revolution*. Garden City, N.Y.: Meridian Books.

Townsend, R., and J. A. Wilson. 1987. An Economic View of the Commons. In *The Question of the Commons*, eds. B. J. McCay and J. M. Acheson, pp. 311–26. Tucson: University of Arizona Press.

Troost, K. K. 1985. The Medieval Origins of Common Land in Japan. Paper presented at the American Historical Association meetings, December.

Truman, D. B. 1958. *The Governmental Process*. New York: Knopf.

Tsebelis, G. 1989. The Abuse of Probability in Political Analysis: The Robinson Crusoe Fallacy. *American Political Science Review* 83:77–91.

Tsebelis, G. 1990. *Nested Games: Political Context, Political Institutions and Rationality*. Berkeley: University of California Press.

Tullock, Gordon, 1965. *The Politics of Bureaucracy*. Washington, D.C.: Public Affairs Press.

Ullmann-Margalit, E. 1978. *The Emergence of Norms*. Oxford University Press.

Uphoff, N. T. 1983. *Rural Development and Local Organization in Asia. Vol. 2. East Asia*. New Delhi: Macmillan.

Uphoff, N. T. 1985a. Fitting Projects to People. In *Putting People First*, ed. M. M. Cernea, pp. 359–95. Oxford University Press.

Uphoff, N. T. 1985b. Summary of January 1985 Trip Report on Farmer Organization Program in Gal Oya, Sri Lanka. Manuscript, Cornell University.

Uphoff, N. T. 1985c. People's Participation in Water Management: Gal Oya, Sri Lanka. In *Public Participation in Development Planning and Management: Cases from Africa and Asia*, ed. J. C. Garcia-Zamor, pp. 131–78. Boulder: Westview Press.

Uphoff, N. T. 1986a. Activating Community Capacity for Water Management in Sri Lanka. In *Community Management: Asian Experience and Perspectives*, ed. D. C. Korten, pp. 201–19. West Hartford, Conn.: Kumarian Press.

Uphoff, N. T. 1986b. *Local Institutional Development: An Analytical Sourcebook with Cases*. West Hartford, Conn.: Kumarian Press.

Uphoff, N. T. 1986c. *Getting the Process Right: Improving Irrigation Water Management with Farmer Participation*. Boulder: Westview Press.

Vanberg, V., and J. Buchanan. 1989. Interests and Theories in Constitutional Choice. *Journal of Theoretical Politics* 1:49–62.

van de Kragt, A. J. C., J. M. Orbell, and R. M. Dawes. 1983. The Minimal Contributing Set as a Solution to Public Goods Problems. *American Political Science Review* 77:112–22.

Veliz, C. 1980. *The Centralist Tradition of Latin America*. Princeton University Press.

von Wright, G. H. 1951. Deontic Logic. *Mind* 60:48–74.

von Wright, G. H. 1963. *Norms and Action: A Logical Enquiry*. London: Routledge & Kegan Paul.

Wade, R. 1986. Common Property Resource Management in South Indian Villages. In *Proceedings of the Conference on Common Property Resource Management*, National Research Council, pp. 231–57. Washington, D.C.: National Academy Press.

Wade, R. 1988. *Village Republics: Economic Conditions for Collective Action in South India*. Cambridge University Press.
Walker, J., R. Gardner, and E. Ostrom. 1990. Rent Dissipation and Balanced Deviation Disequilibrium in Common Pool Resources: Experimental Evidence. In *Game Equilibrium Models. Vol. II: Methods, Morals, and Markets*, ed. R. Selten. Berlin: Springer-Verlag.
Wallis, J. J. 1989. Towards a Positive Economic Theory of Institutional Change. *Journal of Institutional and Theoretical Economics* 145:98–112.
Ward, H. 1989. Testing the Waters: Taking Risks to Gain Reassurance in Public Goods Games. *Journal of Conflict Resolution* 33:274–308.
Ways and Means Committee. 1945. *Report*. Downey, Calif.: West Basin Water Association.
Weissing, F., and E. Ostrom. 1990. Irrigation Institutions and the Games Irrigators Play. In *Game Equilbrium Models. Vol. II: Methods, Morals, and Markets*, ed. R. Selten. Berlin: Springer-Verlag.
Welch, W. P. 1983. The Political Feasibility of Full Ownership Property Rights: The Cases of Pollution and Fisheries. *Policy Sciences* 16:165–80.
Weschler, L. F. 1968. *Water Resources Management: The Orange County Experience*. California Government Series No. 14. Davis: University of California, Institute of Governmental Affairs.
Wiegandt, E. B. 1977. Communalism and Conflict in the Swiss Alps. Ph.D. dissertation, University of Michigan at Ann Arbor.
Wiggins, S. N., and G. D. Libecap. 1985. Oil Field Unitization: Contractual Failure in the Presence of Imperfect Information. *American Economic Review* 75:368–85.
Williamson, O. E. 1975. *Markets and Hierarchies: Analysis and Antitrust Implications*. New York: Free Press.
Williamson, O. E. 1979. Transaction Cost Economics: The Governance of Contractual Relations. *Journal of Law and Economics* 22:233–61.
Williamson, O. E. 1983. Credible Commitments: Using Hostages to Support Exchange. *American Economic Review* 83:519–40.
Williamson, O. E. 1985. *The Economic Institutions of Capitalism: Firms, Markets, Relational Contracting*. New York: Free Press.
Wilson, J. A. 1977. A Test of the Tragedy of the Commons. In *Managing the Commons*, eds. G. Hardin and J. Baden, pp. 96–111. San Francisco: Freeman.
Wilson, J. A. 1986. Subjective Probability and the Prisoner's Dilemma. *Management Sciences* 32:45–55.
Wilson, R. K. 1985. Constraints on Social Dilemmas: An Institutional Approach. *Annals of Operations Research* 2:183–200.
Witt, U. 1986. Evolution and Stability of Cooperation Without Enforceable Contracts. *Kyklos* 39:245–66.
Witt, U. 1987. How Transaction Rights Are Shaped to Channel Innovativeness. *Journal of Institutional and Theoretical Economics* 143:180–95.
Wittfogel, K. A. 1957. *Oriental Despotism. A Comparative Study of Total Power*. New Haven, Conn.: Yale University Press.
Wittgenstein, L. 1953. *Philosophical Investigations*. Oxford: Basil Blackwell & Mott.
Wolf, E. R. 1986. The Vicissitudes of the Closed Corporate Peasant Community. *American Ethnologist* 13:325–9.

World Bank. 1982. *Philippines Communal Irrigation Development Project*. Washington, D.C.: World Bank.

Wynne, S. 1986. Information Problems Involved in Partitioning the Commons for Cultivation in Botswana. In *Proceedings of the Conference on Common Property Resource Management*, National Research Council, pp. 359–89. Washington, D.C.: National Academy Press.

Wynne, S. 1988. The Land Boards of Botswana: A Problem in Institutional Design. Ph.D. dissertation, Indiana University.

Yang, T. S. 1987. Property Rights and Constitutional Order in Imperial China. Ph.D. dissertation, Indiana University.

Yelling, J. A. 1977. *Common Field and Enclosure in England, 1450–1850*. Hamden, Conn.: Archon.

Young, O. R. 1982. *Resource Regimes. Natural Resources and Social Institutions*. Berkeley: University of California Press.

图书在版编目(CIP)数据

公共事物的治理之道:集体行动制度的演进/(美)奥斯特罗姆(Ostrom,E.)著;余逊达,陈旭东译.
—上海:上海译文出版社,2012.4(2025.9重印)
书名原文:Governing the Commons
ISBN 978-7-5327-5598-1

Ⅰ.①公… Ⅱ.①奥…②余…③陈… Ⅲ.①行政管理—研究 Ⅳ.①D035

中国版本图书馆CIP数据核字(2011)第188320号

本书由上海文化发展基金会图书专项基金资助出版

公共事物的治理之道
[美]埃莉诺·奥斯特罗姆 著
余逊达 陈旭东 译

上海译文出版社有限公司出版、发行
网址:www.yiwen.com.cn
201101 上海市闵行区号景路159弄B座
上海信老印刷厂印刷

开本 890×1240 1/32 印张 9.25 插页 2 字数 199,000
2012年4月第1版 2025年9月第16次印刷
印数:38,501-40,500册

ISBN 978-7-5327-5598-1
定价:40.00元

如有质量问题,请与承印厂质量科联系。T:021-39907745